本书得到教育部语信司汉语辞书研究中心开放课题（CSZX-YB-202006）、云南师范大学博士科研启动项目、云南师范大学"联大"科研创新团队及云南师范大学国际中文教育学院的经费支持。

A Research on the Dictionary
Use of Chinese Learners

汉语学习者
词典使用研究

何姗 著

中国社会科学出版社

图书在版编目（CIP）数据

汉语学习者词典使用研究 / 何姗著. -- 北京：中国社会科学出版社，2025.2. -- ISBN 978-7-5227-4682-1

Ⅰ.H195-61

中国国家版本馆CIP数据核字第20254CW102号

出 版 人	赵剑英	
责任编辑	王　越	
责任校对	罗雨画	
责任印制	戴　宽	

出　　版	中国社会科学出版社	
社　　址	北京鼓楼西大街甲158号	
邮　　编	100720	
网　　址	http://www.csspw.cn	
发 行 部	010-84083685	
门 市 部	010-84029450	
经　　销	新华书店及其他书店	

印　　刷	北京明恒达印务有限公司	
装　　订	廊坊市广阳区广增装订厂	
版　　次	2025年2月第1版	
印　　次	2025年2月第1次印刷	

开　　本	710×1000　1/16	
印　　张	19.5	
字　　数	264千字	
定　　价	109.00元	

凡购买中国社会科学出版社图书，如有质量问题请与本社营销中心联系调换
电话：010-84083683
版权所有　侵权必究

前　　言

　　近二十年来，国内出版了众多面向汉语学习者的纸质词典，但是调查结果显示：这些外向型词典的影响较小，使用率较低，不少汉语学习者在完成编码任务时优先使用在线翻译、网络搜索引擎等非词典工具和资源进行辅助，这反映了用户需求与市场供给之间存在不平衡的情况。本研究从用户视角出发，对影响汉语学习者选择、使用和评价汉语词典的诸多主客观因素进行了探讨。

　　首先，在选择和购买词典时，虽然学习者希望寻求质量好、使用便利的词典产品，但是受到词典编纂出版情况的影响和社会、文化和经济等条件的限制，很多学习者难以获取完全符合需求的词典，不得不在权衡词典的专业性、可得性和使用的便利性之后，退而求其次。

　　其次，词典的使用不仅受到具体使用环境（课堂/非课堂）、语言任务类型（编码/解码）、语言处理难度和数量等外部因素的影响，还受到学习者的词典观、学习策略、认知风格等内部因素的作用。从总体上看，汉语学习者主要使用词典辅助非课堂环境下的自主学习，使用学习策略（尤其是语言学习策略）意识和能力越强的学习者使用词典的效果也越好。

　　再次，大部分汉语学习者通过母语或第二语言翻译、整合多个词条的信息、整合多部词典的信息、借助网络搜索引擎等方式对词典产品和其他网络资源进行策略性的使用，但是因为缺乏词典使用方面的专业指导和训练，存在一定的随意性和盲目性，应该注意进一步发挥汉语教师（特别是本土汉语教师）的杠杆作用。

最后，现有外向型汉语词典的内容和组织方式还没有走出内向型语文词典的框架，词典所包含的信息对于学习者完成编码任务（尤其是学术写作）的帮助有限；汉语学习者在字识别、词确定、义项选择、理解语素义和词汇义方面能力不足，使用词典存在一定困难。今后的词典产品应该进一步提高内容的针对性和功能的多样性，并且与其他语言资源和教辅材料协同配合，主动与语言教学和学习者的语言任务处理融合，更好地为用户服务。

本研究结合了质性研究和量化研究的方法，对特定学习者使用特定词典产品解决特定问题的具体情况进行了描写和分析，有针对性地对学习者在不同环境中、不同任务中使用词典需求进行了探讨；基于扎根理论方法，从词典产品本身的表层、词典与用户及任务处理互动的中层，以及词典与用户的观念和期待的深层进行了探讨，构建了多维立体、多因素互动的词典使用模型，在理论构建层面进行了探索。

目 录

第1章 绪论 (1)
1.1 研究背景 (1)
1.2 研究对象 (5)
1.2.1 汉语词典产品 (6)
1.2.2 汉语学习者 (8)
1.2.3 影响学习者词典使用的外部因素 (10)
1.3 研究问题 (10)
1.4 研究意义及创新之处 (13)
1.4.1 研究意义 (13)
1.4.2 创新之处 (16)

第2章 研究现状 (18)
2.1 量化研究 (19)
2.1.1 使用词典能否促进语言学习 (20)
2.1.2 什么样的词典能促进第二语言的学习 (22)
2.1.3 第二语言学习者如何有效使用词典 (24)
2.1.4 量化研究综述小结 (26)
2.2 质性研究 (27)
2.2.1 词典的内容功能与用户的偏好 (30)
2.2.2 第二语言学习与词典使用策略 (34)
2.2.3 影响词典使用的其他因素 (35)

2.2.4　质性研究综述小结 ……………………………… (39)
　2.3　总结 ……………………………………………………… (40)

第3章　研究方法及过程 ………………………………………… (42)
　3.1　研究方法 ………………………………………………… (42)
　　3.1.1　世界观：符号互动论 …………………………… (45)
　　3.1.2　方法论：扎根理论 ……………………………… (46)
　3.2　研究过程 ………………………………………………… (48)
　　3.2.1　理论抽样 ………………………………………… (48)
　　3.2.2　材料收集 ………………………………………… (49)
　　3.2.3　材料处理 ………………………………………… (54)
　3.3　对研究方法和过程的反思 ……………………………… (57)
　　3.3.1　研究者对意义的解构和建构 …………………… (58)
　　3.3.2　多种访谈形式的运用 …………………………… (59)
　　3.3.3　对质性分析软件的运用 ………………………… (60)
　3.4　本书写作思路和主体结构 ……………………………… (64)

第4章　影响学习者选用词典产品的因素 ……………………… (67)
　4.1　词典的整体质量 ………………………………………… (68)
　　4.1.1　查询功能 ………………………………………… (68)
　　4.1.2　非查询功能 ……………………………………… (72)
　4.2　词典产品使用的便利性 ………………………………… (79)
　　4.2.1　查询方式多样化 ………………………………… (81)
　　4.2.2　功能的可操作性 ………………………………… (84)
　4.3　词典产品的可得性 ……………………………………… (89)
　　4.3.1　词典市场的情况——有没有可以使用的
　　　　　产品 ………………………………………………… (89)
　　4.3.2　潜在用户了解词典产品的途径——知不
　　　　　知道可以使用的产品 …………………………… (92)

4.3.3 用户获取词典的条件——能不能获取
　　　可以使用的产品 ……………………………… (95)
4.4 汉语教师对学习者词典产品选择的影响 ………… (97)
　4.4.1 汉语教师了解和推荐词典产品的情况 ………… (99)
　4.4.2 本土汉语教师和母语者汉语教师对词典
　　　　产品态度的差异 ……………………………… (105)
4.5 本章小结 ………………………………………… (114)

第5章 学习者使用汉语词典产品进行查询的过程和结果 …………………………………………… (117)
5.1 词典和语言文字系统 …………………………… (117)
　5.1.1 词典学研究的对象 …………………………… (117)
　5.1.2 词典对语言文字系统特点的体现 …………… (119)
5.2 目标词的确定 …………………………………… (121)
　5.2.1 解码任务 ……………………………………… (122)
　5.2.2 编码任务 ……………………………………… (126)
5.3 信息的提取与整合 ……………………………… (129)
　5.3.1 提取信息 ……………………………………… (129)
　5.3.2 整合信息 ……………………………………… (135)
5.4 本章小结 ………………………………………… (145)

第6章 学习任务与词典使用 ………………………… (149)
6.1 汉语学习者的类型 ……………………………… (149)
6.2 汉语学习与词典使用 …………………………… (153)
　6.2.1 汉语教材与词典查询 ………………………… (155)
　6.2.2 课堂教学与词典使用 ………………………… (163)
6.3 专业课学习与词典使用 ………………………… (176)
　6.3.1 课堂学习 ……………………………………… (177)
　6.3.2 课外自主学习 ………………………………… (187)

6.4 论文写作与词典使用 ………………………………… (192)
　6.4.1 学习者的论文写作困难 ……………………… (193)
　6.4.2 学习者在论文写作中的策略使用 …………… (202)

第7章 学习者的个体因素与词典使用 ………………… (210)
7.1 认知因素和情感因素 ………………………………… (211)
7.2 个案分析 ……………………………………………… (213)
　7.2.1 个案分析一：喜欢"百度"的学习者 ………… (215)
　7.2.2 个案分析二：不抱怨的学习者 ……………… (218)
　7.2.3 个案分析三："不爱母语爱英语"的
　　　　学习者 …………………………………………… (223)
　7.2.4 个案分析四："母语不是英语"的学习者 …… (227)
　7.2.5 个案分析五：发音特别标准的学习者 ……… (234)
7.3 本章小结 ……………………………………………… (240)

第8章 研究发现与讨论 ………………………………… (243)
8.1 研究发现 ……………………………………………… (243)
8.2 延伸讨论 ……………………………………………… (247)
　8.2.1 汉语学习者的词典观 ………………………… (247)
　8.2.2 词典使用是一种基于工具/资源的策略性行为
　　　　……………………………………………………… (251)
　8.2.3 词典信息的权威稀释与词典使用行为的模糊化……
　　　　……………………………………………………… (256)
　8.2.4 词典产品的重新定位 ………………………… (258)
8.3 结语 …………………………………………………… (260)

参考文献 ………………………………………………… (261)

附录一 汉语词典购买使用调查（学生版） ………… (282)

附录二　汉语词典购买使用调查（教师版）……………（291）

附录三　语言学习策略自查量表 SILL（英汉双语）……（296）

第 1 章

绪　　论

1.1　研究背景

随着汉语学习的热潮在世界范围内的快速升温，国际中文教育迎来重大机遇，但同时也面临着多重挑战。有学者指出，教学环境多元化带来的学习需求多样化、学习目的多元化带来的教学样式多样化、教学理念的多元化带来的教学法多样化，以及现代教育技术的发展对语言教学的深刻影响都对教师、教法和教材提出了新的要求（崔希亮，2010）。

教师、教材、教法是语言教学永恒的主题，也一直是汉语作为第二语言教学研究的重点，但长期以来关于"三教"问题的研究大多是在课堂教学的语境下进行的，而对于学习者在非课堂环境中的自主学习关注还不够，对教材以外的其他学习材料和学习工具的研究也比较少。"随着互联网的发展、智能设备的普及，CALL（Computer Assisted Language Learning）、E-learning（Electronic Learning）、M-Learning（Mobile-Learning）等新概念层出不穷，加上网络词典、网络课程、语言学习 APP 越来越为学习者所熟知，语言学习已经不再局限于'教材上''教室里'或是'师生间'"（何姗、朱瑞平，2018），学习词典等学习工具和教辅材料的开发亟待相关研究提供支持。

我们根据研究主题对中国知网（CNKI）收录的对外汉语教学①相关文献进行了检索，并使用文献分析软件 Note Express 进行了统计。结果显示：在 5793 篇期刊论文中，涉及教师、教材和教学法的研究分别占 47.4%、34.9% 和 14%，而涉及面向汉语作为第二语言学习者的汉语词典（包括汉语单语词典、汉—外/外—汉双语词典）的研究仅占 3.6%，加上研究其他学习工具和教辅材料的文献，也不到总数的 4%。这与汉语学习者在课外进行大量自主学习的需求是不相符的。

以本研究所关注的词典产品为例，从纸质词典，到电子词典，再到网络词典、手机 APP，虽然介质和载体发生了很大的变化，但词典一直都是语言学习的必备工具之一——无论在怎样的学习环境中，使用什么教材，采用什么教学方法，几乎所有汉语学习者都或多或少需要使用词典产品——学习者在对课堂教学内容进行理解和内化的过程中常常需要查询词典，在课后完成作业时离不开词典，在目的语环境中修读汉语授课的各种专业也少不了词典，甚至在日常生活娱乐中也时时需要查询词典。可见，在与语言学习和使用相关的各种情境中，词典产品都扮演着不可或缺的角色。但是以外向型汉语学习词典为代表的词典产品在研究和编纂等很多方面还不尽如人意，不能充分满足汉语学习者的需求，主要表现在整体质量欠佳、研编与市场脱节、对用户的特殊性不够重视、没有充分反映时代特点和缺乏理论指导五个方面。

第一，词典的整体质量有待提高。有研究者指出，现有外向型汉语学习词典普遍存在四大问题：（1）词汇量小，除个别词典外，一般不超出《汉语水平词汇与汉字等级大纲》8822 个词的范围，远远落后于教学实践，不能满足对外汉语教学的实际需要；（2）基于语料库编写工具书已经成为国外词典编纂的基本方式，

---

① 主题关键词包括"对外汉语教学""汉语国际教育"和"汉语作为第二语言教学"。

而国内外向型汉语学习词典的编纂尚未采用这一方法,在选词立目、义项的安排等方面缺乏客观标准;(3)词典产品没有充分考虑不同学习阶段的学习者的实际需求,不分对象,不分等级,针对性不强;(4)缺乏对词语用法的说明(包括对词语语义、语用特征的解释和词语语体信息的说明),无法帮助学习者恰当得体地使用汉语词汇(参见张宝林,2015)。

第二,词典的研编还没有充分以市场为导向,存在供需不平衡的情况。具体表现为:(1)国内出版的多部外向型汉语学习词典市场占有率偏低。统计数据显示,近年来在中国大陆出版或即将出版的纸质词典已达65部,但是销售情况却不容乐观——2005年之前出版的汉语学习词典共计45部,其市场占有率却还不到10%。(2)国内出版的外向型汉语学习词典类型单一。针对不同母语学习者的研究都显示第二语言学习者更倾向于使用双语词典,但是目前汉外双语词典仅有17部,且其中很大一部分是汉英词典(53%),而其他语种词典产品稀缺,不能很好地满足母语非英语的汉语学习者的词典使用需求。(3)外向型汉语学习词典在海外的影响力较小。有调查显示,使用双语词典的汉语学习者中近80%使用的都不是中国出版的双语词典,虽然不少汉语学习者表示有购买中国出版的学习词典的需求,但是可以在海外主流实体或网络书店购买的中国出版的词典产品屈指可数,已出版的众多词典在海外的宣传力度有待加大(参见何家宁,2003;郑定欧,2005;杜焕君,2010;章宜华,2007、2011;李锡江、包薇,2012;Lew,2015)。

第三,外向型学习词典的研编没有充分体现出"外向"和"学习性"特征,还没有走出传统内向型语文词典的框架。"上个世纪80年代以来,自称是为外国学生学习汉语用字典、词典出版了不少,但是说实在的,基本上都是《新华字典》和《现代汉语词典》的删减本,没有真正从外国学生学习汉语的角度来考虑编写"(陆俭明,《商务馆学汉语词典》"序言");在研究方面,从专家、编者的角度对词典进行评介、对释义模式和编纂方法进行探讨的词典批评研究仍然是主流,而从第二语言学习者视角出发的研究还比较少,以用户为中心的词典使用研究在广度和深度上都待扩展(参见罗思明、赵海平,2005;李红印,2008;郝瑜鑫、王志军,2013;郝瑜鑫,2013;Nesi,2014;何姗,2014b;章宜华,2007、2011、2013;金沛沛,2016;蔡永强,2016)。

第四,汉语词典学研究的重心仍然放在传统纸质词典上。首先,研究者对汉语学习者在网络时代新的词典使用情况和查询需求关注不够;其次,汉语教师对于网络词典、手机词典 APP 的了解有限,很少主动向学习者提供帮助和指导;再次,汉语作为第二语言,教学界在如何利用词典资源促进语言学习方面也缺乏研究,这样的情况不利于词典研编和语言教与学之间进行有效互动,难以形成"以教促编,以编辅助教与学"的良性循环(参见郎建国、李晋,2003;Hartmann,2005;Midlane,2005;凌淑红,2006;杜焕君,2010;章宜华,2011;2013;戴远君、徐海,2014)。

第五,词典学研究(尤其是外向型汉语学习词典研究)缺乏理论指导。虽然辞书编纂的实践已经有数千年的历史,但直到 20 世纪中叶,词典学才被正式确立为一门独立的学科,词典理论研究严重滞后,学习词典作为词典家族中最年轻的成员,在理论研究方面的缺口也最大。外向型汉语学习词典的研究和编纂起步较晚,而且在进入发展成熟阶段之前就不得不面对信息化浪潮的猛烈冲击,这是汉语外向型学习词典的研编明显区别于英语学习词典和传统汉语语文辞书研编的一个重要因素,有必要充分考虑时代特征,构建适合现代词典用户语言学习需求的词典理论(参见章宜华、雍和明,2007;章宜华,2009;于屏方、杜家利,2010;蔡永强;2016)。

要在外向型汉语词典产品的研编实践和理论构建上寻求突破,就需要走出思维定势,重新审视学习词典在语言学习(尤其是自主学习）中的意义，结合时代特点和具体使用环境理解词典使用行为，从词典用户的视角进行研究，使词典产品的内容和功能更具有针对性。

1.2 研究对象

许嘉璐（2007）指出："字典辞书实际上是社会个体要走向更广阔世界的桥梁与工具。它是超越时空的，它是民族的和人类的知识的载体、文化的载体……应该用社会学、哲学等等的理念再度审视，提高对字典辞书的认识。"传统词典学研究关心词汇语义等语言学本体问题，也关心词典收词、立项、释义等编纂方法问题，但是对于词典用户个体如何以字典辞书为桥梁了解和学习语言文字知识和文化常识却少有研究。

随着面向第二语言学习者的外向型学习词典的兴起，词典学研究与第二语言的教学和研究结合得越来越紧密，除了词汇语义之外，词典学研究也开始关注语法、语用研究及相关信息在词典中的呈现方式。在第二语言教学研究的重心转向学习者之后，词典学研究，尤其是外向型学习词典研究也越来越重视用户视角的研究，即词典使用研究。

词典使用研究把词典中静态的语言信息和词典用户动态的查询过程相结合，因此既关注常规的词典产品本体的问题，也关注学习者在具体学习活动中的词典查询情况。本研究还把学习者的词典观念、学习者母国的社会文化、信息网络高速发展的时代背景等潜藏于词典使用行为背后的因素纳入了研究范围，较过去的词典使用研究有所扩展。

我们的研究对象主要包括汉语词典产品、汉语学习者和影响词典使用的外部因素三个部分，以下分别进行说明。

1.2.1 汉语词典产品

《现代汉语词典》对"词典"的释义为,"收集词汇加以解释供人检查参考的工具书(现多指语词方面的)"①,《牛津高阶英汉双解词典》(第七版)对 dictionary 的释义为:按照字母顺序对一种语言中的一系列词进行排序,并且解释其意义,或者提供其在外语中对应词的参考书②,可见汉语的"词典"与英语的 dictionary 基本对应。从这一概念出发,汉语的"词典学"和英语的 lexicography(词典编纂的理论与实践③)也相对应,而汉语的"字典"和"辞书"(字典、词典等工具书的统称④)在英语中则没有对应的概念,但它们又属于传统辞书学的研究范围,这就使得汉语"词典学"的内涵和外延与英语词典学研究有所不同。据章宜华和雍和明(2007),自 1978 年《语言学动态》第 6 期发表《词典学论文文摘选译》起,"词典学"成为 lexicography 的通用汉译名,指"囊括一切字典、词典编纂实践与理论研究"的学科。因此在本研究中,"词典"泛指汉语学习者用于辅助汉语学习的字典、词典和其他词典类工具和资源(如网络词典和手机词典 APP 等)。

词典类型学从不同角度对词典进行了分类:从功能和内容角度将词典分为语文词典(如《现代汉语词典》)和学习词典(如

---

① 中国社会科学院语言研究所词典编辑室编,2016,《现代汉语词典》(第七版),商务印书馆,第 212 页。

② 笔者译,英语释义为:a book that gives a list of words of a language in alphabetical order and explains what they mean, or gives a word for them in a foreign language. [英] A. S. Hornby, 2009,《牛津高阶英汉双解词典》(第七版),王玉章等译,商务印书馆,第 551 页。

③ 笔者译,英语释义为:the theory and practice of writing dictionaries. [英] A. S. Hornby, 2009,《牛津高阶英汉双解词典》(第七版),王玉章等译,商务印书馆,第 1161 页。

④ 中国社会科学院语言研究所词典编辑室编,2016,《现代汉语词典》(第七版),商务印书馆,第 214 页。

第1章 绪论

《现代汉语学习词典》),从涉及的语种数量角度分为单语词典和双语词典,从用户类型的角度分为内向型词典(如《现代汉语学习词典》)和外向型词典(如《当代汉语学习词典》),从词典介质角度分为纸质词典和新介质词典(包括电子词典、网络词典、手机词典APP等非纸质词典)。

在多种词典产品中,和第二语言教与学关系最密切的是外向型学习词典(learner's dictionary)。1942年,霍恩比(Albert Sidney Hornby)编纂的 The Idiomatic and Syntactic English Dictionary 问世,成为首部包含语法知识的词典。这部词典注意到了第二次世界大战结束后日本英语学习者特殊的词典使用需求,孵化了全球第一部具有划时代意义的英语学习词典《现代英语学习词典》(A Learner's Dictionary of Current English,牛津大学出版社1948年版),并且在此后的70年中不断推陈出新,积极吸收英语作为第二语言教学和词典编纂的最新成果,成为学习词典的楷模。第1版至第8版《牛津高阶学习词典》累计发行量逾3500万册,是最畅销的英语学习词典。

英语外向型学习词典得以迅速发展,不仅是因为有广大的用户基础,更为关键的是,词典的编纂理念体现了第二语言教学和研究的成果。和母语者相比,第二语言学习者对词典的需求更为复杂,而且常常与特定的语言学习任务相联系,主要功能为提供释义的语文词典难以满足这些学习者的查询需求:首先,从查询目的来看,第二语言学习者不仅要理解目标词的意义以完成解码任务,还需要参考用法说明完成编码任务,这就要求学习词典提供更为详细的信息;其次,从释义方式来看,第二语言学习者受到语言水平的限制,在理解和进一步利用信息上面临更大的困难,传统的同义词释义方式可能会造成混淆和误用,因此学习词典需要控制释义元语言的难度,为学习者理解和使用词典信息扫除障碍;再次,从使用频率来说,第二语言学习者需要频繁地查阅词典,因此为他们提供便捷的使用体验也十分重要;最后,进入互联网时代,网络资源触手可得,网络词典、智能手机应用不断涌现,词典用户的查询习惯也不可避免地发生了改变,如何在新的条件下满足用户日益个性化和多样化的需求,更有效地辅助第二语言学习已经成为学习词典学研究的核心(参见戴远君、徐海,2014;Winestock & Jeong,2014)。

本研究所做的问卷调查结果显示:汉语学习者选用的词典产品有《现代汉语词典》等内向型语文词典,也有《商务馆学汉语词典》等外向型学习词典;有汉语单语词典,也有汉—外/外—汉双语词典;有纸质词典,也有 Pleco 和有道词典等新介质词典。因此,我们关注的词典产品既不局限于汉语外向型学习词典,也不局限于传统纸质词典,凡是汉语学习者用于辅助汉语学习的词典产品都在我们研究范围内。在研究过程中,我们也发现不少学习者除了使用各种类型的词典产品之外,还常常借助 google translate(谷歌翻译)、百度搜索引擎等非词典产品辅助查询,反映了现有汉语词典产品不能满足学习者使用需求的情况,与本研究密切相关,因此也属于我们的研究范围。

1.2.2 汉语学习者

汉语作为第二语言的教学和习得所关注的"汉语作为第二语言/外语的学习者"即"非汉语母语的学习者",是与"汉语母语者"相对的概念。狭义的"汉语学习者"指的是集中学习汉语的非汉语母语学习者,广义的"汉语学习者"则指一切非汉语母语者,如使用汉语学习理工、经管、农医等专业的来华留学生。他们虽然完成了集中学习语言的阶段,但是他们的汉语学习并没有结束——他们的语言能力和汉语母语者还有很大差距,必须围绕专业学习和研究继续进行语言上的自主学习,也属于"汉语学习者"的范畴。本研究选择从学习者的视角出发,尤其关注广义的"汉语学习者"的原因如下。

首先,随着中国国力的不断增强,国际地位的不断提高,不仅在海外掀起了汉语学习的热潮，来华留学的外国学生数量也不断增长。教育部的数据显示①：在2011年来华留学的29万外国学生中，非学历学习者约占六成；来华攻读学位（包括本科、硕士和博士）的留学生（以下或简称学历生）约占四成。截至2016年，在44万留学生中，学历生所占的比例已经接近50%，其中，攻读硕士和博士学位的人数有明显增长。学科分布上打破汉语为主的格局，来华攻读教育、理科、工科、农学等专业的留学生数增幅明显。现有的汉语作为第二语言教学和习得的研究主要以集中学习汉语的语言进修生为研究对象，而不太关注来华修读其他专业的留学生。我们使用文献分析软件Note Express对《世界汉语教学》三十年间（1987—2017）刊载的论文进行了统计，结果显示：在125篇包含"汉语学习者"这一关键词的文献中（除去会讯、新闻等非学术论文——7篇，占比5.6%），78篇（62.4%）为针对学习者的量化研究，其余40篇（32%）为语言本体和教学研究。其中绝大多数研究都以目的语环境中的语言进修生和汉语专业的本科生为对象，几乎没有针对来华修读其他专业的留学生进行的研究。中国进一步扩大留学生招生规模，调整留学生结构需要相关研究提供支持。

其次，用户视角的研究在当代词典学研究中的地位日益上升，以编者为中心的传统词典研编思维正在向以用户为中心的现代词典编纂思维转变，词典学研究对各类用户的具体词典使用行为和需求越来越重视。词典产品的用户群体巨大，并不是只有语言进修生才使用词典产品，词典使用的行为也不只发生在语言课堂上，因此只对语言进修生进行研究不能反映词典使用情况的全貌。将研究对象从狭义的汉语学习者扩展到广义的汉语学习者，有利于考察语言学习动机和目标、学习风格和策略、所学专业和

---

① 数据来源：www.moe.gov.cn/jyb_xwfb/gzdt_gzdt/s5987/201202/t20120228_131117.html。

培养层次等各种因素对学习者词典使用的具体情况产生的影响，了解不同类型学习者的词典使用需求，更好地为词典产品的研发提供参考。

1.2.3 影响学习者词典使用的外部因素

面向第二语言学习者的词典不同于其他类型的词典，它不仅是备查参考书，更是可以参与语言学习各种任务、贯穿各个阶段的学习工具，因此不能将词典从具体使用情景中孤立出来。比如，完成解码任务和编码任务对学习者使用词典的层次提出了不同的要求；在课堂学习和课外自主学习不同的场景下，学习者使用词典的情况也会有所不同；在目的语环境中的学习者还要面对日常生活、休闲娱乐和社交等诸多与语言使用相关的情境，在这些情境中使用词典的行为必然与旨在完成具体语言学习任务的情况有所不同，其中包含的诸多因素会从外部影响词典使用的具体情况。

正如章宜华（2010）指出的："词典具有社会属性，词典所描述的语言直接受社会文化和相应文化团体成员的影响；而另一方面，词典作为一种文化产品直接面向社会和用户。从本质上说，词典编纂是社会文化行为，而词典使用则是社会心理行为。"因此，除了与语言学习直接相关的要素，本研究也试图纳入家庭、学校和社会等更多外部因素，更为全面和立体地考察汉语学习者词典使用的行为和观念。

1.3 研究问题

本研究围绕汉语学习者的词典使用情况展开。词典使用的概念有狭义和广义之分，狭义的词典使用主要指词典查询这一环节；广义的词典使用不仅包括词典查询，还包括这一环节前后的相关过程，即汉语学习者如何选择使用词典产品辅助汉语学习的整个过程，以下做具体说明。

　　狭义的词典使用主要指的是用户使用词典查询目标词意义和用法的过程。查询过程似乎可以用"想知道某个词→查询→问题解决"的三段式流程进行描述，但是看似简单的"查询"二字中却包含着这个行为的前因后果和内外因作用——没有什么行为是架空的，词典查询亦然——查询行为必然发生在具体的时间、地点和情境中，因为受到某种特定的刺激或触发而产生；在行为产生之后，又需要依据一定的准则，按照一定的程序，采用一定的方法，经过一定过程才能得到结果；在此过程中有可能一切进展顺利，也有可能碰到计划之外的问题或困难，这时行为主体就需要做出相应的处理，或成功解决，或转寻他法，抑或失败放弃；之后可能还有对这一行为的经验总结和情绪疏解，这会进一步影响之后的相关行为和决策，如策略调整、工具更换，向他人求助等。因此词典使用不仅包括词典查询，还包括在查询之前如何选择词典产品，在查询成功后如何利用词典信息，在查询失败后又如何借助其他工具、资源和方法获取相关信息等。以词典查询这一中心环节为例进行具体分析，可以对研究问题有更直观的认识。

　　具体来看，查询过程看似简单，实际上包括了一系列前后相续、互相关联的行为，它们所构成的一个互动整体，才是本研究所关注的词典"使用"过程（如图1所示）。

　　对这一使用过程进行分析，就涉及到：（1）学习者使用词典进行查询的场合或情境——是在汉语课堂上、其他专业课课堂上，还是在和朋友聊天时；（2）学习者使用词典的动机和希望达到的目的——是在阅读课外书刊时碰到了不认识的词，想知道是什么意思，还是在完成课后的造句作业时，需要知道一个刚学的生词怎么用，又或者是在和汉语母语者交谈时想用某个词，但是不确定正确的读音；（3）学习者使用词典的方法和策略——是用母语还是用目的语进行检索，是用拼音还是手写的方式进行输

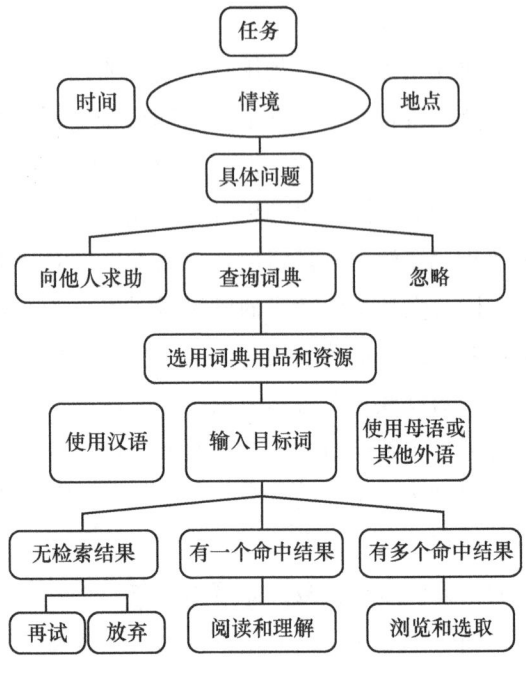

图1　词典查询过程示意图

入，在面对一连串不认识的汉字时如何分词进行查询等；（4）学习者处理词典信息的具体方法——学习者面对多个义项时如何进行筛选和定位，如何利用例句和用法信息，当词典中没有目标词时，学习者如何处理，当词典中的目标词信息无法解决当前的问题时，学习者又会做何调整等。

有效使用词典即词典与第二语言学习者之间能够进行"良性互动"，而这里所说的"良性互动"可以大致分为以下五个层次：第一，学习者对词典有全面和辩证的认识，知道词典是语言学习的重要工具，在遇到困难时使用词典的意识能够主动浮现，但同时也能认识到词典并不能"包治百病"，因此需要在对具体问题进行评定后综合调控和使用各种语言学习策略；第二，学习者能够在词典中找到自己需要的信息，包括学习者能够准确定位和理解目标信息；第三，词典能够提供充分的语境信息，帮助学习者

第 1 章 绪论

在词典目标信息和现实语境中进行对比和匹配;第四,词典能够提供不同层次的语义、语法、语用等各种信息,让学习者可以从不同层次、不同角度认识目标词,以满足不同任务类型下的查询需求;第五,不但可以让学习者知道什么情况下使用词典,而且可以让学习者乐于使用,能够将词典作为进一步获取更多学习资源的桥梁,提升自主学习意识与能力。

达到上述五个层次的良性互动需要词典编者、教师、学习者等各方面的共同努力,因此只有对汉语学习者使用词典产品的真实情况和影响他们使用词典的因素进行深入的考察,才能有的放矢,有针对性地进行词典编纂实践、词典学理论研究、汉语作为第二语言的教学和词典用户教育。因此,本研究在聚焦汉语学习者使用词典过程的同时,也关心学习者身份和观念、语言学习和专业学习的内容、语言环境等各种与词典使用相关的因素。

我们以词典使用的不同阶段、不同类型的学习活动和不同的学习者群体和个体为轴,将主要研究问题划分为汉语学习者如何选择(使用前)、在语言学习/专业学习/论文写作/日常交际中如何使用词典产品(使用中)、如何评价词典产品以及如何在后续使用中进行调整(使用后)三大部分,并且与构建扎根理论过程中浮现出来的更为具体的主题相结合,展开进一步的讨论。

1.4 研究意义及创新之处

1.4.1 研究意义

本研究关注在语言水平、文化背景、学习环境、学习动机等各方面存在差异的汉语学习者,描写和解释各类汉语学习者使用词典产品的情况,具有多重意义。

第一,有助于了解汉语学习者词典使用的真实情况。广义的词典使用包括查询前(学习者面临困难,选择适当的词典产品作为工具)、查询中(定位目标词条和义项,理解释义和例句)和查询后（匹配现实语境和词典说明，解决问题，甚至进一步掌握目标词的意义和用法）三个阶段，但是现有大部分研究集中于对第一阶段的描写，少有研究对第二阶段进行探究，第三阶段基本无人问津。综合现有研究的结论（参见 Béjoint，2002；Tono，2013；Levy & Steel，2015；Corrius & Pujol，2010；安德源，2009；黄建滨、张俊贤，2010；Abel & Meyer，2013 等）可见：首先，词典研编者对用户查询的具体过程不甚了解；其次，现有研究多集中于"应然"层面的探讨，对于用户实际使用情况的挖掘还不够；最后，虽然大多数学习者对词典的价值和词典的使用都有一定的理性认识，但是他们使用词典的实际情况往往难以达到编者的预期，同时受到任务类型、具体情境，以及个体语言文化背景的影响，呈现出很大的个体差异性，这也正是不少量化研究结果相左的原因。所以，对汉语学习者的词典使用情况进行研究有助于进一步了解词典使用的整个过程，让我们对语言学习与词典查询之间的互动关系有更为清晰的认识。

第二，可以从一定程度上促进汉语作为第二语言的教学。使用词典产品的情况能够从侧面显示汉语学习者在汉语学习中遇到的困难，对词典资源利用的情况也可以显示他们运用学习策略能力（参见 Laufer，2000；柯葳、董燕萍，2001；张红萍，2008；滕敏，2011；张丽华，2013；陈伟，2014；范琳等，2014；宋文娟、郑洪波，2014；Lew et al.，2014；2016）。近年来，随着互联网技术的急速发展，智能设备已经深入到我们日常生活的方方面面，网络学习、移动学习、自主学习等新理念引发了语言学习方式的变化，汉语学习者对词典的认识和使用必然受到影响。因此，对汉语学习者的词典使用情况进行研究可以为"互联网＋"助力汉语教学提供参考，让汉语教师更好地把握新时代汉语学习者的特点，为学习者提供更有针对性的学习和词典使用指导。

第三，可以为今后的词典产品研发提供一定参考。目前，汉语学习词典的研编工作主要围绕传统纸质词典进行，但是基于大

第 1 章 绪论

数据的网络词典、能够进行个性化功能设置的词典应用（APP）为用户提供了更加便捷的查询体验，词典用户对词典产品的期待和使用习惯已经发生了很大的变化（参见 Hartmann，2001；魏向清，2005；Dziemianko，2010；2014；Lew，2016；Lee，2016；Chuang，2016；彭淑莉，2016）。因此，对汉语学习者的词典使用情况进行研究有利于更好地把握汉语学习者的使用需求和偏好，推进学习词典编纂理念的转向，使汉语学习词典的研编尽快从以汉语本体研究为中心过渡到以学习/习得研究和市场为导向的阶段。

第四，本研究是对构建词典使用研究理论进行的有益探索。目前，汉语词典学在释义模式的构建方面已经有比较多研究成果，从认知视角出发的研究也在不断深入中，但是在词典使用研究方面还缺乏较为完整的理论框架（参见 Hartmann，2001；李晓丽、魏向清，2007；罗思明，2008；吴建平、周维江，2010；章宜华、雍和明，2007；章宜华，2015；He，2017）。本研究采取质性为主、量化为辅的综合方法，通过问卷调查、深度访谈等方法收集了大量材料和数据，在扎根理论的指导下构建了汉语学习词典动态使用的模型，这是在汉语学习词典理论建设方面进行的有益探索。

第五，本研究可以为汉语学习词典的宣传和销售提供参考意见。中国大陆出版的汉语学习词典目前市场占有率偏低，虽然有词典质量的原因（参见雷华、史有为，2004；何姗，2014b；陈潇，2016），但是宣传和营销力度不足也是一个重要因素。任何产品的宣传和营销都始终围绕两个主题：产品的功能和质量、产品给用户带来的体验。词典也不例外。要做到成功的宣传和营销，就离不开过硬的产品质量和对用户心理和需求的精准把握。对汉语学习者的词典使用情况进行研究既有利于提高词典质量，又有助于了解用户的需求和心理，对于制定更为有效的宣传营销策略有一定参考价值。

1.4.2 创新之处

国内现有词典使用研究主要通过问卷调查对用户需求进行调查，这种研究方法的优势是便于显示样本的集中趋势，并且可以基于概率论对研究结论进行推广。但是用于研究汉语学习者的词典使用情况则存在两个方面的问题：第一，汉语学习者个体具有较为明显的异质性，词典使用在很大程度上是对个人认知风格、学习习惯的反映，面对显著的个体差异，追求呈现集中趋势的研究可能得不偿失。第二，这样的研究方法实际上把词典使用从语言学习和社会文化环境中孤立了出来，把词典使用中的诸多影响因素进行了过滤，把使用词典的行为简单化、理想化了，而没有把词典使用置于具体的背景和情境中进行理解，而且问卷调查的预设性和封闭性会也从很大程度上限制了对现象描写和解释的广度和深度。

本研究从汉语学习词典的编纂、出版、销售和使用的实际情况出发，将词典使用行为置于词典研编、汉语学习、个人观念和社会文化的背景下进行描写和理解，旨在更好地把握汉语学习者对词典产品的需求，探究他们的词典使用行为与他们的词典观念之间的互动关系，在研究内容上有所扩展。此外，在方法上，本研究选用质性方法为主、量化方法为辅的混合设计，进行开放性的深度访谈，全面发掘汉语学习者词典使用的真实情况，和过去的研究所采用的方法有所不同。

本研究的创新之处在于丰富了"词典使用"这一概念的内涵，将词典使用的过程从狭义的"利用词典进行查询"扩展到"查询前、查询中和查询后"的全过程，涉及学习者选择词典产品、使用词典进行查询的决策、利用各种策略对查询过程进行调控、查询后对信息加以利用等多个环节。

具体来说，学习者对词典产品的选择、使用和评价可能涉及诸多因素，包括学习者计划在什么环境中使用词典、希望使用词典解决什么问题、汉语学习对于学习者来说有什么意义、想达到什么目标、母国的教育文化有什么特点等。又比如在使用某部词典进行查询的过程遇到了困难，学习者会如何解决？是查询其他词典，使用网络搜索引擎，还是向教师求助；是就此弃用，还是对查询过程进行反思，积极探索更好的解决方式。可见扩展词典使用的概念不仅意味着词典使用的过程更长、环节更多，也意味着更多因素被纳入考察范围。

  本研究在充分描写和解释词典使用现象的同时，还在扎根理论的指导下提出了一系列概念和原则，构建了多个理论模型，体现了词典使用和词典研编、汉语教学之间的互动关系，对于描写和解释不同类型的学习者的词典使用和不同情境中的词典使用情况更加全面深入，也更有针对性。

第 2 章

研究现状[*]

词典使用研究已经成为和词典历史、词典批评、词典结构、词典类型并列的当代词典学研究五大方向之一，但是作为最后一个被纳入研究范围的研究对象，词典使用研究还处在探索和发展的阶段，是词典学中一个相对滞后的领域（Hartmann & James, 1998；Hartmann, 2001）。在过去的半个多世纪里，英语词典使用研究已经构建了基本的研究范式，确立了几大研究主题。Nasi (2014) 对 1979 年至 2012 年发表的 35 项实证研究进行了分析，归纳出"英语学习者对词典的偏好与态度""词典对英语学习者理解任务的影响""词典对英语学习者产出任务的影响""英语词典在语言学习中的角色"和"英语学习者的词典查询行为"五个研究主题，梳理出了展开英语词典使用研究的两条路径：(1) 词典如何更好地为用户提供帮助；(2) 第二语言学习者如何成为更加成功的词典使用者。[①]

汉语词典的使用研究进入研究者的视野还不久，针对汉语学习词典的研究还比较少，目前可以检索到的相关研究大部分是针对中国的英语学习者和英语学习词典进行的。据章宜华（2011）

---

[*] 本章经删改发表于《辞书研究》2019 年第 6 期 53—66 页，题为《英语学习词典使用研究综述》。

[①] 另见 Atkins & Varantola, 1997, "Monitoring Dictionary Use", *International Journal of Lexicography*, Vol. 10, No. 1, pp. 1–45.

统计，截至 2008 年，我国各类词典使用研究文献已经超过 200 篇，但是针对汉语学习词典的使用研究仅有 5 篇。在中国知网上的检索结果显示，2008 年之后新增汉语学习词典使用研究也只有 13 篇。绝大多数论文都以"调查研究"为主题，采用调查的方法分别对不同国别汉语学习者的词典使用情况和需求进行了研究（如：柳苗，2009；冯俊宇，2012；吕红芳，2013；郝永梅，2013；唐紫昕，2015，金沛沛，2016）。与英语词典研究侧重实证研究的趋势不同，目前还没有针对汉语词典使用的实证研究。从总体上来说，汉语学习词典使用研究在研究方法上还比较单一，在内容的广度和深度上也还有待扩展。

从研究对象来看，词典使用研究的内容不仅包括传统词典学所关注的词典本体问题，也关注词典用户发挥主观能动性使用词典辅助语言学习的情况。换言之，词典使用研究有两个方向：（1）通过学习者的词典使用情况来研究如何提高词典质量，即指向辞书研编的研究；（2）通过词典使用情况来研究学习者的学习过程和语言教学中存在哪些问题，即指向第二语言教与学的研究。从研究方法上看，词典使用研究可以分为量化研究、质性研究和混合方法研究。以下以研究对象为横轴，研究方法为纵轴，对国内外相关研究进行综述。

2.1 量化研究

量化研究是确定事物某方面"量"的研究，即把问题和现象用数量来表示，进而通过分析、考察和解释获得意义的研究方法和过程，即通过对研究对象的特征按某种标准进行"量"的比较，来测定对象特征数值或者得到某些因素间的"量"的变化规律，其目的是对事物及其运动的"量"的属性作出回答。量化研究与科学实验研究是密切相关的，可以说科学上的量化是伴随着实验法产生的。常见的量化研究手段包括测试、实验和利用标准化的量表进行调查。

国外使用量化方法进行词典使用研究的数量逐年上升,一方面,通过新技术(如在线词典的后台日志程序)、新设备(如眼动仪)以及对任务和环境的控制,利用量化研究可以进行更为精确的统计;另一方面,对于一些质性方法难以深入或尚未研究过的问题,量化研究另辟蹊径,使得词典使用研究的内容和范围得到了很大的扩展(Lew,2011;于伟昌,2014)。但是量化研究数量在国内比较少,研究层次也有待深入。何家宁和张文忠(2009)对38项国内词典使用实证研究所采用的研究方法进行了分析和统计,其中使用了测验或实验手段的研究只有12.3%,不到15%的研究使用了相关分析、方差分析、T检验和卡方检验,其余大多数研究只进行了描述性统计(百分比统计)。罗思明(2008)指出:国内词典学研究以经验性总结为主,缺乏足够的证据和科学技术手段支持统计分析,而且研究思维单一,缺乏立体性和综合性,应该多维度、跨学科地对词典使用展开深入的实证研究。

无论是从编者视角对词典质量进行评价,还是从用户视角调查其使用体验,研究的根本目的都在于考察词典的有效性,但是一般质性研究都囿于缺乏客观标准,往往缺乏说服力;而量化研究则可以通过量化手段使一些用语言难以描述的感受和评价变得测量和计算,让一些内隐的量的信息变得外显。因此,量化方法更适合对词典的"有效性"进行直接的考察。具体来说,现有的量化研究主要围绕以下三个问题展开:(1)使用词典对语言学习是否有促进作用;(2)如果确实有促进作用的话,什么样的词典最能促进语言学习;(3)如何使用词典最有效。以下,我们将分别对这三个主题进行简要介绍。

2.1.1 使用词典能否促进语言学习

学习词典的出现,是为了满足第二语言学习者特殊的查询需求。虽然英语学习词典在各方面都做出了调整以区别内向型传统语文词典，但是"学习词典到底能不能促进语言学习"或者"能够在多大程度上促进语言学习"从 20 世纪 80 年代开始就一直是量化研究的重要议题之一，时至今日仍然没有定论。

Bensoussan et al.（1984）进行了三项研究，对比了使用单语/双语词典和不使用词典的 427 位被试在语言测试中的表现是否存在差异，结果显示是否使用词典对被试的阅读分数没有显著影响；Nesi & Meara（1991）在较小规模的被试中重复了此项实验，得到了相同的结果。但是 Luppescu & Day（1993）对 293 位日本英语学习者进行的实验结果显示：虽然使用词典的被试花了两倍的时间才完成阅读任务，但是他们在即时后测中得到了更高的分数；Ronald（2002）也认为词典使用对学习者的词汇学习有积极作用，但他没有在大规模的被试中进行研究，而是对一位学习者进行了跟踪研究，七次测试后的结果显示被试的词汇量有明显的提高；Peters（2007）和 Pulido（2007）的研究结果也证实在阅读中使用词典更有利于保持学习者的词汇水平。在过去三十多年里，研究者还没有在"词典使用究竟能不能促进第二语言学习"这一问题上达成一致，可以预见这一争论还将继续。

除了在是否使用词典两种情况之间进行对比，还有一些研究对使用教材的页边/文末词汇表和词典的效果进行了对比。姜爱娟（2006）对 90 名中国高中学生进行了英语伴随性词汇习得的研究，完成阅读任务后进行即时后测的结果显示：使用词典的效果要优于教材注释，但是在延迟后测中两者没有显著差异，在阅读过程中或在阅读完成后查阅也没有显著差异，这一结果与之前的几项研究（Hulstijn et al.，1996；Laufer，2000）结果一致。

上述各项研究得出的结论大相径庭，这提示我们应该注意到各项研究在研究手段、测试/实验设计、被试情况、实验材料上存在的差异，在解读研究结果时应该结合具体的情况考虑。

2.1.2 什么样的词典能促进第二语言的学习

另外一些研究聚焦在相对微观的层面,具体对比了词典不同介质、不同类型,或不同释义方式给第二语言学习带来的影响,尤其在牛津高阶英语词典一家垄断的局面被打破之后,四大英语学习词典(Big Four)鼎立的格局逐渐形成,词典市场的竞争日趋激烈,各大词典不断推陈出新,在这样的背景下,词典对比研究成为了热点(Laufer & Kimmel,1997;Yamada,1999)。近年来新介质词典的广泛使用也引起了研究者的注意,对比不同介质词典的有效性成为了一个新的研究热点。

Leffa(1992)对比了 CALL(Computer Assisted Language Learning,电脑辅助语言学习)词典和纸质词典的使用效果,结果显示,使用前者可以节约 50% 的查询时间,并且用户对任务文本的理解水平比使用纸质词典组高出了 38%;Knight(1994)的研究结果也证实使用 CALL 词典的用户在掌握的词汇量和阅读理解的测试分数上都高于使用纸质词典的用户;另外,Dziemianko(2010)和 Lew(2016)对波兰英语学习者进行了研究,结果都显示,无论是在解码任务还是在编码任务中,使用非纸质词典学习者都取得了更好的成绩;但是陈玉珍(2013)对中国英语学习者的研究则显示,使用 CALL 词典与阅读成绩之间不具有显著的相关关系,其他不少研究也没有发现使用非纸质词典与纸质词典在词汇学习效果方面有显著性差异(参见 Koyama & Takeuchi,2003,Osaki et al,2003;Osaki & Nakayama,2004;Kobayashi,2007;Chen,2010)。①

也有不少研究对单语词典、双语全解词典和双语半解词典到底孰优孰劣进行了考察。Tono(1989)对 32 位日本高中生进行

---

① 转引自陈晓文、万晓影,2006,《对英语学习型词典中"意义引导信息"效果的研究和启示》,《外国语言文学》第 23 卷第 2 期。

研究的结果显示，双语全解词典最好，这一结果在 Lew（2004）的研究中得到了验证；Laufer（1994）针对三种词典在编码任务中的作用进行了研究，结果显示，双语全解词典的效果最好，单语词典最差，但是之后的研究（Laufer & Kimmel，1997）又显示，双语半解词典效果最好。这些研究一般都使用低频词作为实验材料，并不能完全代表使用者在自然环境中查询词典的情况，因此虽然上述研究都得到了基本一致的结论，但是也有一定局限性。

Tono（1984）对 402 位日本英语学习者使用双语词典的情况进行了研究，发现学习者大多选择日语的第一个义项，而不会通读词条选择更为贴切的义项，由此他提出应该在双语词典中设置义项菜单（menu）以帮助词典用户更好地定位适切的义项；之后他又对 182 名高中生和 57 名大学生进行了进一步的研究（Tono，1992），结果显示，义项菜单（menu）的设计对于语言水平较低的用户帮助更大。还有研究对义项指示标（signpost）的作用进行了研究，结果显示，这一设计对于用户在词条定位、翻译的准确率上没有显著差异，但是对多义词的义项查找有明显的帮助作用（Lew & Pajkowska，2007；Lew，2010）。陈晓文和万晓影（2006）对义项菜单和指示标两项研究进行整合，对 103 位中国英语学习者进行了研究，结果并不完全支持之前两项研究的结果，义项菜单有显著效果，但是义项指示标的效果不尽如人意。这几项研究之所以得到不一致的结果，可能与被试对测试项目的熟悉程度有关——被试在实验条件下使用自己不熟悉的词典查询几次或十几次的结果可能并不足以验证研究假设。

在释义模式和例证方面，Cumming et al.（1994）对整句释义模式和传统短语释义的效果进行了对比，结果显示，两者之间不存在显著差异；Nesi & Meara（1994）针对 52 位学习者的研究也得出了相同的结论；Black（1986）对三种释义/例证的呈现方式进行了研究，结果显示，三种模式：（1）只有释义（2）只有例证

(3) 同时包含释义和例证，在使用效果上并无显著差异；其他几项研究也显示例证对于学习者的帮助有限（Nesi，1996；Cumming et al.，1994；Lew，2008）；而 Frankenberg-Garcia（2012；2014）的研究则显示提供三个例证的效果远远优于只有一个例证。值得注意的是，在考察不同释义模式和例证数量的同时也应该重视对释例质量的考察，因为虽然有统一的宏观设计，但是释义的撰写、例句的选取等编写原则落实到具体的词目上可能存在较大差异（何姗，2014b）。

Nesi & Meara（1994）让三组被试分别使用《朗文当代词典》《牛津高阶词典》和《柯林斯COBUILD》三部词典，结果显示，三组被试对词典提供的语法说明和搭配信息都无法进行有效的利用；Harvey & Yuill（1997）对单语词典的使用情况进行了研究，结果显示，绝大多数用户根本没有查询语法、搭配信息，词典中设置的专栏几乎根本没有得到利用；Dziemianko（2014）对385位被试的研究也显示，词典中的搭配信息专栏利用率极低，但是搭配信息的不同位置和呈现方式对其有效性有显著的影响；何姗（2014b）对汉语学习词典的词语辨析专栏进行了研究，结果显示，专栏中的辨析词的确定、辨析内容和辨析方式的设置都存在不足之处。提高词典使用效率并不能靠一味在词典中增加信息，关键要增强辞书编纂和词典使用之间的互动——一方面词典要提供用户需要的信息，并且提供便捷的获取途径；另一方面用户也应该加深对学习词典功能的认识，理性科学地使用词典辅助学习。

2.1.3 第二语言学习者如何有效使用词典

词典的发展似乎一直是个做加法的过程——随着语言学本体研究的精细化，词典所提供的内容也越来越丰富，词典越来越厚，词典里的标识代码也越来越多；从另一个角度来看，也可以说词典变得越来越复杂，这意味着词典的查询过程也变得越来复杂（Hartmann，1989；Bogaards，1998）。词典的复杂性和用户使用技巧的缺乏之间已经形成了一个巨大的鸿沟，严重影响着词典的有效使用（参见 Diab，1989；Cowie，1999；Béjoint，2002；曹杰旺、罗思明，2005）。Hulstijn & Atkins（1998）指出，各种新词典的出版并没有从根本上解决用户需求与词典之间的矛盾，必须要从用户视角出发进行深入研究；哈特曼（2003）提出了词典查询过程的模型，并且归纳出七组查阅技能：辨识查阅问题、选定有问题的词、选择最合适的词典、搜寻宏观结构、搜寻微观结构、获取有关资料、融合信息。同时，他强调这个模型只是一个"理想化的构图"，其中的每个项目都需要在将来的研究中进行更细致的观察和分析。

目前，相关的量化研究还没有达到哈特曼（2003）所希望的细化程度，一般研究只要求被试使用纸质词典直接进行查找任务，或者使用词典完成翻译或阅读任务，具体包括查找词目词（词/词组/习语）、在某一词条下查找特定义项、利用释义和例句匹配目标语境等。在大多数研究中被试的表现都不尽如人意，无论是英语母语者还是第二语言学习者，在查询纸质词典时都很难在快速和准确之间取得平衡。Tono（1987）的研究结果显示日本英语学习者在遇到不认识的词组时并不会以词组为单位进行检索，而倾向于检索词组中最不熟悉的一个词项，或者是与其他单词共现率最低的那个词项，这一结果也证实了Béjoint（1981）的研究结论。Christianson（1997）对英语学习者的词典查询策略进行了研究，结果显示查询是否成功与学习者的语言水平的高低关系不大，起决定性作用的是学习者对查询策略的使用情况。

此类研究有很大的同质性，得出的结论基本可以归纳为两条：第一，词典用户的查询技能有待提高；第二，教师和学校需要提供更多指导和帮助（参见 Bogaards，1998；陈玉珍，2007；安德源、易艳，2008；陈玉珍，2011；2013；安德源、刘伟乾，

2012；Levy & Steel，2015）。也有一些研究提出了较为具体的建议，如：提高各方对词典的认识，加强使用者、编纂者及教师之间的联系，更重视查阅背景，考虑词典在考试大纲中的作用，融合不同的查阅形式，设计实践性课程，设计更好的练习册，在教师培训中列入词典使用内容等（参见 Jiang & Wen，1998；Chi，2001[①]）。近年来也有一些指导词典使用技能教学的专著，如2007年出版 Leaney 的 *Dictionary Activities*（Cambridge University Press）一书就旨在利用课堂活动训练学习者的词典使用技能。

这些研究大部分都是针对纸质词典进行的，在新介质词典迅速普及的今天，此类研究探讨的问题可能已经不再具有适用性，比如词条定位对于电子词典、网络词典和词典 APP 用户来说已经不再是一个难题，但是词典用户在众多词典产品中应该作何选择，如何充分利用新介质词典的新功能，以及如何克服对新介质词典过度依赖的副作用等问题可能需要更多关注。

2.1.4　量化研究综述小结

结构主义旨在使人文科学和社会科学也能像自然科学一样达到精确化、科学化的水平。量化研究在很大程度上受到了结构主义的影响。在研究过程中强调客观性、操作化和概括化，以使研究结果更为直观，减少研究者主观因素的影响。但是与此同时，量化研究也不可避免地存在一些局限——量化研究相对于访谈、观察等质性研究方法来说更为封闭。这种方法主要通过分析可能对被观察行为或结果造成影响的因素，对相关条件进行控制，从而揭示各因素和结果之间以及各因素之间的相关关系。在设计研究方案之前，研究者已经对潜在的相关因素进行了分析，初步构建了系统框架，在实施实验或测试时再进一步实现对变量的控

---

① 转引自［英］R. R. K. 哈特曼、胡美华，2003，《词典使用者观察：特别关注跨语词典》，《辞书研究》第5期。

制，对之前构建的系统框架进行二度解构和验证，最终完成相关关系的建构。研究者构建研究框架的过程也正是对自然环境的模拟，但是在自然环境中有太多因素是无法在实验条件下重现的。使用量化方法的重要前提之一就是简化真实情况，达到对所涉及的因素"牵一发而动全身"正是量化研究追求的理想情况，其基本假设是简约论，即"任何有组织的实体都是由更小的单位组成的，只有被分解成不可再分的单元才能被理解。然而，社会现象是一个不可简约的生命系统，一旦被分解成更小的单位分别探究，就无法获得充分的理解和解释"（陈向明，2008）。

此外，不同于自然科学研究，社会科学的研究中最大的变量是"人"——也是最难控制的变量——被试的语言水平、语言态度、性格、认知风格、学习策略，甚至参加实验当天的身体状况和心情都有可能对实验结果造成影响，而这些因素往往是无法进行控制或进行量化的，所以很多研究的结论缺乏一致性，甚至有不少针对同一问题进行的研究得到了截然相反的结论。

总而言之，词典使用研究最核心的要素是学习者，抛开词典查询过程的复杂性不谈，学习者之间存在着巨大的个体差异，每次词典查询也与具体的情景和语言学习任务密切相关，要了解他们真实的词典使用情况可能很难在实验条件下实现。因此，在认识到量化方法优势的同时也应该了解它的局限性，在解读结论时充分考虑具体研究条件，在推广结论时应该注意考察实际情况。

2.2 质性研究

质性研究指的是在自然情境下，以研究者本身为主要研究工具，在与研究对象的互动过程中采用各种手段，全面收集相关数据和材料，对资料进行分析和归纳，形成理论，以深入诠释研究问题和现象的研究。常见的质性研究模式包括个案研究、焦点小组、行动研究、扎根理论研究等，常见的资料收集手段包括观察、访谈、问卷调查等。混合方法研究模式则会在材料收集和分析中结合两种或两种以上质性和量化手段。

在词典使用的质性研究中，最常见的资料收集手段是问卷调查，其优点在于研究实施的限制条件比较少，能够在较短的时间内收集到大量数据，统计方便，调查结果可以比较清晰地显示集中趋势，但是调查问卷的信度和效度往往不够高。一方面，问卷编者一般都站在研究者或教师的立场上设计问题和选项，而被调查者则站在不同的角度，可能会给出不在调查者预期范围之内的答案，因此封闭式的问卷可能会限制被调查者的回答，也会导致研究对相关问题挖掘的深度不足；另一方面，部分被调查者出于各种原因可能不会如实回答，而会选择"应然"的答案，这也会从一定程度上对最终的调查结果产生影响；此外，调查法的基础是概率论，如果调查样本数量较少，或是抽样本身存在问题，那么研究结果的说服力就会大打折扣（参见 Bogaards，1998；Béjoint，2002；Humble，2001；张杏，2006）。单独使用问卷调查方法的研究在英语词典使用研究早期比较常见，但是目前国内词典使用研究依然主要采用问卷调查的方法来获取材料（参见 He，2017）。

除了问卷调查，访谈也是比较常见的资料收集手段。访谈法的优势在于可以比较深入和全面地了解真实情况，但是访谈耗时耗力，通常只能在比较小的范围内进行，因此研究者常常选取极端案例或是具有代表性的案例进行个案分析。研究者对访谈法的运用是否得当直接影响着数据的质量，因为研究者既是访谈的参与者，也是数据的分析者，在研究中的角色尤为关键。虽然有学者认为访谈法比问卷法更客观、更直接，也更具洞察力（参见哈特曼，2003），但是通过这种研究方法得到的结论也常常受到"主观性太强"或是"不具有普遍意义"的质疑（参见张杏，2006；陈玉珍，2007；于伟昌，2014）。

此外，也有一些研究在收集材料的过程中采用了有声思考

(Think-aloud)的方法，有研究者将这种方法归入观察法，而不将其视为一种单独的手段（如Tono，2013）。采用这种方法的研究一般要求被试报告他们在词典使用过程中的所思所想，可以直接了解被试在具体情景下的思维过程。但是该方法最大的缺陷在于"非及时性"——虽然研究者已经用录音或录像设备记录下了使用过程，但是对于被试来说，在回想和报告的过程中毫无遗漏地还原当时的情景仍然是十分困难的。此外，要向研究者完全坦诚自己的心理过程也需要极大的勇气，有的被试可能会出于维护面子的需要而有选择性地进行汇报。经过改进的有声思考法允许被试在任务进行的同时说出自己的所思所想，被试可以在没有研究者检查或监督的情况下自行使用录音录像设备进行记录，从一定程度上减轻了被试的心理压力。但是这种研究方法还是存在一些无法克服的局限，比如说口头叙述常常并不能完全表达被试的所思所想，边说边做还有可能对其使用词典的自然过程造成干扰。和访谈法类似，有声思考法也比较耗时耗力，常常面临数据稀疏的问题，甚至有完全无法获得研究者所期望的数据的危险（参见Tono，1991；何家宁，2002；Chon，2009）。

Wiegand（1998）归纳了词典使用研究中常见的四种资料收集方法，并指出观察法、问卷调查法、实验/测试法和访谈法不仅可以、而且应该以多种方式结合。近年来，单独使用一种资料收集方法的研究越来越少，何家宁（2009）对1999—2008年发表的38项实证研究所采用的研究方法进行了分析和统计，结果显示超过55%的英语词典使用研究都使用了两种或两种以上的方法进行数据收集。混合方法一方面让质性材料和量化数据在深度和广度上得到平衡，另一方面也可以获得三角互证的效果，从而提高研究结果的可信度。如Chon（2009）在研究中就结合使用了写作测试、有声思维两种方法，Gromann & Schnitzer（2015）使用了问卷调查、访谈以及写作和翻译测试三种方法，He & Yang（2016）结合使用了问卷调查、课堂观察和访谈三种方法，Lee

（2016）则同时使用了问卷调查和焦点小组讨论的方法。

不同于量化研究的"分而析之"，质性研究和混合方法研究更重视整体、全面地理解行为事件。词典使用这一活动主要涉及三个方面：词典、用户和环境，这三个方面的互动分为两个层面：内层为用户与词典的互动，外层为环境对用户使用词典的影响。在考察用户与词典的互动时又可以基于用户的双重身份梳理出两条线索：一方面，用户作为消费者和学习者，在选购词典时会表现出一定的偏好，进而通过供求关系对词典的内容和整体设计产生影响；另一方面，用户作为词典使用的主体，具有充分的主观能动性，因此他们可以通过学习/使用策略对自己的查询行为进行调控，以下分别进行简要评述。

2.2.1 词典的内容功能与用户的偏好

纸质词典的购买情况曾经是词典使用研究关注的问题之一，"是否拥有词典""拥有什么品牌的词典"和"习惯使用什么类型的词典"是常见的调查项目（Hartmann，2001）。但是随着电子词典、网络词典和手机词典应用（APP）的兴起，词典资源触手可得，在新的时代背景下，再调查纸质词典的购买情况（ownership）似乎已经没有太大的意义，因为纸质词典已经不是词典信息的唯一来源了。但是国内还有不少研究涉及纸质词典的占有率，如郎建国和李晋（2003）的调查结果显示，《牛津高阶英汉双解词典》在非英语专业大学生中的占有率在40%左右，在英语专业大学生中的占有率则在80%以上；《朗文高阶双解词典》在非英语专业大学生中的占有率在30%左右；另有超过20%的英语专业大学生选择购买了《朗文当代高级英语词典》，可见传统纸质词典的市场仍然不可小视。

汉语学习词典方面，杜焕君（2010）对汉语教师进行了调查，将近80%的汉语教师反映绝大多数来华留学生购买的都是非中国出版的汉外/外汉双语词典，而使用中国出版词典的学习者极少。这一研究结果与郝瑜鑫和王志军（2013）在美国调查的结果基本一致：被调查的美国汉语学习者中几乎没有人购买过国内出版的外向型汉语单语学习词典，只有极个别学习者使用过《现代汉语词典》和《新华字典》，而这两部辞书是面向汉语母语者的语文辞书，并不适合一般以汉语作为第二语言的学习者使用。无独有偶，在夏立新（2009）的调查中，也没有汉语学习者购买或使用过研究者列出的六部国内出版的汉语学习词典，却有8%的被调查者表示使用过《现代汉语词典》。这不仅说明了汉语学习词典在市场推广方面存在问题，也说明汉语教师缺乏词典知识（参见岑玉珍、白荃，2001；李红印，2008），这一情况值得汉语学习词典研编界和对外汉语教学界反思。

　　如今，传统纸质词典已经不是学习者获取词典信息的唯一途径，从电子词典到大部头词典的 CD-ROM（Compat Disc Read-Only Memory，只读光盘）版本，到词典软件和手机自带词典，再到网络词典和词典应用 APP，学习者的选择空间越来越大，研究者也开始把目光聚焦在新介质词典的使用上。Chon（2009）对韩国英语学习者使用网络词典的情况进行了研究；Gromann & Schnitzer（2015）则把 Frankenberg-Garcia（2005）列出的 16 种词典资源（包括通用语料库、平行语料库、社交平台、搜索引擎等）都纳入了考察范围；Levy & Steel（2015）对 587 位澳大利亚的中高级二语学习者进行了调查，结果显示网络词典和手机词典应用（如：wordreference.com 和 nciku）的普及率非常高，并且得到了用户很高的评价，但是同时也指出用户对新介质词典的局限性缺乏理性认识。针对中国英语学习者进行的研究（如李锡江、包薇，2012）也显示新介质词典用户往往缺乏查询技能，学习和训练意识也比较淡薄，超过 70% 的用户都认为他们在使用电子词典、网络词典或手机词典应用时不需要指导。但是对不少手机词典 APP 进行测评的研究（如徐海，2003；宋文娟、郑洪波，2014；肖志清，2015；彭淑莉，2016）都显示目前基于手机平台的英语词典功能参差不齐,存在诸多问题和不足。新介质词典质量不佳,加上学习者在使用过程中缺乏技巧、不够谨慎,很容易导致出现信息提取不准确甚至查询失败的情况。

章宜华(2011)对29名汉语教师和128名来自不同国家的汉语学习者进行了问卷调查,学习者认为词典最重要的不是收词量,而是释义的详细程度、例证的丰富性、语法标注的实用性;但是在其他几项调查中,收词量仍然是汉语学习者非常关心的问题(参见岑玉珍、宋尚镐,2011;金沛沛,2016);另外在岑玉珍和宋尚镐(2011)对韩国汉语学习者进行的调查中,学习者集中反映了对词典例句数量和质量的不满;金沛沛(2016)的调查结果还反映出汉语学习者对词典产品便捷性的重视——检索容易、携带方便是他们最看重的因素。

郝瑜鑫和王志军(2013)的调查结果显示美国汉语学习者主要使用 mdbg.net、nciku.com、yellowbridge.com 等网络词典;He & Yang(2016)的研究结果则显示所有参与调查的汉语学习者最常使用的汉语词典产品都是同一款手机词典 APP——Pleco(普利科),他们选用这款词典产品的原因包括"使用便捷""英语释义准确""支持多种查询方式"等;其他一些针对在目的语环境中的汉语学习者进行的调查也显示这款应用得到了广大用户的认可(参见冯俊宇,2012;郝永梅,2013;唐紫昕,2015;金沛沛,2016)。虽然这款手机词典应用的不少扩展功能需要付费,但是绝大多数被调查者表示免费的基础版本基本可以满足他们的使用需求,而且这款应用允许用户根据自己的需求导入资料,用户有更为多样化和个性化的选择。Pleco 在提升用户友好性方面作出的努力(user-friendliness)值得汉语学习词典参考和借鉴(He & Yang,2016)。

还有不少研究旨在了解学习者在单语词典(monolingual dictionary)、双语词典(包括双语全解词典 bilingual dictionary 和双语半解词典 bilingualized dictionary)之间会作何选择。Jain

（1981）的研究结果显示，学习者更倾向于使用双语词典。据推测，学习者这样的偏好可能是受到当时教学法（翻译法）的影响而形成的，但是上溯至 1980 年 Baxter 对日本的英语学习者的调查，到 1998 年 Atkins & Varantola 对法国、德国、意大利、西班牙英语学习者的调查，再到 2013 年郝瑜鑫和王志军对美国汉语学习者进行的调查，用户对双语词典的偏爱并没有因为时间的推移、教学法的革新和用户母语和目的语的不同而改变，尽管外语教师和词典编者普遍认为单语词典更好。可见，受到专家认可的词典并不一定能够得到学习者的欢迎，正如 Béjoint（2002：112）指出的："一部畅销词典未必是高质量的词典，但它肯定顺应了社会的某种需求。"词典学和第二语言教学专家的意见固然重要，但是也不能作为衡量词典好坏的唯一标准。此类研究的意义在于将市场和用户的反馈意见引入评价标准，使得词典评价体系更为科学和客观，能够从一定程度上推动词典产品的完善和发展。

对于不同词典产品的选购情况反映了用户的偏好，但是购买词典并不意味着使用词典，如果研究止步于购买行为，那么真正的词典使用行为将不得而知。对查询内容进行的调查相较于对占有情况的调查更进了一步，此类研究对词典的使用情况进行了描写，为词典编纂提供了参考，有重要的意义。Barnhart 于 1960 年对全美接近 100 所大学共计超过 50000 名学生进行了问卷调查，结果显示，用户最常查询的信息为释义、拼写、发音、同义词、用法说明和词源信息；李锡江和包薇（2012）对中国大学生进行了调查，也得到了相似的结果：中国大学生最常查阅的内容依次为英语词的释义、发音、拼写、例句、语法搭配信息和文化百科信息；安德源和刘伟乾（2012）的调查结果显示，汉语学习者在双语词典中最关注的内容依次是例句、用法、释义、读音和词类。这类研究对于了解词典用户需求有一定的参考价值，但是还停留在静态描写的层面，只是把词典查询内容孤立地抽取出来，而没有置于具体的查询情境之中。20 世纪 80 年代之后，使用研究的中心就已经从此类静态研究转为动态观察。Tono（1989）指出，了解词典用户在真实的交际环境中如何使用词典，即把词典查询看作一个与具体情境密不可分的行为来分析才是词典使用研究发展的方向。

2.2.2 第二语言学习与词典使用策略

从20世纪70年代开始，国内外学者开始对学习策略进行研究并提出了不同的分类方法，具有代表性的包括Skehan（1987）的三分法，Oxford（1990）的"直接策略"和"间接策略"的两分法，文秋芳（1993）"语言管理策略"和"学习策略"的两分法，以及Cohen（1998）"语言学习策略"和"语言使用策略"的两分法，但是学界至今尚未就学习策略的分类达成一致，这也反映了学界对"学习策略"的内涵认识不一的现状。[①] 钱玉莲（2015）认为，学习策略既是内隐的规则系统，又是外显的程序与步骤；是指某人学习语言时所采用方法的总体特点，也可以是为了完成某个任务所采取技巧；也指学习者在学习活动中可以意识到的有效学习的规则、方法、技巧及其调控。在此框架下，词典查询作为具体的方法和技巧，可以看作是一种学习策略。有不少研究者（如安德源，2009；顾琦一、宋明珠，2010）都持这一观点，他们的研究一般是在微观层面探讨词典在学习/习得中的作用；但是在大部分宏观的学习策略研究中（如李菁，1998；郑敏，2000；江新，2000），则没有把词典使用作为一项语言学习策略进行单独考察。

江晓丽（2014）对美国汉语学习者在阅读任务中实际使用的策略进行了研究，结果显示，学习者使用了"局部策略""主旨大意策略""补偿策略""知识激活策略""元认知策略"和"总

---

① 转引自钱玉莲，2015，《留学生汉语输入与输出学习策略比较研究》，南京大学出版社。

结策略",而没有词典（或其他工具）的使用。这两项研究的资料获取手段分别是封闭式选项的调查问卷和口头复述任务（用 2—3 分钟完成短文阅读后对短文内容进行复述），词典使用的情况没有在研究结果中得以显示可能是受到了研究方法的限制。

值得注意的是，国内词典学研究一般在英语学习词典使用研究的框架下进行，比较重视词典使用与词汇和语法项目习得/学习之间的关系。但是江晓丽（2014：106—107）的研究显示词典也是用户学习汉字的重要工具，最常见的汉语学习策略研究为："先看汉字整体的样子，再查字典，然后努力记忆。"这再次提醒我们在汉语学习词典的研编中应该紧紧把握汉语自身的特点。

何姗和朱瑞平（2018）在自主学习理论的指导下对汉语学习者使用 Pleco 汉语词典 APP 进行自主学习的情况进行了研究，以 51 项从 Pleco 用户论坛、Facebook 公共主页和 Twitter 公共主页收集的质性材料作为分析基础，利用质性分析软件 Nvivo 进行了编码和整合，提取出了使用词典 APP 进行自主学习的关键要素，构建了包含"内容和目标""方法和策略""时间和地点""自我监控""社会环境"和"结果"六个要素及其互动关系的基本框架。

2.2.3 影响词典使用的其他因素

2.2.3.1 教师的角色、态度及影响

教师在学习者选择和使用词典中扮演着重要的角色，这一角色是复杂的，但无疑也是十分关键的（Hartmann, 2001）。教师肩负着多重任务：要负责对学生进行词典知识的启蒙，要培养学生使用词典的兴趣，要注重对学生词典查阅技能的培养，还要引导学生经常且正确地使用词典（章宜华, 2011；2013）。He & Yang（2016）对美国汉语学习者使用汉语词典的情况进行了调查，被调查者表示在选择学习词典时最看重汉语教师的意见，但是他们也表示很多教师并没有向他们推荐汉语学习词典产品，他们

大多是根据朋友或同学的推荐来选择词典的。值得注意的是，不少研究都显示，外语教师对词典产品的了解程度十分有限，这在很大程度上限制了他们在学习者选择和使用词典时提供有效的帮助。也有研究者注意到了新介质词典产品与课堂教学脱节的情况，探讨了中文语言课堂里手机应用如何辅助教学的问题，研究者分析了几款主流应用的优点和不足之处，建议教师根据实际教学情况、教学内容和教学策略来选择最适切的词典 APP（参见郎建国、李晋，2003；Midlane，2005；杜焕君，2010；Chuang，2016）。

虽然对于新介质词典的有效性还存在很多争论，但是非纸质词典的风行已经成为互联网时代不可阻挡的潮流。不少学习者对词典使用还缺乏全面的认识，对查询技能不够重视，因此需要教师更积极地发挥作用。目前，已经有越来越多的研究开始探讨教师在词典使用（词典用户教育）中的指导作用（参见Béjoint，2002；章宜华，2007；安德源、易艳，2008；李锡江、包薇，2012；Lew，2014）。

另外，教师对新介质词典的态度也是研究者关心的一个问题。Taylor & Chan（1994）在对香港的英语教师和学习者进行调查时发现，参与调查的 12 位教师无一例外地表示更希望学习者使用传统纸质词典，而对便携式电子词典并不欢迎。Stirling（2003）对美国的英语教师进行了调查，绝大多数教师对于学生在课堂上使用电子词典表示反对，他们认为这会影响学生上课的专心程度，电子词典查询的便捷性会导致学习者的过度依赖，可能会使学习者在查询不重要的生词上浪费过多时间。[①] 另外，参与 Stirling（2003）研究的教师还对电子词典的质量表示了怀疑，他们认为电子词典提供不准确的释义不仅会误导学习者，也使得

[①] 学习者对手机词典应用过度依赖的情况在 He & Yang（2016）调查手机词典应用（APP）的使用情况时得到了印证。

学习者不再直接向教师寻求帮助。

2.2.3.2 社会文化与教学环境

根据 Lew（2014）对 1983 年至 2013 年 30 年间研究新介质词典的英、汉、日、韩语文献进行的统计，亚洲和非洲的词典研究在数量上都超过了欧洲和美洲，亚洲地区针对电子词典的研究数量比欧美地区的总和还多，这与亚洲的文化观念、教育理念和社会环境不无关系。He（2017）对 115 位中国的英语学习者和 245 位不同文化背景的汉语学习者进行了问卷调查，结果显示，汉语学习者对词典产品的期待有很大差异，在词典观念方面与中国的英语学习者有明显不同。用户对词典的认识和使用词典的行为无疑会受到母国文化观念、教育理念和社会环境的影响，汉语在当地受重视的程度、汉语教学开展的情况、汉语课程和考试大纲的设置情况也会从一定程度上影响学习者的态度和行为。

Stirling（2003）在对日本的英语学习者进行研究时发现电子词典的使用率远远高出预期：50% 的被调查者表示他们会在旅行中使用电子词典，40% 的人在课外进行英语会话时会使用，20% 的人会在日常生活中（如购物时）使用，这与针对其他母语背景学习者的调查结果有很大差别。她在对此现象进行分析时，引用了 Schecter 等人（2001）的观点，认为这反映了亚洲的教育文化对准确性（accuracy）的重视远远超过对冒险精神（risk-taking）的鼓励，学习者使用电子词典不仅出于语言学习的需要，也是出于获取情感上安全感（emotional security）的需要。这对于大陆和台湾学习者对词典的占有率和使用率都很高的情况（参见陈玉珍，2011），也有一定解释力。

章宜华（2013：47）指出，虽然"牛津词典、朗文词典等西方词典是中国英语二语学习者的首选，但其面向西方人和普适性的设计理念使其对中国用户而言有先天的不足，无法满足他们对词典的实际需求。大量研究调查表明，中国英语二语学习者与西方英语学习者的需求存在差异……以汉语为母语的二语学习者与西方二语学习者的文化背景、知识结构等存在较大差异，其认知特点、认知障碍等也不大一样"，如"中国英语学习者对词汇的词性习得最好，而对词汇的搭配知识掌握得最差，这与母语者恰好相反"（李晓丽、魏向清，2007）。除了中国学者关注英语词典的本土化之外，Tono（2013）也指出，过去大部分日本的英语学习词典都是在英美词典传统的框架下编纂的，没有充分考虑日本学习者在学习环境和社会文化方面的特殊性，应该在词典编纂中着力于体现本国特色，让词典更好地与本国现实环境结合，更好地为日本的英语学习者服务。

学习词典的国别化、本土化已经成为研究者关注的一个问题，此类研究对于学习词典更好地服务于不同母语、不同文化背景的学习者有重要意义，对于汉语学习词典来说尤其如此。截至2015年年底，已经有135个国家建立了孔子学院，全球孔子学院总数已经达到500所，孔子课堂总数已经超过1000个[1]。汉语学习词典有着十分广阔的市场，但是目前专门针对某一语言背景学习者编纂的汉语学习词典还比较少。据蔡永强（2016）汉语学习者的母语已经超过90个语种，但其中85个语种的双语词典产品都有待研发。有研究（Zhang，2016）显示，在已经出版的双语词典中，外汉词典168部，汉外词典112部，英汉/汉英词典约占总数的87%。正如章宜华（2011）指出的，虽然已经有一些非汉—英的双语词典产品，但是此类词典主要是解决词汇层面上的语言障碍，内容比较有限，主要提供拼音、词性、词语对译等信息，大多数没有详细的用法说明和例句，对于学习者的帮助很有限。

Lew（2014）指出，现有研究大多是针对学习第二语言的大学生进行的，而对于非教学环境中的词典使用者（如翻译工作者、国际新闻记者、外语作家）则缺乏关注。Frankenberg-Garcia

---

[1] 数据来自于《孔子学院2015年度发展报告》，国家汉办/孔子学院总部。

(2011)和 Gromann & Schnitzer（2015）分别对商科和旅游专业的第二语言学习者使用英语词典的情况进行了研究，得到了更有针对性的结论。汉语词典使用研究对于不同类型的学习者和不同学习目的的学习者（如来华修读非语言类专业的学历生或学习商务汉语的短期非学历生）及其词典使用需求也尚未进行深入的研究。无论是针对特定类型的语言学习者还是针对非通用型的语文词典，如同/近义词词典、短语词典、习语词典、写作词典和口语词典等专门词典，词典使用研究都还有很多可以进一步深化和细化的空间。此类研究和文化研究、学习研究进行有机的结合，对来自不同文化背景学习者的学习观念、对第二语言的语言态度、学习策略等问题进行对比和研究，可以为国别化和专业化的词典编纂提供很有价值的参考意见。

2.2.4　质性研究综述小结

质性研究的优势在于联系地、整体地看待研究问题，可以捕捉到一些量化研究难以考察或容易忽略的影响因素，得到比较全面的认识。已有质性研究无疑对学习词典的编纂提供了一些很有价值的参考意见，但是很多研究都建立在简单的问卷调查的基础上，得出了大致相同的结论，因此不具有太强的建设性。Battenburg（1991）对 11 项基于问卷调查的研究进行了分析，认为这些研究都只得出了"学习者偏爱双语词典"和"学习者的词典使用技能有待提高"两条很宽泛的结论，再进行重复性研究的意义不大。[①] 很多质性研究没有充分发挥质性方法的优势，比较缺乏深度，往往流于对现象和主观经验的描述，而没有进行深化和提炼，同时在理论建设方面也鲜有成果。

词典使用研究一方面要改进研究方法，有机结合量化研究和

---

① 转引自 Humble P., 2001, *Dictionaries and language learners*, Frankfurt am Main: Haag und Herchen。

质性研究,发挥两种研究方法之长,在研究的广度和深度上都加以延伸;另一方面要进一步细化研究问题,学习者词典使用习惯和偏好都要置于具体的环境进行深入细致的考察,也应该结合学习者的文化背景、学习风格、观念和动机进行更有针对性的研究。相信同时从两个维度入手,能够推动汉语学习词典使用研究的发展,从而为词典研编、汉语教学和学习者利用词典辅助学习提供帮助。

2.3 总结

现有词典使用研究主要通过问卷调查对用户的偏好进行描述,利用问卷和访谈对用户的查询习惯进行了解,利用测试和实验对词典使用和第二语言学习的相关性进行分析,大致勾勒了词典和用户之间互动关系的轮廓。总体来说,汉语学习词典的使用研究刚刚起步,在深度和广度上都有很大的扩展空间。

第一,对词典查询行为的研究还可以进一步细化。词典使用往往是和具体的用户、具体的环境密切相关的,而现有研究大多将词典查询作为一个孤立的行为进行分析,对词典使用真实自然的情况研究不足,对隐藏在词典使用背后的用户因素(如学习动机、个人经历、学习风格等个体因素)和环境因素(如教师、课程设置、作业和考试、课堂文化等)也没有进行深入研究。

第二,对"词典使用过程"的界定有待拓展。语言学习是一个长期、循环往复的复杂过程,利用学习词典辅助学习并不以翻开词典为起点,或者合上词典为终点。广义的词典使用包括查询前、查询中和查询后三个阶段;第一个阶段为学习者在开始第二语言学习时,选购和确定使用词典的过程主要体现出学习者对词典功能的期待和偏好,也是用户与词典进行互动的开端;第二阶段为学习者在完成语言学习任务或者在日常生活中遇到困难时,利用词典查询特定目标词(或其他信息)的过程,这一过程也指狭义的"词典使用",相关研究主要涉及用户的查询习惯和查询策略;第三个阶段为学习者找到目标信息后将其用于解决现实问题的过程,用户在这一阶段的体验对他们对词典的态度和对学习策略进行调整有至关重要的影响。

第三,质性研究和混合方法研究有待深入。虽然已经认识到不少实验条件下的量化研究简化了词典使用过程,也理想化了查询行为这一问题;但是现有质性研究大多停留在"描述事件"的层面,没有深入到"理解行为"的层次,使得词典使用研究比较片面和孤立,词典使用行为与深层动机、后续影响之间的联系发生了断裂。

第四,理论建设方面的发展比较滞后。现有研究对词典使用过程模型的构建方面还缺乏研究,对词典使用研究的理论建设有待进一步探索。只有充分描写和阐释词典、汉语学习者和具体学习环境等多因素之间的互动关系才能深入理解汉语学习者的词典使用行为,从而为汉语学习词典的研究和编纂提供理论支撑。

第 3 章

研究方法及过程

本研究选择了质性方法为主、定量方法为辅的嵌套设计，在具体研究过程中根据实际情况选用了多种材料收集方式和分析手段。本章集中对研究方法进行介绍和说明，并且对研究方法和过程中的问题和不足进行反思。

3.1 研究方法

第 2 章对词典使用研究的现状进行了梳理，对现有研究的几个缺口进行了分析，也指明了本研究开展的切入点和需要注意的问题，即关注词典使用过程，全面考察内外部因素，从用户视角出发和着力于构建理论。

首先，目前学界对于汉语学习者使用词典（特别是新介质词典）的情况不够关注，对于学习者纸质词典使用情况的研究也局限于"使用什么词典""查询频率高低""查询什么内容"等点状、截面情况的静态描写，而较少用动态的观点对具体使用过程、词典使用和其他语言学习环节之间、词典使用与学习者特点之间进行连点成线、连线成面地系统分析，需要以互动发展观点进行深入研究。

其次，学习者对词典产品的使用受到个人性格特点和学习风格、学习意识和能力、原生社会文化观念、目的语社会文化环境、教师、同伴乃至家庭等多方面影响，其中文化因素作用突出，其他影响因素众多，而且很难量化，必须依靠细致的描写抽丝剥茧，深描现象背后错综复杂的原因。现有研究多着力于揭示汉语学习者使用词典的群体性特征，依靠问卷调查的方式，基于研究者的预设进行实证研究，获取的材料封闭性较强，对于不同类型汉语学习者的亚群体特征、个体差异，以及选择和使用词典产品的具体时地情况考虑较少。

Miles & Huberman（2008：15－16）认为质性资料有两大特点：一方面，质性资料具有其所在地的扎根性（local groundness），即其是在特定时间和特定地点得到的，因此在时间和空间的维度上都是特定的，使其成为具体的个案；另一方面，质性资料具有丰富性和整体性，更有可能展现事件或行为的复杂性。质性资料是人们"活生生的经验"，这些意义把人们归于生活事件、过程与结构里，这些意义也就是人们的"知觉、预设、先见与前提"。质性资料很适合将这些意义连结到人们所处的社会世界。

结合质性研究方法有利于对汉语学习者使用词典的情况进行更加全面和深入的分析，因为在质性研究中研究者要力图获得真实生动的材料，而不是简单的、标签化的、选项式的答案，研究者要对质性材料进行"深描"，全面呈现一个现象或问题背后复杂的原因，而不是过滤现实，构建一个经过美化和理想化的系统。作为汉语母语者，我们很难对汉语学习者使用词典的心得体会感同身受，他们的行为、情感和态度等也很难在一次或几次实验、测试或问卷调查中充分呈现，因此结合质性研究方法对深化词典使用研究有重要意义。

最后，词典使用研究（尤其是汉语词典）的历史不长，处于探索和发展阶段，还没有成熟的词典学理论可以为相关研究提供指导。因此，不仅要以全面描写汉语学习者的词典使用情况、客观分析词典使用中存在问题为研究目标，更需要以构建指导词典使用研究的理论为指向，质性研究方法中的扎根理论就是以建构理论为最终目标的，恰好符合本研究的需要，是十分有利的选择。

可见，要达到我们设定的研究目标，既需要发挥定量研究方法在展示集中趋势和揭示相关关系上的优势，也需要发挥质性研究在全面和深度挖掘相关因素和理论构建方面的优势。二者虽然在哲学基础、操作方法上有所不同，但是并不冲突，它们的结合有益于拓展研究的广度，挖掘研究的深度。近年来，混合研究方法在教育研究领域的运用得到了迅速发展，越来越受到研究者的欢迎，成为教育研究领域的一大主流（张绘，2012）。

常见的混合设计主要有三角互证测量型、嵌套型等类型。其中，在三角互证测量型设计中，研究者一般同时、同等地使用量化和质性方法，同步收集两类数据材料，因此也叫做"并行三角互证设计"；而在嵌套型设计中，研究者会在量化和质性方法中选取一种为主要研究方法，但这种方法提供的材料和数据不充分，需要采用另一种方法收集不同的数据材料进行补充。本研究采用的是后一种类型，即质性方法为主、量化方法为辅的嵌套型设计，主要在扎根理论方法的指导下进行抽样、数据材料收集和分析编码，同时在收集材料时结合量化方法，获取不同类型的数据以保证研究的广度和深度。这样的设计有助于结合两种数据材料以相互验证，保证结论的可靠性；用一种方法的结果来引导另一种方法的使用，寻找和发现两种方法所产生的不同结果，发现推进研究的新视角；结合两种方法扩展研究范围，寻找和阐明更加清楚的结果。

本研究的核心是"词典使用"。不同于多数已有研究试图通过封闭的调查问卷获知词典用户"查询什么""查询频率高低""查询是否成功""对使用体验是否满意"等词典使用的截面情况，我们希望能以更开放的方式和更立体的视角描写、分析和理解"词典使用"这一行为，对词典使用的具体情境、过程及其前因后果进行全面考察。符号互动论和扎根理论分别从理论和方法上为本研究提供了支撑和指导。

3.1.1 世界观：符号互动论

符号互动论（Theory of Symbolic Interaction），又称象征互动论，是一种通过分析人们在日常环境中的互动情况来研究人类群体生活的理论。符号互动论由美国社会学家米德（G. H. Mead）创立，并由他的学生布鲁默（Herbert Blumer）在《符号互动论——视角及方法》（Symbolic Interactionism——Perspective and Method）中正式定名。

符号互动论中的"互动"指的是社会、现实和自我都是由人们的行为和互动构建的（Mead，2015：2），人类解释或界定彼此的行为，而不是仅仅对他人的行为作出反应。他们的回应不是直接针对彼此的行为，而是在赋予这些行为意义（Blumer，1969：19），即互动的目的在于构建意义。"符号"泛指有意义的事物，事物对个体社会行为的影响，往往不在于事物本身所包含的世俗化的内容与功用，而在于事物本身相对于个体的象征意义（包括言语、文化、制度等）。该理论的三个基本观点包括：首先，事物本身不存在客观的意义，它是人在社会互动过程中赋予的；其次，人在社会互动过程中，根据自身对事物意义的理解来应对事物；最后，人对事物意义的理解可以随着社会互动过程的变化而发生改变（参见胡荣，1989；赵万里、徐敬怡，2007；陈岩、汪新建，2010；李文跃，2013）。

符号互动论的"过程""互动"和"意义"这三个的核心对于我们认识词典使用行为的意义和本质至关重要。第一，词典使用不是一种孤立的行为，学习情境、学习者（词典用户）和其他相关因素的具体情况每时每刻都在变化，过去发生的事限定了正在发生的事，而正在发生的事又限定了将要发生的事，因此，学习者使用词典的决策和结果都是情境化的产物。词典使用不仅是一个成功或失败的结果，而是一个具有生成性的事件，研究词典使用不仅要关注词典查询这一个核心环节，也需要理解是什么情境和需求触发了查询行为，又是什么事件和情绪终止了查询行为等前因后果。第二，词典使用也不是一维线性发展的事件，它的进程受到内外部各种因素交互作用的影响，受到用户与产品、与学习活动、与外部环境等多方进行持续不断的沟通和磋商的影响。第三，词典使用的意义并不是唯一的、既定的，而是在具体的互动过程中被建构起来的，行为的意义通过个体之间、个体与社会之间的互动实现。因此，既需要关注学习者之间、学习者与教师或其他社会群体之间的互动，也要关注词典使用与学习活动、学习环境等要素之间的从用户视角理解的词典使用在不同学习者群体中、在不同情境下的意义，因时因地进行具有针对性的考察。

符号互动论对于本研究以过程为导向，综合考察内外部因素之间的互动情况，以及关注行动者（汉语学习者）构建词典使用意义的能动性提供了理论支撑。

3.1.2 方法论：扎根理论

扎根理论（Grounded Theory）是一种质性研究方法，强调从数据材料中生成类属概念，分析基本的社会过程，达到构建中层理论的目标。20 世纪 60 年代中期，美国社会学家格拉泽和施特劳斯对医院中病人的死亡过程进行了研究，在研究分析的过程中形成了系统的方法论。他们提倡社会科学领域的研究者在基于数据的研究中发展理论，而不是从已有理论中演绎可验证的假设，并且提供了清晰的操作准则，创立了扎根理论方法。

扎根理论方法向早期质性研究印象主义和非系统化的分析提出了挑战，旨在使质性研究的方法超越描述性的研究，进入解释性理论框架的领域，并且对研究对象进行抽象性、概念性的理解。使用这一研究方法，研究者需要与某一社群持续进行接触，关心日常事件，直接或间接参与当地活动，特别关注区域特性，重视个人观点及其对事件意义的诠释，事前往往没有确定的研究手段或工具。和其他方法相比，扎根理论研究方法更常使用视听器材与实地观察的方法。

这种研究方法让研究者能够获得参与者的内心体验，能够确定意义是如何形成的，从而发现变量，而不是验证变量。其目的是从数据和材料分析的过程中发现意义、获得理解以及发展经验知识。因此，质性研究具有以下基本特征：研究问题的设定较为开放和宽泛，研究对象的数量相对较少、研究周期较长，强调在自然的情境下进行研究，广泛收集资料且没有倾向性，研究者本身就是最重要的研究工具，重视对研究结果的深度描写（参见科宾等，2015；杨延宁，2014）。

扎根理论方法以其灵活精确的特点和较强的可操作性而广为人知，在众多质性研究方法中占有重要的地位。有时在需要运用复合（混合）方法的项目中也会采用，已经被广泛运用于不同专业领域的研究中。杨延宁（2014）在《应用语言学研究的质性研究方法》一书中介绍了中国台湾学者陈瑜容使用扎根理论方法对美国华裔学生汉语学习情况进行的研究。近年来在教育学、语言学等领域中越来越多的研究选用扎根理论的方法，如许迈进和章瑚纬（2014）、董志霞和郑晓齐（2015）、马佳妮（2015）、张蔚和徐子亮（2016）、杨蕊和王光明（2016）、何姗和朱瑞平（2018）等，提供了不同于量化研究的新的方法和视角。

两位创立者不同的学术背景联结了社会学中两个不同的传统：其一，扎根理论方法的认识论假设、逻辑和系统方法反映了格拉泽的实证主义倾向；其二，毕业于芝加哥大学的施特劳斯则受到了芝加哥学派的影响，在研究分析中实用主义的倾向更明显。两位创立者后来分道扬镳，格拉泽继续坚持早期的观点，施特劳斯和科宾则进一步发展和细化了分析程序和方法。两派研究纷争不断，由此也造成了一些概念上的混乱。在本研究中，我们主要参考的是科宾和施特劳斯（2015）的版本。

扎根理论方法的特征包括：（1）数据收集和数据分析同时进

行；(2) 不是根据预想、假设的逻辑演绎，而是基于数据进行编码；(3) 使用不断比较的方法，在分析的每个阶段进行不断的比较；(4) 在每一个数据收集和分析过程中不断建构和发展理论；(5) 通过研究笔记和备忘录来完善类属；(6) 为理论建构而进行抽样，而不是为人口的代表性进行抽样。

我们的研究设计和进行过程遵循了扎根理论方法的原则，按照程序进行了理论抽样，通过多种访谈形式收集数据和材料，对比的分析方法贯穿研究过程的始终，并且在分析和编码过程中尽量保持了开放的态度，避免根据预想或假设的逻辑进行演绎，基于收集到的数据和材料提取了概念，建立了类属，构建了具有针对性的模型和理论。

3.2 研究过程

3.2.1 理论抽样

与量化研究不同，质性研究的抽样是为了概念和理论的发展，它并不代表一种人口类型，也不以提高研究结果在统计方面的普遍性为目标。扎根理论方法的"理论抽样"概念就是为了区别于量化研究的抽样方法而提出的。

量化研究的抽样强调样本的数量、样本的同质性、样本的代表性，以此来形成统计学推论，而使用扎根理论方法是让研究所生成的理论反映数据资料。因此，理论抽样是策略性的、具体的和系统的。理论抽样的目的是充实和完善理论类属，所以必须依赖已经确定的类属。不同于量化研究的抽样方法，理论抽样不是一次到位的，需要随着编码的进行、类属的提炼而有指向地不断进行。

就本研究而言，理论抽样主要指的是对受访者的选择。不同于量化研究在收集数据之前就明确了被试样本的规模和属性，随着访谈材料的不断积累和分析编码的不断进行，本研究持续增加不同的研究对象,并且根据具体情况选择不同的模式进行了访谈,直至达到"理论饱和",即编码分析中不再能产生新的编码和类属,所收集到的材料足以支撑理论时才停止收集材料。

共计23位汉语学习者参与了访谈,他们分别来自美国、韩国、俄罗斯、乌克兰、波兰、蒙古国、越南、缅甸、巴基斯坦、哈萨克斯坦等国家,目前就读于国内和国外多所高校,包括本科生7名、硕士研究生9名、博士研究生7名,其中男性11人、女性12人,就读的专业涉及中文、外语、历史、教育、计算机、法律、物理等。他们的汉语水平大多在中级以上,在中国生活和学习的时间从一个月到十二年不等。

3.2.2 材料收集

本研究采用深度访谈、焦点小组、问卷调查和量表等多种方法对材料进行了收集,共计获得访谈录音约36小时、转录材料约20万字、问卷和量表400多份及超过300页的访谈笔记和研究反思。以下对各种具体材料收集方法和实施过程进行简要说明。

3.2.2.1 深度访谈

"深度访谈的目的并不在于解疑释惑,也不在于验证假设,抑或是通常所说的'评价',深度访谈的核心是,了解其他人的'鲜活'经历,理解他们对其经历生成的意义。""在深度访谈中,一个基本的假设是——人们对体验的理解和诠释,影响了其践行相应经历的方式……访谈则让我们将具体的行为放在特定背景中加以理解,并且提供深入了解其行为的方法"(埃文·塞德曼,2009:9、11)。因此,深度访谈是比较适合本研究的材料收集方法。根据不同阶段材料收集的需要,我们采取了不同的深度访谈模式。

第一，按照多尔比里和舒曼设计的"三轮访谈序列"[①] 对一位汉语学习者进行了访谈。这一设计旨在让访谈者和受访者一起探索经历，并将受访者置于相应的背景之中，以获得丰富而具体的背景信息。第一轮访谈主要探寻受访者获得经历的背景，在本研究中主要指受访者的汉语学习经历；第二轮访谈让受访者重构亲历过程的细节，在本研究中主要是受访者对使用词典的具体情境进行回忆和描述；第三轮访谈鼓励受访者反思这一经历对自己的意义，即特定词典使用经历对总体词典使用和认识及汉语学习的影响。这种访谈方式主要用于研究初期，我们以此为基础建立了初步的访谈提纲，提炼了一些可以深入讨论的问题，并且设计了之后的访谈策略和访谈的具体安排（包括时间、地点、时长、录音设备和转录方法等）。

第二，对十多位汉语学习者进行了一对一的单次访谈，访谈涉及他们的个人情况、汉语学习情况、词典使用情况等具体内容。这一系列针对不同背景的汉语学习者的访谈帮助我们发现了多个关键的要素，并且以此为支架把大量访谈资料组织起来，建立了基本的分析框架。

第三，对一位汉语学习者进行了为期一个学期的跟踪访谈，访谈者和受访者在一次次访谈中渐渐形成一种既不同于朋友，也不像师生，更区别于单次访谈中的研究者与被研究者"二元对立"的关系，因此讨论的内容也更为广泛和深入，不再局限于校园生活和课堂教学。与一对一单次访谈和焦点小组单次访谈不同，长期的跟踪访谈为本研究提供了更为自然的访谈情境，访谈的内容包含更多具体而丰富的语境，因此更有针对性。

对同一受访者的各轮访谈和对不同受访者的访谈为我们提供了相互联系又区别的经历和观点——我们既需要将每一位受访学

[①] 转引自［美］埃文·塞德曼，2009，《质性研究中的访谈：教育与社会科学研究者指南》（第3版），周海涛主译，重庆大学出版社，第17—20页。

习者作为一个独立的个体去理解,也需要在多位受访者之间建立联结,以搭建词典使用框架并加以完善。比如,前期访谈中我们发现了一些可能影响词典使用的因素,这些因素还需要在其他个案中进行验证;我们发现了一些潜在的相关关系,这些关系需要在更大范围内进行验证;同时,我们的一些疑惑也需要在与同一位受访者的下一轮访谈中探讨,或是在其他受访者身上寻找解答,是我们真正设身处地站在学习者的视角理解词典使用过程及其意义的一种方法。希望通过这一尝试为现有词典学研究特别是汉语学习词典的使用研究提供不同的视角。

3.2.2.2 焦点小组

焦点小组又称焦点团体,是研究者根据研究目的选择多个研究对象组成焦点小组,通过团体讨论的方式获得质性材料的方式。一般来说,研究者在讨论过程中扮演着组织者、引导者和调控者的角色。

有一些研究对象具有相似的背景,而且相对于一对一的深度访谈更愿意参与集体讨论,当然安排一次集体会面在时间和地点上都更容易,因此我们使用焦点小组的模式进行了三组访谈。一对一访谈的节奏比较单一,一般是研究者和研究对象之间一问一答;而在焦点小组中,受访者之间同伴的关系和相似的背景为访谈创造出了新的张力——多位受访者有更多机会进行相互之间的讨论,认同、附和、反对、延伸,或是转移到新的话题使得访谈内容得到了更大扩展。

相对于其他类型的访谈,焦点小组的气氛更轻松,访谈双方的关系更为融洽,更适合受访者表达情感和情绪。因为"这种形式淡化了研究者的存在和权威性"(杨延宁,2014:87)。同时,这种访谈方法也具有其他类型访谈所没有的优势,即访谈者可以同时观察到不同受访者的反应,不仅是对访谈者、对问题的反应,还有对同伴回答的反应,他们彼此之间互动的情况和他们如何用个性化的方式表达自己的意见和想法对于我们深入理解他们的汉语学习和词典使用行为大有裨益。

3.2.2.3 问卷调查

本研究在以访谈为主要的材料收集方法的同时，也使用了问卷调查的方法进行辅助。一方面这便于从宏观上了解相关问题的整体情况，另一方面可以为访谈材料提供参考、进行补充。此外，基于网络平台的问卷调查系统发放和回收问卷方便快速，并且可以自动对问卷结果进行初步统计，成本低、效率高，可以作为外部数据对质性材料进行支撑和验证，有助于我们在访谈中的提问更有针对性，在具体分析过程中也更容易发现不同因素的影响。

在现有文献中，已经有一些调查对汉语学习者使用词典情况的研究涉及了学习者在选择词典时的偏好，但基本都落脚于词典的内容和功能，而对学习者本身的情况和其他外部因素考察得不多。为此我们编制了"汉语学习者词典购买和使用情况调查"问卷，除了设置"学习者看重词典产品的哪些功能和内容"等常规问题之外，还特别设置了学习者获知词典产品的途径、是否得到他人的推荐或指导等问题，试图对影响学习者选择和购买词典的外部因素进行考察。

我们通过专业网络调研平台问卷网（wenjuan.com）发放了"汉语学习者词典购买使用情况调查"（英汉对照）、"汉语词典购买和使用情况调查（教师版）"和"语言学习策略自查表SILL"（英汉对照）三个问卷。汉语学习者和汉语教师通过网页链接或二维码即可参与问卷调查，我们通过设置问卷收集选项，规定"每个IP地址只能参与一次调查""只有回答完全部问题才能提交""答题时间过短的视为无效问卷"等多种方法确保问卷的有效性。

"汉语学习者词典购买使用情况调查"旨在从多方面了解不同背景的汉语学习者在选择和使用词典过程中受到哪些因素影响，主要包括以下三个方面：（1）学习者选购汉语词典产品时看重词典的哪些内容和功能,倾向于选择什么介质的词典,对不同介质的词典作何评价;(2)他们通常在什么情况下使用词典,使用过程中遇到过哪些困难;(3)他们从什么途径了解词典,从何处获得使用指导和帮助。问卷以封闭题型和半封闭题型为主,具体包括单项选择、不定项选择、排序和打分等多种题型。来自20多个国家的汉语学习者参与了调查,共计回收有效问卷245份。

"汉语学习者词典购买使用情况调查"问卷的统计结果显示:来自不同国家和语言背景的学习者无论汉语水平高低,都表示在选购词典时最为看重汉语教师的态度。因此,我们又编制了教师版问卷,以了解汉语教师对词典产品的态度和推荐情况。

"汉语词典购买使用调查(教师版)"问卷主要包括三个部分:第一个部分旨在了解汉语教师的背景信息,包括教学经验、执教地区、学生年龄和语言水平层次等;第二部分关注汉语教师对不同介质词典产品的了解情况和基本态度;第三部分调查汉语教师对学习者购买和使用词典的推荐和指导情况。目前在中国大陆、港澳台地区和海外执教的汉语教师(现任教师)和有汉语教学经验的硕士、博士研究生(准教师)参与了问卷调查,共计回收103份有效问卷。

焦点小组模式的访谈以多位受访者之间的讨论为主,相对于一对一的深度访谈,研究者往往没有足够的时间和机会逐一了解每位受访者的具体情况。为了弥补这一不足,我们还向参与焦点小组的受访者发放了英汉双语的"语言学习策略自查表"。

"语言学习策略自查表"(Strategy Inventory for Language Learning,SILL)最初是Oxford(1986;1995)为了考察美国国防语言学院(Defence Language Institute,Monterey,CA)的学员使用语言学习策略的情况所设计的测量工具。后来在此基础上改编了两个版本:一个版本(Version 5.1)针对母语为英语的第二语言学习者设计,包含80个项目(Oxford,1990:283-288);另一个版本(Version 7.0,ESL/EFL)针对以英语作为第二语言的学习者设计，包含50个项目（Oxford, 1990: 293-296）。江新（2000）使用前一个版本对汉语学习者进行了研究，而在本研究中我们选用的是后一个版本。

不同于前两个调查问卷，我们除了基于量化研究的范式使用该量表，还希望以此获得更多受访者的个体信息，为分析访谈材料提供更为丰富的语境。因此，重点不在于对量表数据进行各种描写统计和推断统计，而是在于对具体受访对象的访谈材料和量表数据加以关联和对照，以便进行更有针对性的分析。

3.2.3 材料处理

本研究用于分析的材料包括以下四类：访谈录音及转录文档、受访者提供的照片或图片、研究者的访谈笔记，此外还利用网络问卷和量表收集了一些量化数据，以便对质性材料进行补充，并且进行三角验证。材料处理在量化研究和质性研究中都是十分重要的环节，具体包括收集、录入、整理分析和多轮编码等步骤。所获材料的真实性与丰富性、访谈材料转录和问卷数据统计的准确性、材料分析和编码的逻辑性都直接影响着研究发现的深度和全面性，以下对具体过程进行介绍。

3.2.3.1 伦理问题

在访谈前直接联系受访者和发布受访者招募的广告时，我们都特别说明了访谈过程将被录音，但是受访者的个人信息和其他受访者要求的内容将严格保密，且保证访谈材料仅用于学术研究。在访谈开始前，研究者会再次向受访者进行说明，并且在开始录音之前征得受访者的同意。访谈全程将录音设备置于受访者可见的位置，并且在开始和结束录音时向受访者示意。

所有受访者都本着自愿的原则参与本研究。在每次访谈结束之后，研究者当面向受访者支付酬劳。受访者在访谈过程中有权终止访谈，在访谈结束后也可以向研究者要求退出本研究、撤回访谈录音和转录材料，同时退还酬劳。如受访者提出要求，研究者有义务将访谈录音和转录材料交由受访者检查,确保转录内容真实、未被篡改或歪曲。使用英语进行的访谈一律转录为汉语,以便资料的管理和检索分析。

3.2.3.2 材料的分析与编码

按照扎根理论方法的研究范式,研究的核心工作为对质性材料进行三级编码。有的文献使用"开放编码、轴心编码、选择编码"(施特劳斯、科宾,1990),有的则称为"初始编码、聚焦编码、轴心编码"(卡麦兹,2009)。虽然对三级编码的名称有不同的表述,但是主旨都是一致的,即通过编码来精简文段,并且进一步把大量的感性材料汇集在更有意义、更为精练的分析单位中,以突显研究主题或结构。Miles 和 Huberman(2008)归纳了编码的功能:将大量资料简化为较少的分析单位,以使随后的田野工作更集中;帮助研究者理解现象、行为之间的互动,为跨个案分析打下基础,以使研究主题和方向突显出来。因此编码层次并不限于三级,研究者可以根据实际情况和具体需要进行多级编码,并且站在理论构建的高度同时从纵向和横向进行深化。

扎根理论方法旨在架起连接理论建构和资料处理的桥梁,在经验性资料、已有文献和研究者个人知识的基础上,通过系统的资料收集和资料分析生成理论。扎根理论方法"是一套原则和实践的方法,而不是处方或程序包,需要研究者重视的是具体操作的灵活性,而不是条条框框"(卡麦兹,2009:12)。格拉泽和施特劳斯也鼓励研究者以自己的方式灵活地运用扎根理论策略。因此,使用扎根理论方法并没有标准的操作规定,研究者可以根据实际情况选择已有范式或创造适切的具体操作方法以最大程度地让方法为研究目标和实地材料服务。

大部分基于扎根理论方法的研究一般选用"由上而下"(从宏观理论框架逐层向下分析,形成具体编码)或者"由下而上"(从具体编码入手,通过多级编码逐级向上归纳,最终形成理论框架)的单向编码策略,两种策略展现了不同的研究思路。我们根据研究的实际情况采用了由中层编码同时向上抽象和向下具体的双向的编码策略——首轮编码侧重因素的提取，并以这些概念为中层框架，一方面通过聚类分析和相关分析进行抽象，构建研究主题；另一方面站在构建理论的角度对概念进行深度挖掘，进行更为具体的底层编码，并且引导之后的材料收集和分析。

具体来看，研究者先对访谈录音进行转录和逐行编码，然后以个案为单位抽取主题，之后以主题为线索整合多个案例的内容并形成顶层框架。在对个案进行分析时，不但要概括和归纳，着力于使核心概念浮现，指向构建宏观框架，而且也要不断向下发掘有待深化的编码和概念，并在之后的研究过程中更有针对性地收集材料。

3.2.3.3 质性分析软件的使用

基于质性研究建构的理论往往受到"缺乏对分析过程的说明"和"结论太过主观"的批评，也因此常常被指在可信度上不如量化研究。一方面，在研究中使用质性分析软件可以更有效地管理大规模、多模态的质性材料，方便研究者进行材料的储存、分类和检索；另一方面，利用多种分析工具，可以让分析过程透明化，降低质性分析的主观程度，有效提高研究的可信度。

科宾和施特劳斯（2015）选用了质性分析软件MAXQDA，但是考虑本领域国内目前使用该软件进行的研究还比较少，因此本研究选用了由澳大利亚QSR公司（Qualitative Solution and Research International Pty. Ltd）研发的Nvivo 11质性分析软件对质性材料的分析进行辅助。最新版的Nvivo 11可以选择中文界面，进一步提高了软件对中文材料的处理功能，实现了对中文材料的词频统计等功能，相对于其他软件来说更适合处理本研究的质性材料。

使用Nvivo进行材料处理和分析步骤主要包括：第一，将访谈录音转录文档导入软件，并且根据受访对象的特征对访谈材料分组，归入不同的"群组"（set）下；第二，依次对所有访谈材料进行编码，提取关键概念，进行第一轮编码；第三，整理第一轮编码的节点（node），细化概念内涵，建立底层编码节点；第四，利用软件的探索和分析功能审查前两轮编码，同时进行跨个案的对比，进一步完善底层编码；第五，对个案内和跨个案的典型事件和主题加以归纳，形成顶层编码。对访谈材料的阅读和分析贯穿整个研究始终，使用软件进行的检索和统计也持续进行。

使用该软件主要可以从以下四个方面辅助本研究：第一，对大量材料进行统一管理。使用 Nvivo 不仅可以对访谈转录、访谈笔记等质性材料进行管理，也可以导入 EXCEL/SPSS 数据和图片、视频、网页等多种格式的材料，通过建立文件夹、分组和案例统一管理各种介质的资料。第二，提高检索效率。使用检索功能可以查找原始文档、编码、文件夹和案例，也可以在指定范围内定制检索，极大地提高了检索查询的效率。第三，进行灵活的编码。编码功能为快速编码提供了极大便利，通过集中管理编码可以进一步丰富编码模式，轻松实现编码名称的变更、多个编码的合并、拆分和升降级。第四，辅助分析。利用分析功能可以检查编码的密度、覆盖率和矩阵的完整性，让编码网络纵横交错，更有力地支撑理论；探索功能提供相关分析和聚类分析和多种可视化效果，为深入挖掘和细致分析材料提供了很大帮助；强大的绘图功能不但可以高效绘制图形，而且可以与编码、案例直接建立关联，便于对材料的分析和对研究过程和结果的展示。

3.3 对研究方法和过程的反思

在研究前期的文献收集和梳理过程中我们没有发现与本研究相似的已有研究，因此，也没有成熟的研究范式为我们使用扎根理论方法研究第二语言学习者词典的使用情况提供参考。无论是在研究设计、理论方法的使用、材料的收集和管理，还是在具体的编码分析中，我们都遇到了很多困难。可以说，研究进行的过程也是我们对各种理论方法进行探索和实验的过程，因此，在各个环节的设计和实际操作中难免有考虑不周或无法达到预期的情况。但与此同时，意料之外的情况也给我们的研究带来了更大的张力——我们采用了更为多样的材料收集方式，进行了反复的、长期的编码和分析，得到了一些新的研究思路。总而言之，整个研究过程也是一个不断学习的过程，进行认真的总结和反思有利于我们认识到研究的问题和不足，并且在今后的研究中吸取经验。

3.3.1 研究者对意义的解构和建构

本研究的核心即符号互动论所关注的"意义"——汉语学习者在不同的环境中、具体的情境中如何认识使用词典这一行为的意义，这种意义又是如何反过来影响他们后续的词典使用行为和汉语学习的。虽然这里的"意义"主要指的是受访学习者对事物、行为意义的认识和建构，但是也必然包含研究者对这种意义的解构和建构。因为通过对研究对象进行观察和访谈而获得的材料不能直接形成理论，研究者是最重要的研究工具，只有通过研究者独特的观察视角和抽象思维过程才能构建理论。正如景怀斌（2017：113）指出的："'意义'不仅仅是研究者与被研究者情景互动的产物，还是'前现场'性的，即研究者和被研究者各自持有的意义系统决定了他们的互动。因此，扎根理论要关注双方的底层意义系统，即终极观为核心的价值观系统、态度和意义认知方式。"

"意义的主体性"概念要求我们不仅要关注研究对象，也要关注研究者。因为质性研究中的研究者绝不仅仅是只做客观叙述的旁观的第三者，更是重要的研究工具——研究者的个体经验、认识和观念直接影响着理论的构建。在本研究中，研究者具有三重身份：既是有一定经验的国际中文教师，又是汉语学习词典研究者，也是在非目的语环境和目的语环境中都学习生活过的第二语言学习者。这三重身份相互关联和补充：一方面，对汉语课堂教学情况的了解和词典学研究的背景使得研究者能够对收集到的材料进行基本的判断和考察；另一方面，研究者在不同环境中的第二语言学习都有亲身体会，能够与研究对象产生较深的共情，便于质性材料的收集和分析。这种在一定程度上融合了教师、研究者和学习者的立场和视角，对于研究的顺利进行有重要意义，特别是在保证材料分析和编码深度方面尤为重要。

3.3.2　多种访谈形式的运用

具体访谈形式的选取是和访谈对象的背景和来源直接相关的。在前期设计中，我们计划主要按照三轮访谈序列的模式开展所有深度访谈。但是由于词典使用是一种伴随性行为，缺乏系统性和事件性，使用词典的意识较弱的学习者往往在访谈中无话可说，一般只能提供非常大概的、粗略的整体评价，这就使得前期进行的一些访谈缺乏质性材料的质地（texture）。因此，我们筛选了前期的访谈材料，并且调整了访谈策略，在访谈中通过一系列更有事件性的问题（如个人汉语学习经历、学习难点等）为受访者提供一定的背景空间，从而引导学习者在访谈中讲述和谈论"有意义"的词典使用行为。同时增加了多种更为灵活的访谈方式，根据受访学习者的要求和客观条件的情况进行了单次访谈、焦点小组和跟踪访谈。

参加本研究的受访者主要有两种来源，一是经研究者的朋友（"守门人"，见塞德曼，2009）介绍，二是通过研究对象招募广告主动报名参加。受访者的不同来源和不同的访谈形式对访谈的实施过程和收集到材料的情况有不同程度的影响——通过同学和老师介绍的研究对象配合度尚可，积极性一般，但是研究者有机会通过"守门人"从侧面了解一些背景信息；通过招募广告参与的研究对象与研究者的关系则完全是一次性的,对双方来说反而顾忌较少,受访者在访谈中配合度比较高,回答也更为直接,但是比较少有感情上的流露。参加焦点小组的受访者的配合度较高,访谈进行的环境也使得受访谈者更容易展开讨论,但是与此同时,研究者也更容易在访谈中失去控制权,受访者之间已经具有较强的联结,这种联结比他们和研究者之间的关系更强烈也更有力,因此研究者需要时时注意引导受访者之间讨论的方向和节奏。

扎根理论方法的特色之一即使用受访者自己的语言(主要是词语)来构建概念,但是受访学习者都是汉语作为第二语言的学习者,我们的访谈主要是用英语和汉语进行的,即使是高级水平学习者,汉语水平也有限,在表达时必然无法像使用母语表达时那么自如,因此,他们无法像母语者那样通过具体的词汇表达细微的差别。也有不少受访者在访谈中使用英语,此类受访者可以被分为两类:英语母语者和非母语者。母语者自然比较容易进行自如的、更具有个性化的词汇和方式进行表达,要求使用英语进行访谈的非母语者往往英语水平较高(至少高于他们的汉语水平)。所以在分析编码时,我们并没有如扎根理论方法所要求的,尽量使用受访者的语言,而是在提取概念时尽量选取能够表达受访者原意的词语。

使用汉语和英语进行访谈主要是由主客观条件决定的,但这可能在一定程度上限制了受访者的多样性——虽然并非研究者有意而为之,但是这样的要求从客观上使很大一部分汉语水平不高又不能流利使用英语进行沟通的学习者无法参与本研究。

3.3.3 对质性分析软件的运用

我们在研究中选用了质性分析软件 Nvivo 进行辅助,但是"分析软件"并不能代替研究者进行思考和分析。软件所提供的编码覆盖率统计、编码密度、聚类分析等功能(见图2)为考量编码分析工作的进展提供了一些可供参考的量化数据，但是有很多思维活动（比如顿悟和灵感的浮现）是无法在这些数据上体现出来的。

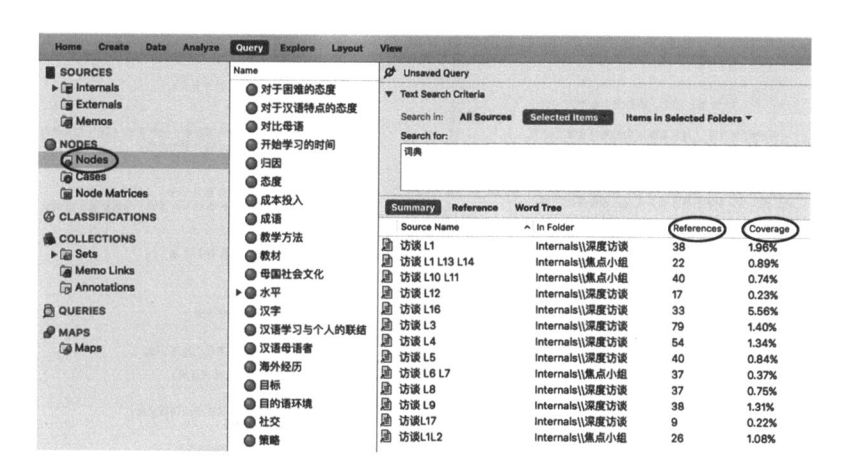

图 2　Nvivo 的检索界面

（画圈部分从左至右分别为节点、参考点和编码覆盖率）

有很多文献和在线课程对软件各项基本功能的使用进行了介绍，但是对具体分析过程都缺乏说明，似乎只要依靠软件，许多问题都能迎刃而解。然而在实际操作中所面临的问题往往要比预想的复杂得多，尤其在只有一位研究者负责所有分析编码工作的情况下，需要综合使用多种功能并且进行无数遍的重复操作，过度依赖软件功能反而会陷入形式化操作的窠臼。

因此在几轮编码过后，我们更加倚赖的不是软件的"分析"功能（见图 3 和图 4），而是"管理"和"查找"功能。质性分析软件成为有效管理和快速查找相关内容的重要工具。我们利用节点编码和建立案例（见图 5）等方法在材料中建立起了横纵交织的网络，为材料的快速查找和聚类的形成提供了便利条件。

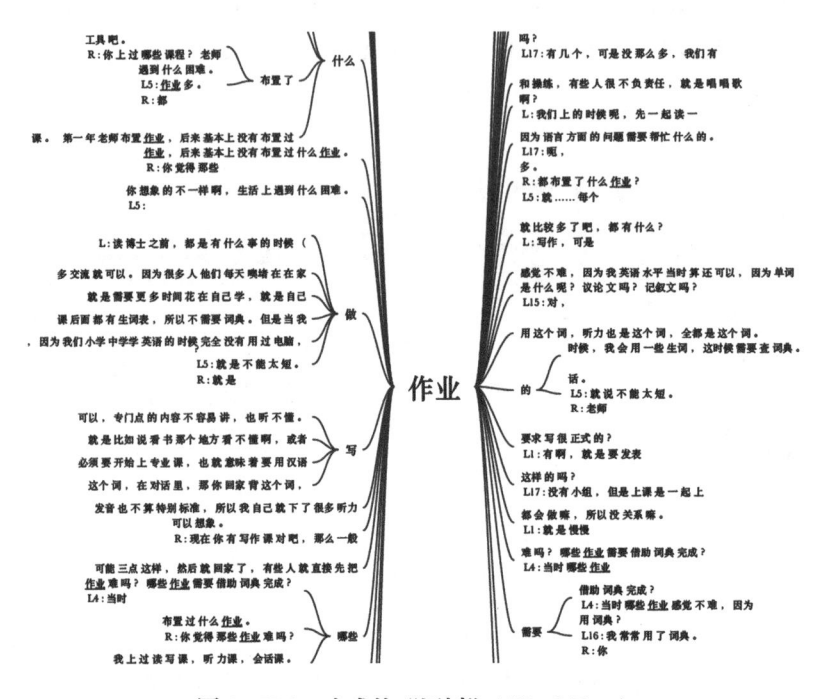

图3 Nvivo 生成的"词树"（Word Tree）

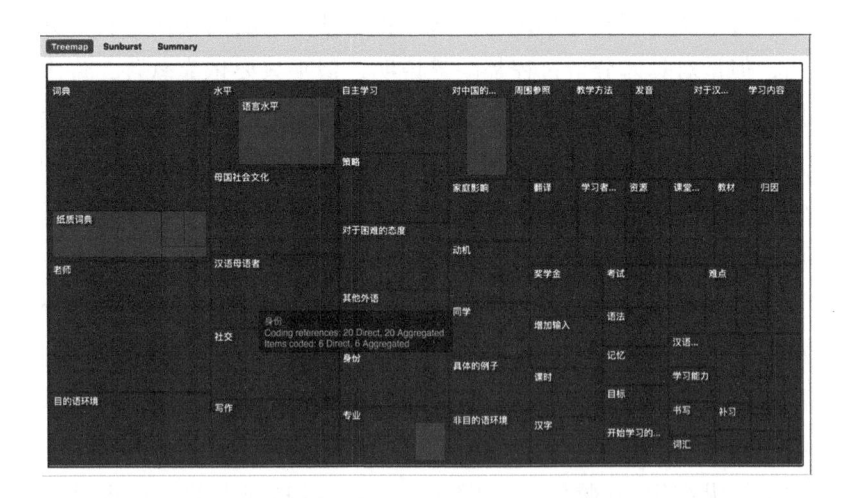

图4 利用 Nvivo 探索功能生成的节点等级序列树图（Hierarchy Treemap）

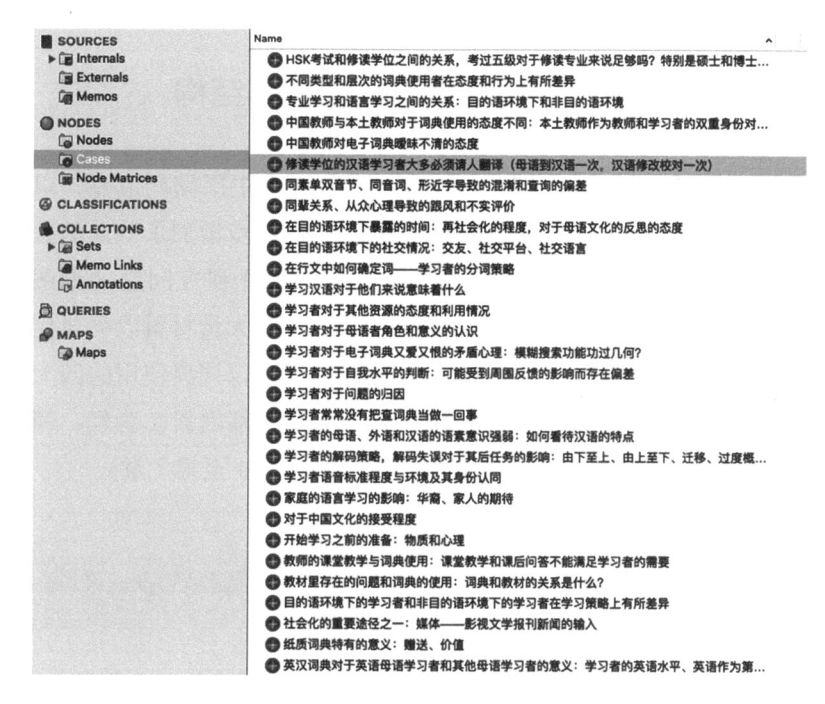

图 5　在 Nvivo 中建立的案例

由于我们对软件还不够熟悉，在很多功能的使用和操作上还不够熟练，所以我们在导入材料开始分析和编码的阶段遇到了很多问题，花费了很多时间；而且每当研究者发现一个新的概念，就需要对所有材料做新一轮的梳理和编码，用新的视角对旧有材料进行重新审视，往往需要多次浏览材料，在对整体材料有一定熟悉度之后才能在不同的个案中寻找呼应或对立的内容，进而进行跨个案的对比和整合，这也花费了大量时间和精力。因此，归纳研究主题和提取概念的过程持续了一个很长的阶段，在一定程度上影响了整体研究的进度。这是我们在开始研究时没有充分考虑到的问题。需要在今后的研究中特别留意，做好更充分的前期准备。

3.4 本书写作思路和主体结构

对质性材料的初步编码程序产生了 63 个中层编码节点，以此为基础向下细化和扩展的底层编码程序进一步增加了节点的数量，同时向上提炼的顶层编码程序生成了 35 个研究问题（见图 6）。在不断关联和整合之后，不同主题之下的大量材料以词典使用的阶段（查询前、查询中和查询后）为纬，以词典使用的四大要素（语言任务、词典产品、汉语学习者和外部因素）为经，横纵交织起来，最终构成了本书的主体部分（第 4 至第 7 章）。

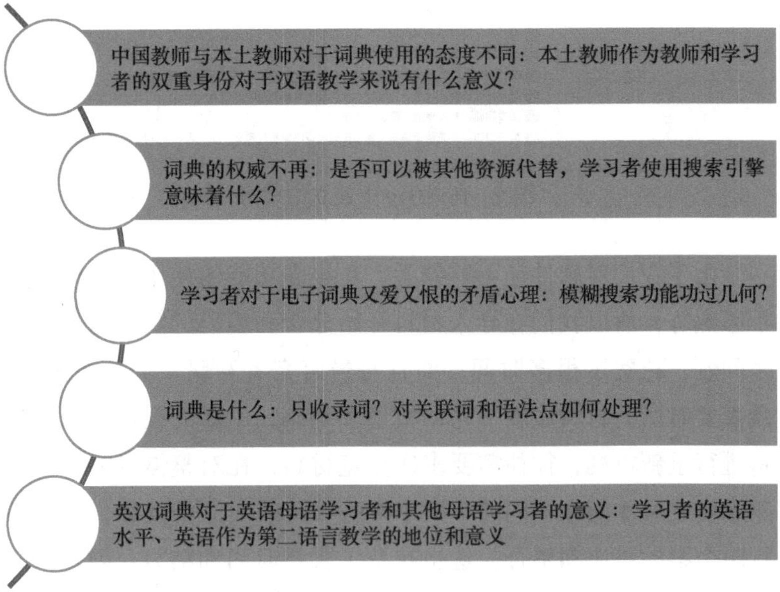

- 中国教师与本土教师对于词典使用的态度不同：本土教师作为教师和学习者的双重身份对于汉语教学来说有什么意义？
- 词典的权威不再：是否可以被其他资源代替，学习者使用搜索引擎意味着什么？
- 学习者对于电子词典又爱又恨的矛盾心理：模糊搜索功能功过几何？
- 词典是什么：只收录词？对关联词和语法点如何处理？
- 英汉词典对于英语母语学习者和其他母语学习者的意义：学习者的英语水平、英语作为第二语言教学的地位和意义

图 6 顶层编码程序产生的研究问题（部分）

第 4 章主要关注汉语学习者使用词典查询之前的阶段，即汉语学习者对词典产品的选择和购买情况，本书结合了问卷调查和质性访谈的结果进行了具体分析，建立了影响学习者选择词典产品的多因素模型，并且集中探讨了汉语教师在引导学习者选择和

购买词典产品中扮演的角色。

第5章聚焦学习者使用词典进行查询的过程，具体分为确定目标词和提取整合词典信息两个阶段，结合具体的查询个案探讨了学习者在"字识别""词确定""提取语义信息"和"整合语义信息""整合词典资源"时的具体策略，建立了汉语学习者词典查询过程模型。

第6章基于不同类型的学习者所需完成的学习任务在内容和难度上都存在显著差异的情况，分别探讨了语言进修生和学历生在语言课、专业课和论文写作中使用词典的具体情况。结合具体的案例探讨学习者在不同情境下使用词典的需求、动机、目的等问题，建立了学习者在课堂环境中使用词典产品的模型，并且对学历生在论文写作中存在巨大困难但是无法通过使用词典产品解决的情况进行了重点分析。

第7章结合了问卷调查和质性访谈，以个案分析的方式分析了影响学习者整体词典使用行为和习惯的认知和情感因素，以汉语学习为背景，关注语言学能、认知方式、学习策略、学习动机、性格和语言态度等个体因素上的差异对学习者词典使用的影响。

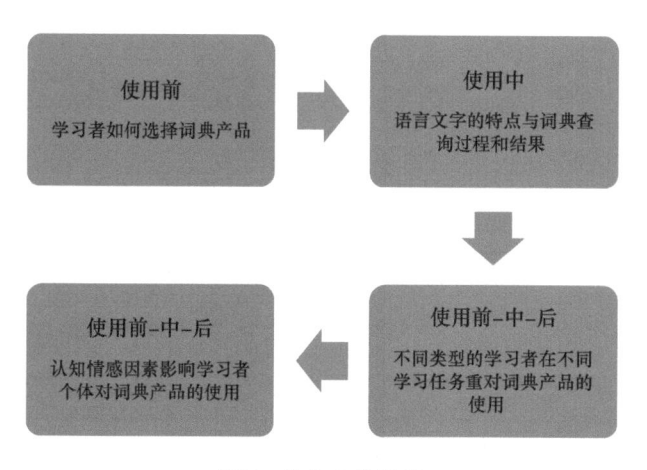

图7 论文主体框架

本书按照从一般到特殊，从静态到动态，从表层到深层的逻辑顺序，围绕词典产品内容和功能、学习者的需求和新时代思维习惯和学习方式的改变三个中心展开，对词典产品选择、词典产品使用、词典产品与学习者和学习任务的交互、词典使用与学习者的习惯和观念进行了讨论，由下至上建立起汉语学习者词典使用研究的理论框架，希望能为未来词典产品的研发和汉语作为第二语言的教学的发展提供一些参考。

第 4 章

影响学习者选用词典产品的因素

在实际使用词典产品辅助汉语学习之前,汉语学习者必须在各种介质的众多词典产品中进行选择,从什么途径了解词典的相关信息、在选择或购买前对产品有什么期待、对产品内容和功能有多少了解、学习者有什么学习目标和风格,以及如何在免费网络词典产品、付费词典应用(下文或称词典 APP)和传统纸质词典之间做出选择都对他们之后具体的词典使用有很大影响。

本章的讨论结合了质性访谈的材料和问卷调查的量化数据,因为选购词典的过程除了受到汉语学习者主观因素的影响之外,也受到很多客观因素(如词典的价格、类型、内容等)的影响,这些客观因素相对而言比较容易量化,可以通过发放标准化问卷的方式在较短时间内收集到大量信息;同时结合质性方法有助于我们对量化研究中呈现出的集中趋势进行理解。通过两种性质的数据材料相互之间的佐证和补充可以对影响汉语学习者选择词典产品的因素及各因素之间的关系有较为全面的了解。

这种复杂的研究设计决定了我们不能简单通过一轮研究序列而得出结论,必须在量化研究和质性研究之间反复切换,在不断的对比和阐释的过程中让量化数据和质性材料相互交织,使核心要素慢慢浮现,推动研究层层深入。

参与问卷调查的 245 位汉语学习者主要来自北美洲(占

41.3%）和亚洲（占50.6%），其中，来自东南亚国家的学习者约占19.6%，来自东亚国家的学习者约占13.9%，来自南亚国家的学习者约占17.1%，来自欧洲和南美洲的学习者相对较少，不到10%（具体情况见图8）。分析结果显示：学习者会在对词典产品的整体质量、便利性、可得性和汉语教师的推荐四个方面综合考量之后选定词典产品。

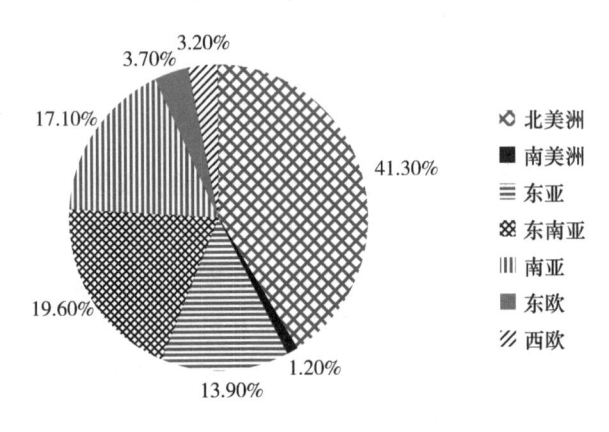

图8 问卷调查被试的构成情况

4.1 词典的整体质量

学习者选购词典产品时最看重的是词典的整体质量，在选购传统纸质词典时，主要关注词典的规模、收词立项、释义、例句、同反义词扩展、用法信息等能否满足查询的需要；而在选择新介质词典时，同时也关注非查询功能的情况。

4.1.1 查询功能

我们调查了学习者认为理想的词典应该包含的内容，收词量、释义、例句等内容是衡量各种类型词典产品整体质量的通用指标。学习者认为词典最为重要的16项内容或特征包括例句数量多、释义简单、收词量大、提供同近义词辨析、提醒错误用法等。

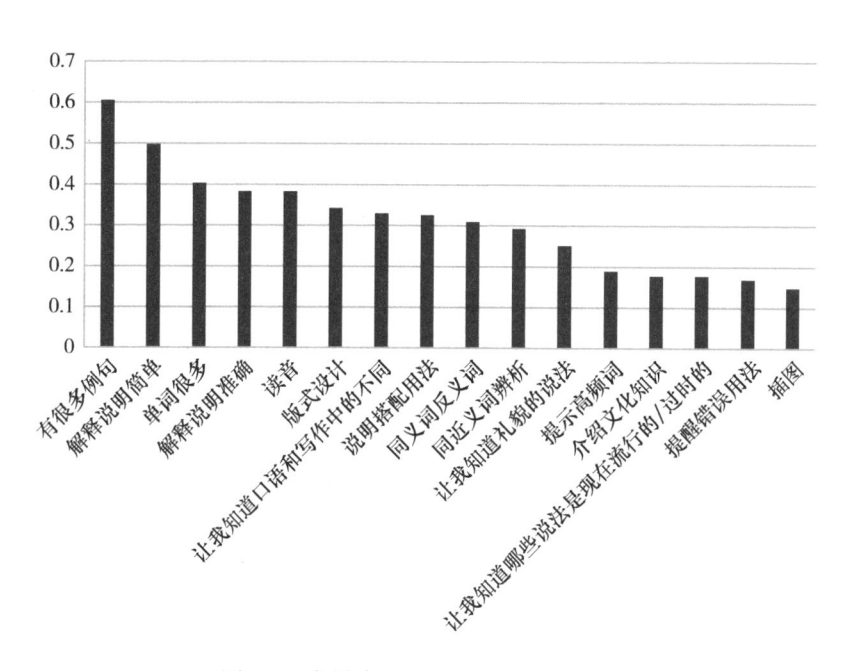

图9 词典最为重要的16项内容或特征

如图9所示：超过60%的汉语学习者认为词典应该包含大量例句，40%的学习者认为收词量很重要，释义的简明性和准确性都为多数学习者所看重，"解释说明简单"的重要性仅次于例句，比"解释说明准确"高出了12个百分点；排在第5至11位的分别是读音信息、版式设计、口语和书面语差异、搭配用法、同/反义词、同/近义词辨析和礼貌用法，这七个项目所占比重在25%至38%之间，明显高于词频信息、文化知识、错误用法和插图等项目。这些排名靠前的内容主要支持基本查询功能，其中收词数量、释义（及翻译）的准确性和例句的数量是最关键的指标。

R：你在选择词典产品时会考虑什么因素？

L4：我选择词典时候会考虑词汇的正确性吧，还有考虑必须有解释。

传统词典产品一般以释义为核心，而对例句不够重视，但无论是通过抽象、具体，还是通过类比等常见释义方式常常是脱离语境的，在释义中往往还需要引入上位、下位或同类概念进行说明，有时反而使简单的意义变得复杂了；此外，一些词目词下属多个义项，用户很难准确快速定位。而例句不但能够通过语境呈现目标词的具体义项，还能同时显示目标词在句子中的位置、搭配等用法信息，可以说是展示目标词意义和用法的最直接的方式。对例句的需求高居首位不仅显示了学习者使用词典完成解码任务和编码任务的双重需要，更说明了词典用户对查询效率的追求。

R：（老师推荐的）那部词典是只有简单的释义，还是有很多说明？

L3：和《现代汉语词典》差不多的那种。他们表示是可以对学习者有帮助的词典什么什么的，可是我觉得<u>主要还是查意思，不知道怎么用</u>。他们用的<u>例句都是文学方面的作品之类的</u>。

R：你觉得 Pleco 好用吗？

L13：<u>Pleco 经常用，因为它都有一些例句，所以可以知道这个词怎么用，或者在什么情况下用</u>。所以还是很重要，因为那个 REO（一款德—汉双语词典）一般只有词，没有句子。

R：只有释义（definition）是吧？

L13：对。<u>那个……例子特别重要</u>。

第4章　影响学习者选用词典产品的因素

R：那你对于汉语词典产品有没有什么评价或者感想呢？

L15：我主要用 Pleco，当然有很多评论。

R：请讲。

L15：（检索还不够方便）应该把复制查询的操作更简化，因为现在你必须要先选中一个词，然后选复制，然后粘贴查询；还有翻译，有一些释义不太好，但是 90% 的解释都不错，只是少部分不对或者不好，<u>他们应该有更多例句</u>；还有<u>查词或者字比较方便，但是短语、搭配还不是很好</u>。

R：你觉得什么样的词典比较好？

L4：我觉得如果在词典解释部分能有词汇的<u>反义词，同义词，和跟那个词有关成语</u>，会比较好。

在问卷调查结果中尤为突出的是，汉语学习者对搭配用法、口语/书面语信息、同近义词辨析和礼貌用法等编码信息有很大需求。学习者主要在与语言理解和生成直接相关的任务中使用词典，其目的是了解词义和用法（见图10），而文化知识、插图、专栏、附录等不与语言学习任务直接相关的内容则普遍被认为不太重要。

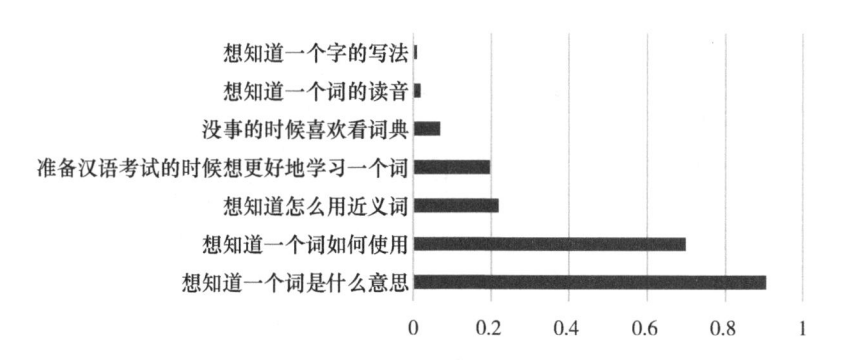

图10　学习者查询词典的情境

4.1.2 非查询功能

新介质词典加载于智能设备、使用方便快捷的特点使得它更容易与查询意义和用法以外的其他学习环节发生联系。在质性访谈中，学习者提及的非查询功能主要有词卡系统、笔顺演示系统和专项训练功能三种。

4.1.2.1 词卡系统

背单词是学习任何一门外语都必须要突破的难关，对于汉语学习来说尤其重要，因为汉字的读音和字形之间没有明显的联系，对于习惯使用拼音文字的学习者来说，要建立音—形—义之间的联系需要进行反复的练习。图 11 是一位母语为韩语的学习

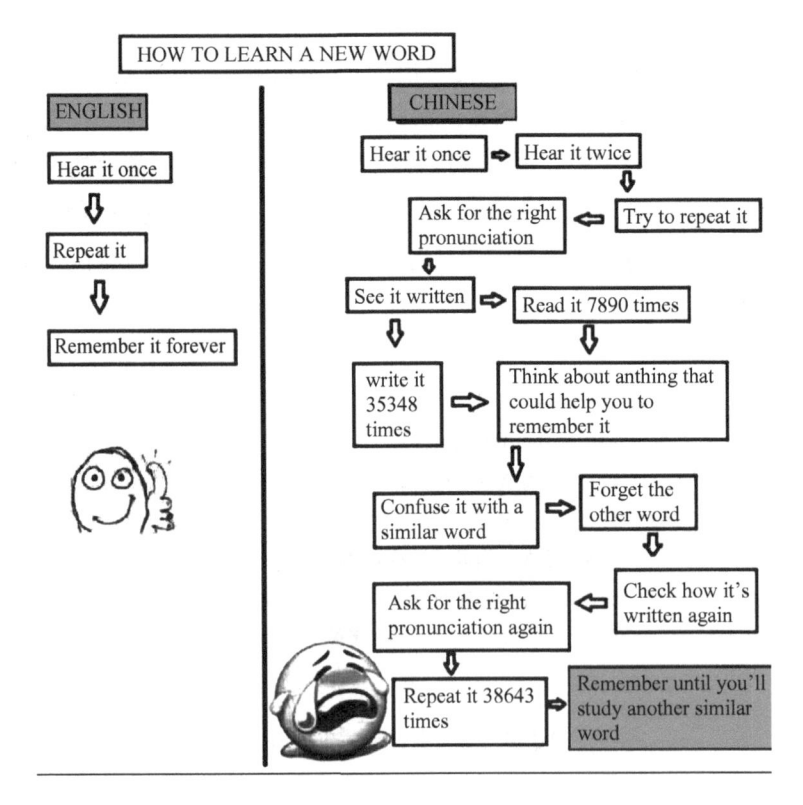

图 11 学习英语词汇和汉语词汇的过程对比

者向研究者展示的一张图片，图中对比了记忆一个英语单词和一个汉语单词需要经历的不同过程——记忆一个英语单词只需要"听一遍→复述一遍→就永远记得"，而一个汉语词需要"听一次→听两次→试着读出来→询问正确的读音→读7890次→看字形→写35348次→想办法记住→和另一个词混起来→忘了另一个词→再次查询怎么写→再次询问正确读音→重复38643次→直到学了另一个相似的词才终于记住了"，可见背单词对于汉语学习者来说是很大的挑战。

词卡（Flashcards）是不少学习者在背单词时习惯使用的小工具，也是不少教师推荐的学习方法。过去，学习者大多使用纸笔自己制作词卡，需要花费较多时间做抄写工作，而且随着水平的提高，生词量剧增，纸质词卡难以查找管理，所以在使用一段时间之后，很多学习者都放弃了这一方法。

R：那么老师有没有建议你们使用什么工具或者词典？

L15：应该有吧，我记得他们总是强调拼音，<u>用词卡，以前我有很多词卡，但是后来我觉得太浪费时间所以现在也不做了。</u>

L21：有的网站也可以帮你做词卡，但那些还是需要自己做（输入内容），<u>Pleco可以自动（生成），我现在太忙，没有时间做，所以用这个很方便。</u>

学习者L21是美国一所高校经济专业大二的学生，已经在学校选修汉语两年了。她平时课业紧张，还在为攻读硕士学位（申请法学院）做准备，学习任务越发繁重，能够用于学习汉语的时间也更加有限。Pleco的词卡功能为她节约了大量手工制作词卡的时间——通过使用词卡系统（Flashcards System），学习者可以将自己的查询历史自动生成词卡，方便进行识记；也可以选择安装已有的词卡文件，如图 12 所示，Pleco 中有新 HSK 一到六级的词卡可供免费安装。

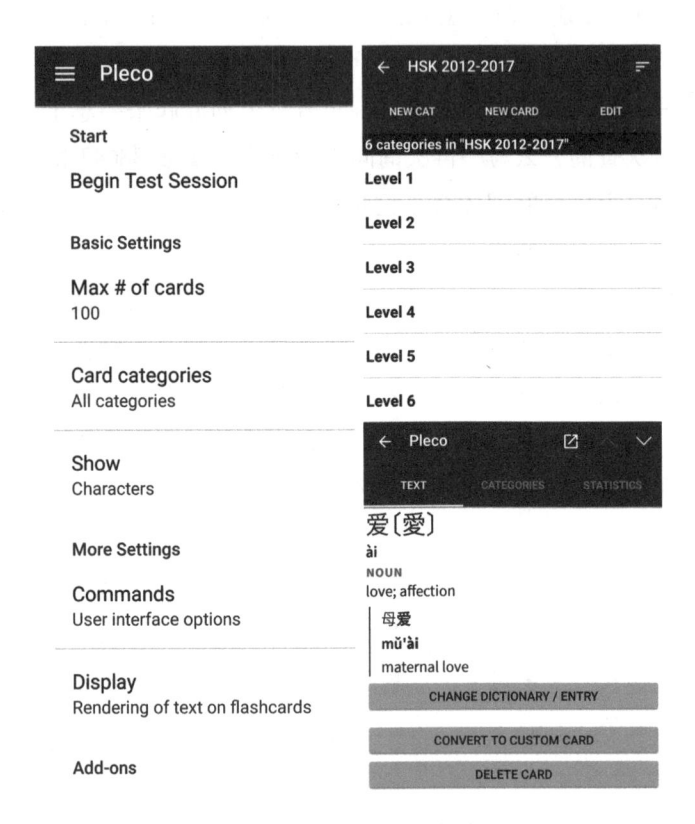

图 12　Pleco 的词卡系统界面

词卡系统是 Pleco 用户最为关注的功能之一。根据我们的统计，在 Pleco 官方网站的用户论坛中至少有 258 个话题和关于词卡系统相关，发/回帖数量已经超过了 1400 条。该用户论坛中有很多可供下载的专业词汇词卡（如医学词汇、法律词汇），其中也不乏用户共享的词卡资源。

学习者对词卡系统的积极评价主要集中在以下两个方面。第一，词卡的制作、管理和使用更加便利。用户可以选择生成或直接安装词卡，省去了大量纸笔抄写的时间；词卡的查找和管理也更加高效，用户可以根据个人需要选择和编辑词卡内容，对词卡进行标识、分组和排序，方便进行查找，只要随身携带手机就能利用碎片时间进行学习。第二，单词测试功能使单词复习模块化。单词记忆需要反复进行，却又单调枯燥，学习者容易因为感到厌烦而放弃。通过单词测试的正确率统计，学习者可以更有效地监控自己的单词复习；通过设置测试数量和内容，学习者也可以使单词复习的进度与课堂教学内容同步，使单词复习成为一个更可控的环节（单词测试界面见图13）。

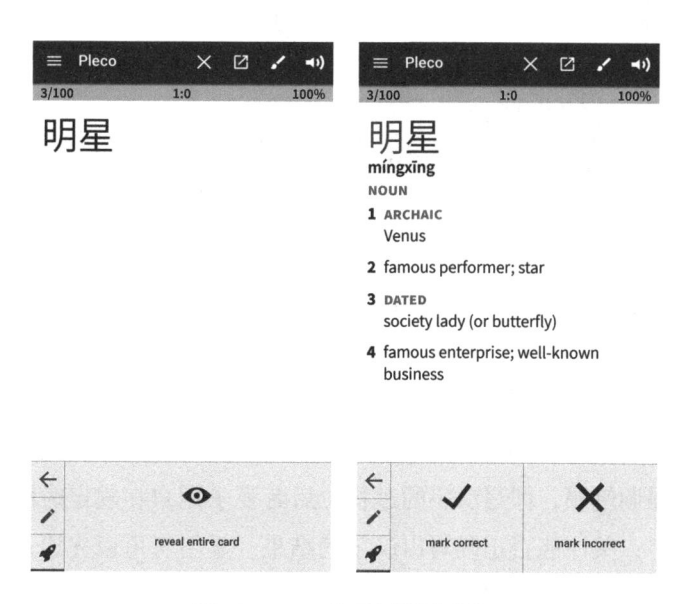

图 13　Pleco 的单词测试功能

4.1.2.2　笔顺演示系统

学习者可以根据需要在 Pleco 中选择加载笔顺演示系统。免费试用的部分包括 HSK 一级和二级的 500 个常用字的笔顺动画演示，而 28000 字的完整字库则需付费购买。安装之后，笔顺演示会成为在查询结果中单独显示的一个模块，用户可以多次观看单个汉字的笔顺动画，并且随时可以进行暂停、倒退和快进操作（见图 14）。

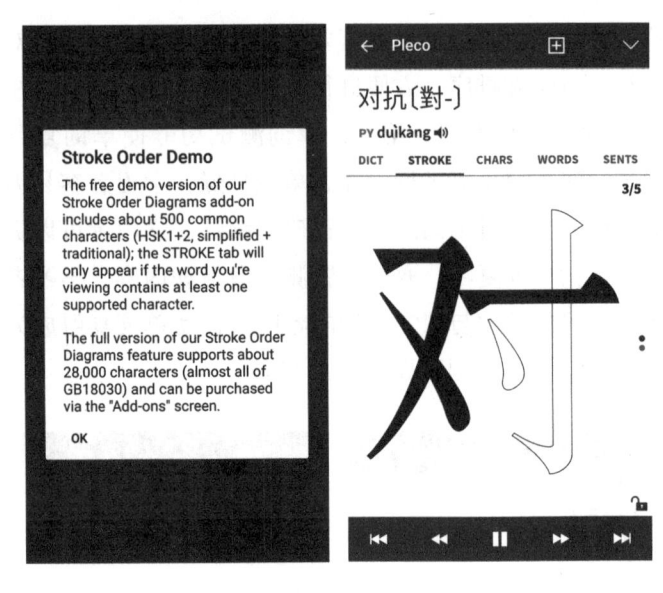

图 14　Pleco 的笔顺演示系统

　　Pleco 的笔顺演示系统与后文会提及的 Train Chinese 的书写训练（Chinese Writer）所不同的是，Pleco 用户不能通过屏幕手写进行互动练习，只能观看动画。虽然这两套系统的扩展功能都是针对汉语学习者书写汉字的困难而设计的，但侧重点有所不同：前者强调笔顺，即写汉字的过程；后者要求用户在规定时间内写出汉字，关注能否正确写出汉字的结果。学习者可以先通过笔顺演示学习写法，再用书写训练进行测试，配合使用两套系统，更好地监控整个书写过程。这两套系统既可以用于自主学习，也可以作为课堂教学的辅助，值得汉语教师注意。

4.1.2.3　专项训练功能

　　智能手机、平板电脑等智能移动设备支持屏幕手写、音频播放和程序的运行，使得词典 APP 拥有更多传统纸质词典所没有的功能，而得以更直接、更深入地与学习者的语言学习相联系。除了作为备查参考资料，词典 APP 还能作为学习工具帮助学习者进行汉字书写和汉语发音强化练习。

R：在学汉语方面你有没有遇到特别大的困难？

L15：当然，当然，最大的困难之一是声调，我想这也是大多数人的回答，但是我来中国以后发现其实并不是这样，有时候你的声调不对别人也能听懂你在说什么，比如说我们都说"wō"，而不是"wǒ"也没什么问题，所以我并不是很注意声调，几乎可以说我完全不注意声调。……当然也常常有别人不明白我说什么的情况，因为我的声调不对，但是其他学习时间更长的同学、注意声调的同学，他们也有这个问题，既然大家都有这个问题，那么就算我不那么注意似乎也没问题。当然，我知道声调很重要，有一些字我知道怎么读，也能发对音，但是如果花时间专门去记哪个字是第几声，那完全是浪费时间。另外一大困难就是汉字了，有一些字我能够认出来，也会写，但是有很多字我只能认出来，但完全不会写。

R：你很注意发音，是吧？

L12：对。我觉得你已经发现了，如果你常常和俄罗斯人交流的话，你会发现他们不注意声调。因为我们有重音，就像英文的重音。

R：嗯，我是觉得俄罗斯人说得很快。

L12：因为我们俄语说得很快，就像西班牙人，他们也说话非常快。他们有的老师跟我们说一个秘密，"你们要是不注意声调，就要说得快，就不容易被发现"。但是我就喜欢说得比较清楚，这样说起来很好听。

对于很多学习者来说，声调和汉字是汉语学习中最大的难点，缺乏有效的学习工具和方法不仅影响学习效果，而且会导致学习者产生消极态度。Train Chinese 汉语词典 APP 就基于 HSK 大纲推出了多种专项训练，分别在书写、听力、拼音和数字等难点和重点上进行有针对性的训练。

在书写训练（Chinese Writer）中，用户需要在规定时间内写出指定汉字；在听力训练（Chinese Audio Trainer）和拼音训练（Pinyin Trainer）中，学习者可以跟读、选择正确读音，强化练习声调；在数字训练（Chinese Number Trainer）中，学习者可以学习汉语数字表达，并通过游戏进行测试（各专项训练的操作界面详见图15）。上文介绍的 Pleco 的词卡系统和笔顺演示系统与查询结果直接相连，而 Train Chinese 的这四个专项训练程序则在 APP 的词典查询功能之外独立存在，学习者可以根据自己的不同偏好和习惯进行选择。

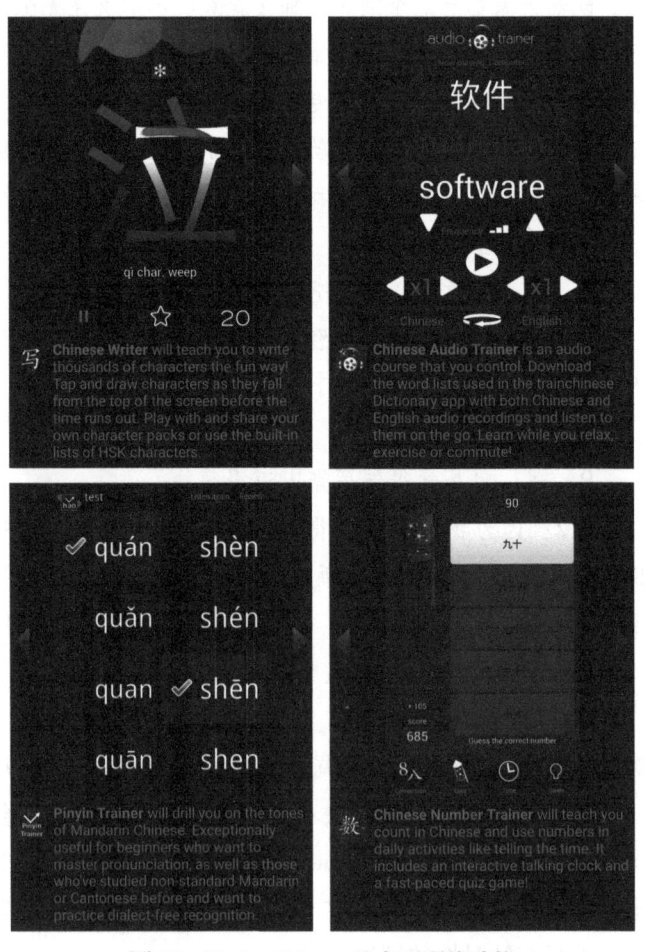

图15　Train Chinese 的专项训练功能

值得注意的是，虽然 Pleco 和 Train Chinese 两款 APP 的查询功能支持英语、俄语、西班牙语等语种，但已经推出的学习功能都需要使用英语操作，可见其受众主要是英语母语或英语作为第二语言的高级水平学习者。从词典释义，到词卡系统，再到专项训练，绝大多数内容都是英语，这对于不会英语，或者英语水平有限的学习者来说使用难度就加大了，各项功能的有效性也会大打折扣。所以在我们访谈的多位学习者中，常常使用各项非查询功能的非英语母语的学习者数量很少，不少学习者甚至不知道上述功能的存在。

4.2 词典产品使用的便利性

在问卷调查中，绝大多数受访者（84.7%）表示更愿意使用非纸质词典，主要是因为使用方便（电子词典、网络词典和词典 APP）和免费（网络词典和词典 APP）。这一点在访谈中也得到了证实。

L13：学别的外语都会用词典，纸质的。

R：那为什么中文不用呢？

L13：<u>中文太麻烦！</u>因为在英语、法语里面，你看一个词你知道怎么读，汉字没有办法。<u>看中文查字典用的时间太长了，太浪费时间了。</u>

L14：确实是我很懒，都没有用过纸的词典，我觉得纸的词典可能是以前才用的。我刚来北京学汉语的时候（2015 年）就用手机词典了，<u>而且如果看见一个不认识的词不用手写，用纸质词典怎么查，而且用手机词典也太方便了。</u>

R：你现在用的是什么？

L14：以前使用 Pleco，现在用瀚平，这个更常更新，有很多现代的词（流行词），这里面都没有中文解释，觉得不是很好，全是英文，但这是免费的，也可以用语音查询，很方便。

R：你觉得 Pleco 里面的什么功能或者内容是你觉得最喜欢的，最有用的？

L15：最重要的一点是可以离线使用，不像 google 翻译或者百度翻译必须联网；其次就是检索很快，我可以查笔画、拼音；我喜欢的一点是你查一个词的话，下面会列出所有义项（不像教材只有一个义项），因为汉语词很容易混淆；例句当然是非常重要的，是的，有很多功能和内容都是很不错的。

问卷调查结果显示：不到半数的学习者曾经使用过纸质汉语词典，但所有学习者目前都主要使用网络词典和手机词典 APP，便利性是他们改用或直接选用非纸质词典产品的原因（具体数据见图 16）。可见，随着网络词典和词典 APP 等新介质词典的出现，便利性在学习者考虑选购某一词典产品时所占的权重明显增加了。

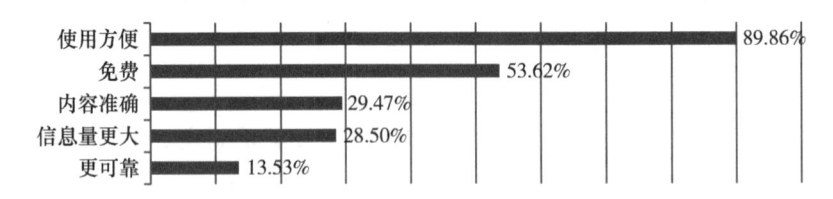

原因	百分比
使用方便	89.86%
免费	53.62%
内容准确	29.47%
信息量更大	28.50%
更可靠	13.53%

图 16　学习者选用新介质词典的原因

首先，便于携带，基于移动终端设备的新介质词典几乎没有体积，方便随时使用；其次，方便输入，新介质词典提供多种输入方式，能够保存查询结果、对关键词进行模糊搜索，使用效率得到了很大的提高；最后，查询快速，新介质词典实现了检索结果、参见信息的快速跳转，查询更加便捷。具体来看，词典产品的便利性可以从查询功能设计及可操作性两个方面进行讨论。

4.2.1　查询方式多样化

不少受访学习者表示使用纸质汉语词典太麻烦，其中一大原因就是汉语字/词典有多种检索方式，但是很多方式都以正字法为基础，具有一定的特殊性。供汉语学习者使用的外向型学习词典一般也沿用语文辞书的检索方式设计，用户需要通过拼音、部首、笔画（难检字）等线索进行查询。除了拼音之外的其他几种方式都有一定难度，要求学习者对汉字的笔画、部件和结构有一定程度的了解。在不能使用首选的拼音检字法时，学习者必须要使用部首或笔画进行检索，会出现以下两种情况：第一，虽然查询成功，但是步骤繁琐，查询效率低；第二，学习者缺乏汉字知识，终致查询失败。

R：纸的词典？

L8：对，纸的词典。

R：有查不到的词吗？

L8：有，应该有。……"威"你知道吧？

R：哪个 wei？

L8：就是威武的威。那个是我以前看电视剧的时候，我特别喜欢一个演员，是冯绍峰，但是那个冯绍峰那个时候的名字不叫冯绍峰，他叫冯威，然后我就查那个"威"怎么都查不到，我也不知道我是查错了还是怎么的，但是后来其实是有的，我是怎么都查不到，这样那样都查不到。

R：是查笔画吗？

L8：对对对，是查笔画。因为我不知道它的音嘛，我只知道那个字，所以我就查，但是就完全查不到，我后来才知道那个字叫"威"。

R：对，查字典常常会有这样的问题。

L8：对，因为也不知道是要查横，还是查什么。

R：所以你不用纸质词典吗？

L13：我大一的时候用过，可是特别慢。因为都要知道部首，怎么写，有多少笔画。

在我们的问卷调查中，有超过60%的汉语学习者认为使用纸质词典进行查询太浪费时间，有30%的学习者遇到过在词典中找不到目标词的问题。除了词典收词的客观原因之外，学习者缺乏词典使用技巧也是一个重要原因。在针对汉语学习者的调查中，接近70%的学习者认为教师应该教授使用纸质词典的方法，但是只有43%的学习者表示老师教过查询方法。

L5：词典的话，就说查词典。

R：就说查词典？

L5：没有说查什么词典。

R：教你们查词典了吗？

L5：……

R：因为中文不一样嘛，和英文，可以查拼音，查部首，查笔画。

L5：简单地介绍了，<u>就按拼音来查就行了</u>。

R：老师教过你们怎么查词典吗？

L10：是，学汉语的时候有，<u>用拼音怎么查，用部首怎么查</u>。

R：你觉得怎么样？

L10：如果会用……那个……拼音就不难，因为我是学古代汉语的，所以有的要用部首来查，就比较麻烦。

L4：老师专门教过我们如何用词典，因为我们汉语词典跟其他语言类的词典不一样。当时感觉为什么汉语词典这么麻烦。哈哈哈。而且老师没有按拼音或者按照声调让我们查词，都是按照笔画和笔顺，或者是按照偏旁来查词。

从质性访谈材料中可以看出，大部分教师在教授查询方法时比较强调部首和笔画检字法等汉语特有的词典查询方法。但是与此同时，问卷调查结果也显示，25%的汉语教师认为"不确定需不需要教"或者"不太需要教"，30%的汉语教师表示"无所谓"或者"不知道（no idea）"。教师和学习者对词典查询方法技巧的学习和训练不重视使得不少学习者在纸质词典的具体使用过程中问题频出。

随着电子词典、网络词典和手机词典APP的广泛使用，纸质词典已经淡出了学习者的视线。新介质词典不仅节约了用户使用纸质词典翻找的时间，多种检索方式也极大地方便了学习者查询。除了最常用的拼音检字法，用户也可以通过笔画、手写，或者OCR功能进行检索。和传统纸质词典相比，查询的门槛大大降低了（见图17）。

OCR（Optical Character Recognition，光学字符识别）是指电子设备通过图像输入装置（如手机摄像头）检查打印字符，通过检测明暗的模式确定其形状，然后用字符识别方法将形状转换成计算机可以识别的文字的过程。如图17所示，用户只需使用手机后置摄像头对准印刷体汉字，词典APP就能对图书、报刊、网页、街头标识中的字词进行自动识别；配合专门的文本阅读器使用，用户还能在查看PDF文件的同时使用词典功能，实现"即指即译"。目前OCR在Pleco词典APP中还属于付费项目（售价

图17　Pleco 支持多种检索方式

9.99 美元），不少用户考虑到价格原因并未使用该功能。在共计 23 位的受访汉语学习者中，所有人都经常使用 Pleco 的免费功能，但只有一位学习者 L21（美国华裔大学生）购买了付费功能，可见价格也是影响学习者选用词典产品的一个重要因素。

4.2.2　功能的可操作性

用户的使用能力作为必要条件，和词典产品查询方式的多样化这一充分条件共同构成了词典产品使用的便利性概念。之所以有大量非英语母语学习者使用英汉双语词典，除了词典产品本身的功能和质量的因素之外，另一个关键原因在于这些汉语学习者都掌握一定程度的英语，这使得英汉词典产品可以为他们所用。因此，外语能力也是他们选用英汉词典产品的必要条件之一。

一些学习者的母语虽然不是英语，但是英语在其母国的官方语言之列，他们从小接触和学习英语，因此能够熟练使用英语。在其他很多国家，英语也都是义务教育阶段的必修科目，学习者在小学、中学和大学阶段都有三年至十二年不等的学习经历；此外，在这些非英语国家，较高的英语水平对升学、求职都有重要影响，学习和掌握英语有广泛的经济和社会基础。因此，英语往往是他们的第一门外语，也更容易在之后的其他语言学习中作为工具语言。

国内出版的几部纸质汉语词典（包括语文词典和学习词典）都是单语词典，占最大比例的初级学习者受到语言水平的限制几乎都无法达到其使用门槛；就算是对于中高级水平的学习者来说，使用单语词典也会造成较大的认知负担。目前大部分汉语学习者使用的网络词典和手机词典 APP 多为双语词典，从对词典内容的解码和利用词典完成其他解码任务的难度来说都要低于单语词典。

R：来中国之前你没有学过汉语对吧？

L9：在巴基斯坦的时候我们只说英语和自己本国的语言，我们不需要会说汉语，所以我从来没有学过汉语。

R：你的母语是什么呢？

L9：我的母语是普什图语，我们国家的官方语言是乌尔都语和英语，所以在我的村庄（老家）我们讲普什图语，在我们国家一般用乌尔都语。乌尔都语和英语都是我的第二语言。

R：在大学里用什么语言呢？

L9：在大学里用英语。有一些课程也是用乌尔都语上的，所以如果我想用乌尔都语学习的话也可以，但是如果学

<u>自然科学的专业一般都用英语。</u>

R：那在蒙古（国），除了学汉语的，学其他语言的，比如说俄语的多吗？

L6：很多，非常多。

R：是吗？

L6：<u>在蒙古（国），年轻的孩子都会说英语，英语都普遍流通</u>，俄语是四十岁、五十岁的人都普遍流通。<u>中学时候规定必须学英语。</u>

R：你以后会让你的孩子学汉语吗？

L1：我还不知道，但我希望他学英语吧。

R：越南中学小学都学英语是吧？

L1：是的，小学开始学英语。

R：那越南有高考吗？

L1：<u>有，有高考。</u>

R：<u>要考英语吗？</u>

L1：<u>要考。</u>

R：看来学英语还是很重要。

L1：嗯，<u>我觉得很重要，在我们国家，小学开始学英语。</u>

R：找工作对英语有什么要求吗？

L1：要求 B 级。

R：一共是分 ABC 级吗？

L1：是的。

R：A 是最好的吗？

L1：不是，C 是最好的。A 是初级。现在还有考 IELTS 和托业的。

R：你上学的时候学的是英文吧。

L3：<u>当时我们上中学（初中）的时候只有一门外语课就是英语，上了高中以后有法语。</u>一般是女生学校的话是法语，男生是德语，就这样。

……

R：所以高考的时候是……

L3：当时我上的时候没有，现在是有汉语。

R：所以现在高考考外语的话就不一定是考英语，也可以考汉语是吧？

L3：<u>英语是必须的。</u>

R：那些学了法语和德语的学生呢？

L3：那个是选修（二外）。

值得注意的是，申请中国政府奖学金的条件中没有对汉语水平提出硬性要求，而英语达到一定水平、具备在海外生活和交流的能力则是基本条件。很多奖学金生虽然毫无汉语学习经历，但是英语水平都达到了初级以上。这在客观上也造成了他们只能依靠英—汉词典产品的情况。

R：所以在申请政府奖学金的时候没有……没有什么明确的要求，比如说中文必须达到一定水平什么的。

L7：没有。所以说这就是很大的问题。

R：什么要求都没有吗？

L7：有要求，有要求，比如说你要写一个自己的这个计划书，还有一个什么……

R：是用蒙语写吗？

L7：<u>英文或者是汉语，两个都可以，还有 HSK 的话就HSK，没有的话就不用交了，其他的资料就是都很普通。</u>

R：你是政府奖学金来的吗？还是孔院奖学金？

L11：政府奖学金，CSC 的。

R：啊，是这样。所以你来（中国）前都没有学过（汉语）是吗？

L11：我是这样。

R：那你申请过来读硕士的时候有什么要求啊？

L11：呃，用本科的那个成绩，学习成绩。

R：像你们申请政府奖学金都只要求 HSK 五级嘛，而且是来了以后才考。

L11：其实不需要先有 HSK 证书，我们来的时候都没有。

R：所以政府奖学金比较容易申请是吗？

L11：是最好的一个项目了，因为那个孔子（学院）奖学金他们必须先有 HSK 五级或者六级。我们来了先学一年汉语，然后再考。

概括起来，主要可以从词典产品功能的客观便利性和学习者有能力使用的主观便利性——"查询方式的可操作性"和"用户的使用能力"——两个维度来理解词典产品"便利性"的概念。据此，我们建立了三条等距的水平坐标轴，分别将词典的不同介质和不同类型根据"查询操作的难度"和"理解内容的难度"从低到高依次在坐标轴上标出，在不同介质和类型之间进行连线，就出现了学习者最常用的五种词典产品①，五条线段与中间坐标轴相交，五个交点的次序即五类词典产品"使用方便的程度"。如图 18 所示，使用最方便的是学习者的母语—汉语双语网络词典/APP，其次为英—汉双语网络词典/APP、汉语单语网络词典/APP、母语—汉语双语纸质词典、英—汉双语词典，最不方便的

---

① 除了部分参与问卷调查的日本学习者表示最常用的词典类型为电子词典（如卡西欧电子词典、文曲星等产品）以外，来自其他国家和地区的学习者几乎没有人目前还在使用电子词典，在接受访谈的汉语学习者中也没有人正在使用电子词典，因此这里没有把电子词典列为学习者常用的词典产品。

是汉语单语纸质词典。

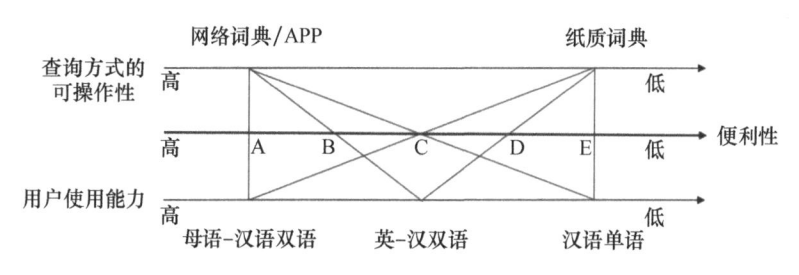

图 18　词典产品使用的方便程度

4.3　词典产品的可得性

量化数据和质性材料都显示：母语为德语、韩语、越南语、缅甸语、蒙古语、哈萨克语、普什图语、波兰语、俄语和波斯语的非英语母语者也常常使用英—汉双语词典 APP。其中不少学习者表示他们使用英—汉词典产品的频率甚至高于其母语—汉语双语词典，似乎与便利性原则有所冲突。这就引出了词典作为一种资源和工具的"可得性"（availability）概念。

汉语学习者在选购词典时能够"择优"的基础是市场上有符合他们选购要求的词典产品，如果市场上没有理想的产品，或者他们缺乏信息来源，无法获知市场情况，又或者受到地域、经济等条件的限制，他们不能自由获取和使用理想的词典产品，那么他们只能将就使用能够获取的词典产品。

4.3.1　词典市场的情况——有没有可以使用的产品

一些语种还没有影响力较大的双语词典（如汉语—普什图语），在这种情况下，学习者不得不使用英—汉词典；一些语种虽然有双语词典（如汉语—波斯语/蒙古语），但是只有纸质版，查询效率较低，学习者在权衡之下也选用了英—汉词典 APP，即牺牲一定的"内容理解的便利性"以获得更高的"查询操作便利性";还有一些语种虽然有双语词典 APP（如汉语—波兰语/缅甸语/越南语），但远不如英—汉词典 APP 成熟，因此学习者也倾向于选用英—汉词典产品。

R：你现在有没有用什么词典的 APP？

L8：有有有。有一个 Pleco。

R：但那个是英文的。

L8：对，<u>英文的。因为缅甸语，中—缅的没有……有是有，但是我觉得那个不太全，所以我只用这个</u>。

R：所以你都不查词典？

L7：词典，其实你知道才能查，不知道的根本就查不了。

R：可以查蒙—汉的（词典）或者英—汉的呀。

L7：<u>蒙—汉的（词典）没有那么高深的程度，因为汉语蒙语的这个过程也不是很长</u>。

R：所以字典本身不是很好吗？

L7：对。

R：有电子的吗？还是只有纸质的？

L7：纸的，电子的都有。

R：电子的都有了，还是没有人用吗？

L7：<u>也有吧，但还是比较普通。就是和纸质的内容差不多，只是变成电子版的。最多……最多就 5000 字吧，最多的就是 5000 字左右</u>。

R：5000，算字还是算词？

L7：5000 词，那也还是很少啊，学到这个程度了，需要的远远超过这个。

R：所以现在还没有网络词典是吗？

L4：在阿富汗，网络词典有，但是不是波斯语的，还是英语的比较多。波斯语也有，但是是纸版的，比较大。

R：所以你用这个词典是用中文查吗？

L6：用英文。这是一个英—汉词典。词性也是用不同颜色来标识的，你可以看有什么差别，怎么用这个词，怎么写笔顺，就是这样的。如果你查一个词的话，就会有很多例句。蒙古（国）学生也会用一个蒙古（国）的词典，也是一个软件，也就是说内容都是蒙语的，但是没有例句，一般释义也很简单，也有词性，但是Train Chinese和Pleco就会提供很多例句。看，怎么用在否定句里，怎么用在肯定句里，还有一些常用表达、短语，这都是我们可以用的，在日常对话中会用到的。

R：那有没有专门的波兰语—汉语词典或者APP呢？

L15：我听说有一个。

R：但是你没有用？

L15：没有，没有。

R：为什么呢？是因为你的英语比较好吗？

L15：对，我觉得这是一个原因，还有一个原因是我不相信那个词典的质量。

L15：（上网找到了那个汉语—波兰语词典APP）有意思，我从来没用过，之前听说过他们正在弄，我以为还没有弄出来呢。（一边看一边说）所以这里面有翻译，有拼音，有带翻译的例句，有繁体字和简体字，还有一点语法的内容，看起来不错。我以为他们一直在弄，还没弄好呢。因为我们有一个波兰人的微信群，所以我知道有这么一回事，但是我从来没想过要用。

英—汉词典的产品不仅在数量上有压倒性的优势，而且在内容和功能上也要比其他语种的词典产品更加丰富,因此不同母语背景的汉语学习者都更倾向于选择英—汉词典 APP。这样一来,英—汉双语词典产品的用户大幅增加,又反过来促进了产品的开发和质量的进一步提升,而小语种词典则越来越无人问津,质量也难以得到较大提高,加剧了词典资源的不平衡。可以说,这是词典产品市场的马太效应,是一个需要词典编纂者和产品研发者重点关注的问题。

4.3.2 潜在用户了解词典产品的途径——知不知道可以使用的产品

可得性的概念还包括汉语学习者获取词典产品相关信息的途径是否畅通这一重要因素。一般来说,潜在用户一般可以通过教师推荐、家人朋友推荐、媒体广告了解词典产品,也可以在图书馆、网络书店或实体书店查找和购买纸质词典。但是问卷调查结果显示:无论在什么语言环境中,也无论汉语教师是不是汉语母语者,教师都不是学习者获取词典信息(尤其是非纸质词典)的主要途径;此外,中国大陆出版的纸质词典在海外网络书店和实体书店也鲜有销售;因此,在非目的语环境中一起学习汉语的同学或者朋友和在目的语环境中的留学生交际圈是学习者获取词典信息最重要的途径。

R:你在学汉语的时候,有没有老师教你怎么查汉语词典?

L9:汉语老师没有教用词典,因为我们有汉语教材,每一课后面都有生词表,所以不需要词典。但是当我做作业的时候,我会用一些生词,这时候需要查词典。

R:那你是怎么知道 Pleco 这个词典 APP 的?

L9:<u>我才来中国的时候有一个室友,是他告诉我的。他是一个大二的学生,是学农业的,也是巴基斯坦人。</u>因为我跟他说"书上有的内容我看不懂,你一定要帮帮我",所以他说"你一定要用这个词典,这个词典很好"。

R:你还用过什么别的词典?

L9：我没有用过别的，但是我有一个朋友刚来中国，他用一个别的词典，他昨晚来找我，说他不明白量词，他不知道怎么用，怎么选择正确的量词，所以我就用 Pleco 告诉他什么是量词，应该用什么量词。

R：他明白了吗？

L9：是的，他明白了。他现在也用这个词典。

R：所以你只看俄语的部分是吗？

L12：对，还有很多，还有英语的，看翻译的话，我就看一下大概的，比如说跟经济有关的，我就找一下经济的。你看"与……对抗"很多很多（搭配），也可以找别的例子。这个词典非常非常非常丰富。特别好。

R：所以你有推荐给别人用吗？

L12：很多，俄罗斯人、乌克兰人都用，所有人都用这个，这是最最好的。

来到中国的汉语学习者母语背景不同，汉语水平有限，初来乍到的前几个月，除了与来自同一国家的学习者可以用母语交流以外，与中国人及其他留学生的日常交际都需要借助英语，由此形成了一个主要依靠英语交流的留学生社交圈。使用英语是辅助目的语水平有限的学习者进行必要沟通、在目的语环境中正常社交，此外，还是学习者融入目的语社会的一个重要手段。不同母语背景的学习者主要使用英语沟通和交流，也是学习者有更多机会获取英汉词典产品信息的重要原因之一，比如来自波兰的学习者 L15，来华后最先了解到的就是英—汉词典产品。

R：那你是怎么知道 Pleco 的呢？

L15：Well，我刚来的时候，看大家都在用。

R：所以是从朋友、同伴那里知道的，不是老师推荐的？

> L15：老师没推荐，我看朋友们都在用，特别方便。就是为了用这个 APP 我才买了智能手机。

除了经朋友推荐使用了 Pleco 的学习者之外，也有一些学习者通过网络搜索引擎和应用商店（APP Store）获得了相关产品和信息。对于这些学习者来说，词典产品在网络的曝光率和在应用市场的评分就成为了重要的参考依据。以 Pleco 为例，它在 Facebook 和 Twitter 等主流网络社交平台都设有公共主页，在一些网络社区也有不少文章专门推介或谈及这款 APP，使得活跃于网络汉语学习者有更多机会获取产品相关信息（见图 19）。

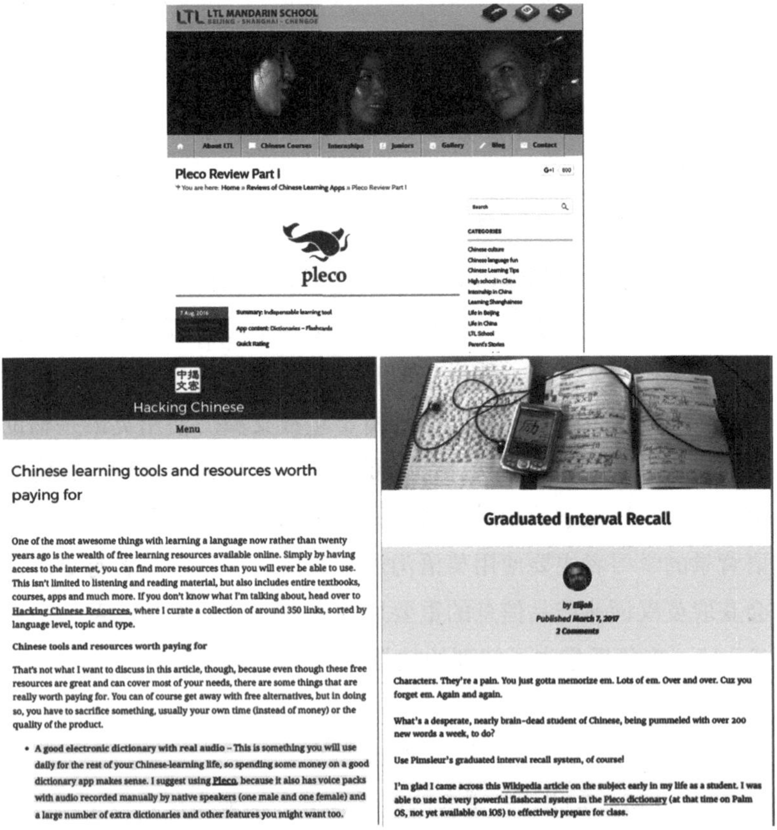

图 19　多家网站对 Pleco 进行了推介

Pleco 在安卓和苹果两大系统的应用市场的词典类 APP 中的下载量和用户评分均位于前列（He & Yang，2016）。由于从众心理的作用，很多学习者抱着试一试的态度也都下载了这款 APP。而中国国内出版的专门面向汉语学习者的外向型学习词典虽然品种繁多，却在线上线下少有宣传，影响力不足，用户数量有限，在用户群体中很难形成口碑效应，市场份额受到其他网络词典和手机词典 APP 的严重挤压。

4.3.3 用户获取词典的条件——能不能获取可以使用的产品

除了语言水平，学习者选择词典产品也受到很多客观条件的制约。例如，因为中国的网络限制或版权限制，有的学习者不得不停用来华之前习惯使用的网络词典，转而寻找新的词典产品；又比如，一款主流英—汉词典 APP 有很多付费功能，但是不支持中国银行卡支付，也有很多学习者认为付费功能价格超出了自己可以接受的范围，而使用功能有限的免费版本。可见学习者获取词典产品也受到经济、政治和社会等条件的制约。

L3：还有一个是手机里面的（APP）可是我现在不能用。

R：是不是只能在韩国用。

L3：是的，所以我下载 APP 的话只能用百度。

L1：当然是有越南语的比较好用。双语的就可以看越南语，比较方便。

R：现在有 APP、网络词典什么的，你还是主要用纸质词典吗？

L1：没有，主要用手机的那些软件查词典，但是在中国（因为不能上国际网）不能用。

R：哪几个不能用？

L1：都不能用啊。都是汉—越词典、汉字词典，都是在越南安卓（Android）的应用市场下载的，在中国不能下载。还有一个我之前用的叫 blue-dic 在中国也不能用。

L1：我们也可以用那个 Pleco，大部分是英文，但是我们看英文可以明白大概意思，反正不要钱。

R：你觉得收不收费是不是一个很大的影响因素？

L1：是啊，当然。首先大家会想找个不用花钱的，好用的。

L15：我主要用 Pleco，当然有很多评论。我之前有一个付费功能 OCR，但是不知道为什么后来这个功能不能用了。

R：还会发生这样的问题吗？

L15：是的，因为我觉得很有用，所以我就打算再付钱购买这个功能。我存了 200 块钱到我账户里，但是在填写个人信息的时候，因为我的证件信息不是身份证，所以我用不了这个钱。

R：真的吗？但你可以直接充值到 PayPal 什么的，直接到美国，这样就可以不用经过中国的各种手续吧。

L15：不行，因为我的手机号是中国号，所以必须要通过中国的 APP Store 来购买应用。

L10：我刚刚买了一本书，回来一看是繁体的，1954 年出版的。怎么看呢？哈哈哈哈，查字典也没办法查。

R：有一个词典叫"汉典"，也是一个 APP，是可以查繁体的。而且现在有一些很先进的，比如说你用的那个 Pleco，你不用输入，只要拍照，就可以查。

L10：我知道，但是那个要付钱，我觉得太贵了所以没有买。

词典产品的可得性是制约汉语学习者词典使用的关键因

素——如果没有适合学习者的产品,或者虽然有适合学习者的产品,学习者却没有获知的途径,又或者受到客观条件的限制,学习者无法获取产品,那么词典信息的质量优劣、词典产品使用的便利与否对于学习者来说都没有意义。因此,在努力提高汉语词典质量的同时,也应该着力于让更多汉语词典产品成为学习者能够获取并且乐于使用的汉语学习工具。

4.4 汉语教师对学习者词典产品选择的影响

本研究所关注的学习者大多是在课堂环境中开始专门的汉语学习的,无论是不是在目的语环境中学习,汉语课堂都是他们接触汉语和了解中国社会文化的重要途径。而在课堂环境中,最为活跃和多变的一个因素即汉语教师——教师的语言水平、文化背景、教学理念直接影响着教学活动的开展和效果。在不同国家和地区的课堂文化中,教师和学生之间都存在着一定的权势关系,因此,教师对目的语的态度和词典观念比普通人的态度和观念更有影响力。

我们在对汉语学习者访谈材料进行初步编码之后,利用 Nvivo 分析软件对各研究主题下的相关材料进行了词频统计,生成了"词语云"(如图 20 所示)。结果显示,汉语教师在学习者了解和选购词典产品的过程中扮演着重要的角色。在所有"词语云"图中,一个词与居于中心位置的关键词关系越密切、出现的频率越高,那么它所占据的面积就越大,位置也越靠近中心。在图 20 中,关键词"老师"处在最靠近中心的内层,字号也较周围其他关键词更大,属于和"词典"直接相关的一级概念,可见汉语教师对于学习者的词典选购和使用有重要的影响。

图 20　以"词典"为中心生成的词语云

为此，我们设计了"汉语学习词典使用情况调查"（教师版）对现任的汉语教师及曾经有过汉语教学经验的汉语教师志愿者（共计 174 人）进行了调查。所有调查对象均为汉语母语者，其中 44.25% 为在国内外各级各类学校任职的汉语教师，其余 55.75% 受访者曾经有过汉语教学经验，执教年限从一年以下至十年以上不等，教学对象以成年人为主。调查结果反映了他们对于汉语学习词典的了解程度及学习者使用汉语学习词典的态度。在之后结合访谈材料对教师影响的进一步分析中，本土教师作为一类特殊的汉语学习者引起了我们的关注，于是我们又进行了新一轮的理论抽样，对目前在中国深造的本土汉语教师做了访谈。结果显示：汉语母语者教师和本土教师在对词典产品的态度和引导学习者选购词典的情况两个方面存在一定差异。

4.4.1　汉语教师了解和推荐词典产品的情况

对量化数据和质性材料的分析结果显示：汉语教师在给予学习者词典选购的意见方面并没有起到有力的引导作用——在问卷调查中，只有不到半数的汉语教师表示曾经向学习者推荐过词典产品（见图21）。

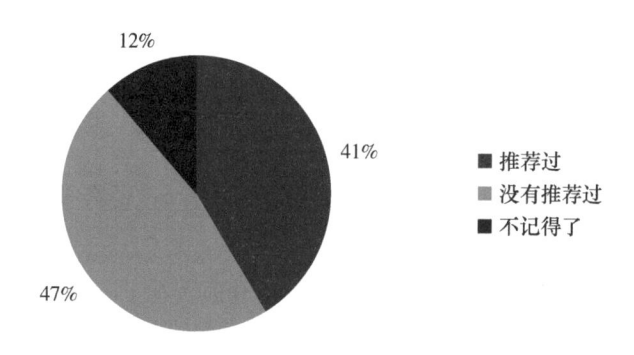

图21　汉语教师推荐词典产品的情况

R：老师和同伴的意见对你来说重要吗？

L4：老师没有推荐，虽然他们的意见很宝贵。同学的意见也很宝贵，我用的词典都是同学推荐的。

R：那你们老师有没有推荐你们用什么词典呢？

L5：词典的话，就说查词典。

R：就说查词典？

L5：没有说查什么词典。

R：学汉语的时候老师有没有推荐你们用词典啊？

L11：他问："你们有什么词典啊？"

R：然后呢？

L11：然后给他看看，他说行行行。

R：你的汉语老师是中国人吗？

L16：我的汉语老师是中国人。

R：你的老师要求或者推荐过你使用词典吗？

L16：我的老师们没要求或者推荐过我使用词典。

R：那老师有没有推荐呢？

L17：没有，我觉得。

R：在中国学习的时候呢？

L17：也没有。因为都用手机查。

R：那手机的那个你是怎么知道的呢？

L17：是一个同学跟我说的，有 Pleco，还有 BKLS。

  之所以出现这样的情况，很大一部分原因在于汉语教师对不同类型的词典产品缺乏深入的了解。参与问卷调查的汉语教师对个人了解词典产品的程度进行了自评，平均分仅为 6.39 分（满分为 10 分）。接近 30% 的汉语教师表示非常希望了解词典产品，这也从侧面反映了汉语教师对词典产品的了解普遍不深的情况（见图 22）。图 23 的调查结果表明：大部分汉语教师了解最多的还是纸质词典，其中专家教师（教学经验在五年至十年和十年以上的现任教师）对纸质词典的了解程度要远远超过其他介质的词典产品。

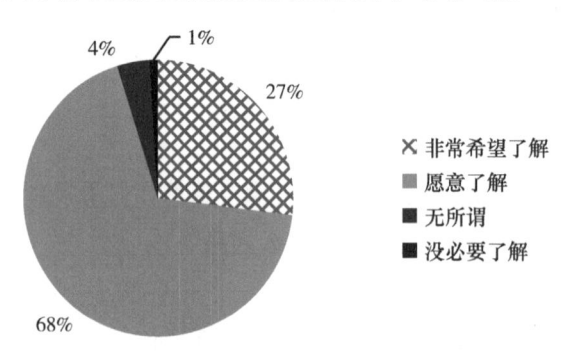

图 22　汉语教师希望了解词典产品的意愿

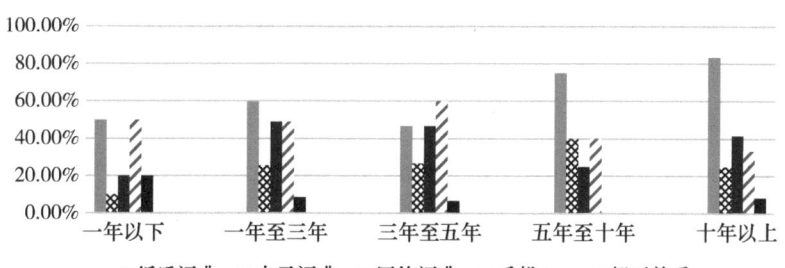

图 23　汉语教师的教学经验与其了解词典的情况

在245位受访者中，119位（48.6%）学习者表示曾经使用过一本或多本纸质词典，有46人使用过《现代汉语词典》，占使用纸质词典人数的38.7%（占调查总人数的18.8%），有36人使用过《新华字典》，占使用纸质词典人数的30.3%（占调查总人数的14.7%），紧随其后的是《新华汉语词典》（10.9%）和《现代汉语八百词》（9.2%），选择"其他"的学习者使用的主要是外国出版的双语词典（具体情况见图24）。这反映出外向型汉语学习词典的概念不为汉语教师和广大学习者所熟知，纸质汉语学习词典产品也并没有得到广泛认可的现状。

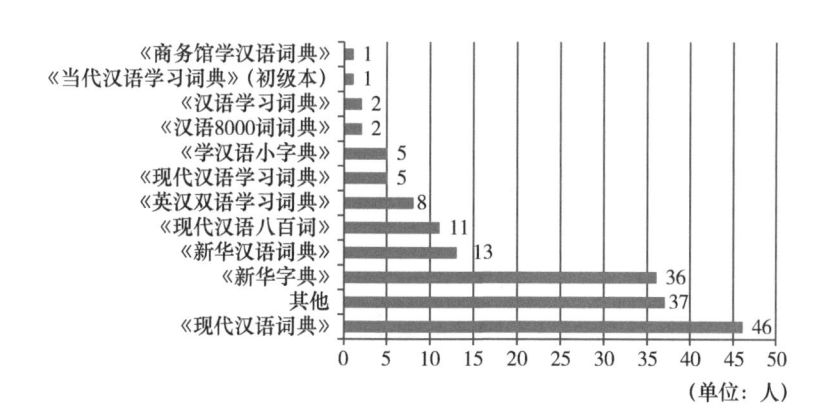

图 24　学习者使用的纸质词典

大多数拥有纸质汉语词典的学习者都表示他们所使用的汉语词典是在汉语母语者教师的推荐下购买的，可见汉语教师普遍缺乏词典类型学和词典使用方面的基本知识——首先，《现代汉语词典》和《新华字典》是主要面向汉语母语者的语文辞书，其主要功能是提供目标词的意义，而汉语学习者更需要的是含有具体用法和搭配信息，并且严格控制释义元语言难度的外向型学习词典。成功使用《现代汉语词典》和《新华字典》要求学习者汉语达到很高的水平（或者至少达到中高级水平），如果推荐初中级汉语水平学习者使用，则往往达不到预期效果。其次，在没有专门针对初级汉语水平学习者的单语词典的情况下，双语词典是更好的选择，但是问卷数据没有显示有汉语母语者教师向学习者推荐了双语词典的情况，可见汉语母语者教师对双语词典产品也不甚了解。

R：你的汉语老师是汉语母语者吗？

L4：我们的老师都是汉语母语者。

R：你的老师要求或者推荐过你使用词典吗？

L4：<u>当时老师推荐过一两个词典，一个是有道词典，另一个是《新华字典》</u>。

R：老师推荐了什么词典？

L1：去广西的时候，我们有买一本红色的汉语词典，只有中文。

R：是什么词典？

L1：不记得名字了，红色的。

R：是大的还是小的？

L1：比较大的。

R：<u>是《现代汉语词典》吗？</u>

L1：<u>对对</u>。

第4章　影响学习者选用词典产品的因素

R：老师给你推荐的词典你觉得怎么样？有什么问题吗？
L1：没什么问题，觉得挺不错的。喔，<u>有一个问题，就是他们只是说这个词是动词、名词、形容词，但是没有具体的例子，怎么用的，怎么搭配。</u>

我们以教师的教学经验、专业背景、执教地区、学生层次等因素①为变量对汉语教师推荐词典产品的情况进行了分析，具体结果如下。

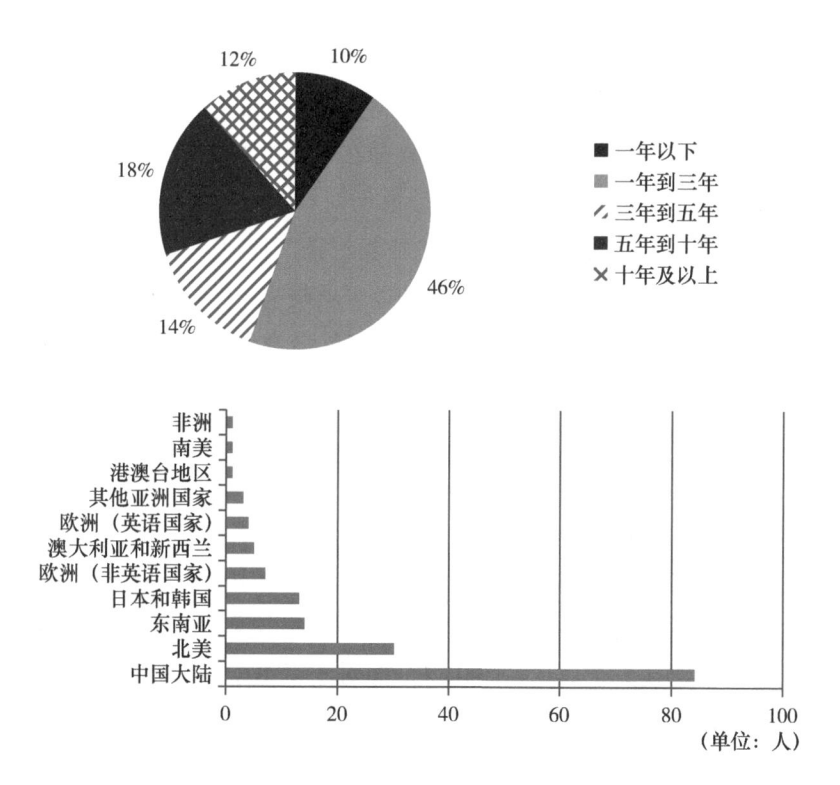

图25　参与问卷调查的汉语教师的教学经验与执教地区情况

---

① 参与问卷调查的汉语教师的教学经验和执教地区情况见图25。P指皮尔逊相关系数。

第一，现任汉语教师与相关专业的研究生准教师在整体上没有显著差异（P=0.0957>0.05），但是汉语教师的教学经验与他们推荐词典产品的情况之间可能存在着相关关系（P=0.0578），经验越丰富的教师越倾向于向学习者推荐汉语词典产品。

第二，在不同地区（中国大陆和海外）执教的汉语教师推荐词典的情况存在显著差异（P=0.0001<0.01），在国内执教的汉语教师在面对来自不同地区的学习者时推荐词典的情况也存在显著差异（P=0.0078<0.01），但是对于不同语言水平的学习者，教师的推荐情况并无显著差异（P=0.6090>0.05）。

第三，汉语教师的年龄与他们所熟悉的词典种类有关，越年轻的教师对网络词典/词典 APP 的熟悉程度越高。

第四，不同专业背景的汉语教师在对词典的评价上没有显著差异（P=0.2814>0.05），但是根据对词典产品了解程度的不同，汉语教师对词典的评分存在显著差异（P=0.0092<0.01），教师对词典产品越了解，对词典的评分就越高（P=0.402）。

He（2017）对比了汉语学习者和英语学习者词典使用的情况，结果显示：中国的英语学习者和各国汉语学习者在选购词典时都最看重语言教师的建议，但是高达 89% 的英语学习者在教师的建议下选购了英语学习词典，而汉语学习者在教师建议下选购学习词典的比例还不到 40%。图 26 为英语、汉语学习者认为在选购学习词典时他人建议的重要程度（满分 10 分，分值越高，受重视程度越高）。可见，对于英语学习者来说，英语教师建议的重要性明显高于其他人的建议；而对于汉语学习者来说，汉语教师建议并没有显示出压倒性的优势，汉语学习者对于其他来源的建议也很重视。

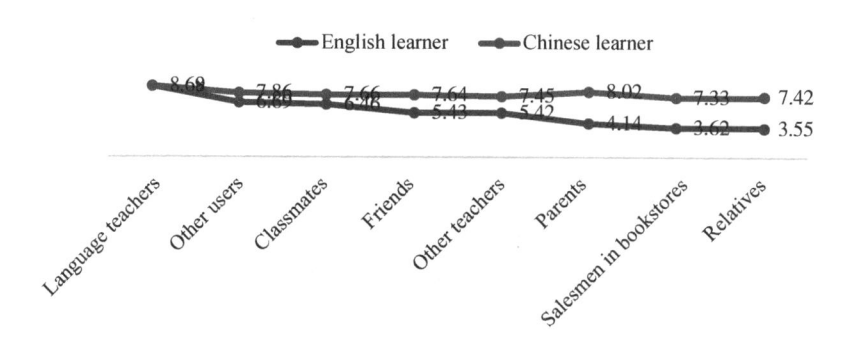

图 26　英语/汉语学习者的词典选购与他人的建议

4.4.2　本土汉语教师和母语者汉语教师对词典产品态度的差异

我们注意到中国的英语学习者大多没有在目的语环境中学习语言的经历，他们的英语老师大多为中国本土教师，即非英语母语者；而超过半数的汉语学习者（66%）表示他们在中国学习过汉语，绝大多数没有来华经历的学习者中也有相当比例（89%）表示他们的汉语老师为汉语母语者。这一显著差异引起了我们的注意，因此我们又特别对兼有汉语教师身份的汉语学习者（本土汉语教师）进行了访谈。

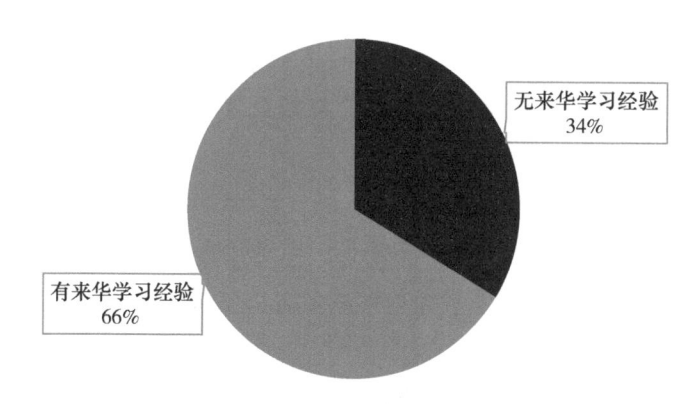

图 27　受访者有无来华学习经验

不知道 2%
没有 9%
有 89%

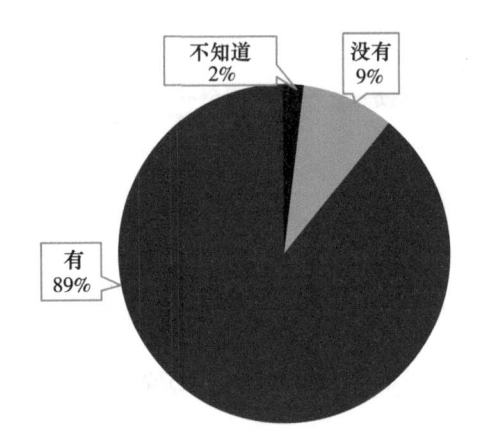

图 28　受访者的汉语老师中有无中国人

R：现在你当老师教汉字，有没有学生问你应该用什么词典或者字典？

L1：有啊，<u>也推荐他们用越汉和汉越词典。</u>

R：但你们学汉字学的是繁体字是吧？

L1：对。会用越南出版的古汉语词典，但是是一个中国人编的，越南人翻译的。

R：这么说你没有教育学或者第二语言教学方面的背景？

L4：对啊，<u>我们用自己的（学习）经验来教。</u>

R：你们最大的优势就是你们会波斯语，所以你们可以更好地交流。

L4：对对对。

R：有些（内容）可能比中国老师讲得好。

L4：<u>主要是刚开始的时候怎么去学习，这事我们就比较有经验。</u>

R：你的经验是什么？

L4：我们学习的时候什么都不知道，就不知道从哪儿开始，怎么去学习，到底中文是怎么样，因为是一个新的语言。而且中国老师来的时候，对他们来说简单，对我们来说这个很难，什么都不知道，这是一个很难的问题。所以我教的时候就要总结我自己学习的经验。

R：你有什么经验？

L4：最重要的是汉字，因为汉字大概总共有六万多个汉字，在中文里边，他们学会（汉语）要多少个，四年毕业就能够交流，所以给他们说，如果你们只是为了想交流而学习的话，那么3500汉字就够了，但是为了想达到这个研究生阶段，想继续学习的话，6000—7000你们就足够了，就像中国本科生一样，你们可以交流。然后把7000汉字分成三个阶段——初级、中级、高级，第一年就是让他们学2000汉字，而且一年有365天嘛，天天都算，假期不算，星期四和星期五不算，我们是星期四星期五休息，其他的都给他们五天，这么算，一天大概是8个汉字左右。

R：算字，不是词对吧。

L4：对，字。8个字，然后他们就要自己学拼音，还有它的搭配词、笔顺、笔画、量词，这样的话，一年内，他们学了超过2000个，所以一年的时候他们必须通过HSK4嘛。HSK4里面大概有1800汉字。

R：他们自己怎么学呢？

L4：查字典。

R：因为学汉字要知道搭配词啊什么的。

L4：而且反义词和同义词很重要，我就让他们用词典查。

R：那他们用什么词典查？

L4：用一个……反义词有一本词典，《现代反义词词典》好像是。

R：在越南上课是怎么上的？也是和中国一样，有听力、阅读什么的吗？

L10：<u>全部只有一门课吧，不分那么清楚，那么仔细。</u>

R：一个星期上几节课？

L10：一周一次，一次两节。

R：老师是中国人吗？

L10：<u>是越南老师。</u>

上述访谈内容显示：本土汉语教师对于词典产品的态度和推荐词典产品的情况与汉语母语者教师明显不同。首先，相对于汉语母语者教师，尤其是在目的语环境中执教的汉语母语者教师，本土教师更倾向于向学生推荐词典产品，特别是双语词典；其次，本土教师在教学中常常结合个人学习经验，对词典产品的推荐也大多基于自己的使用经验。这与两类教师的身份和他们所处的不同环境密切相关，以下进行具体分析。

4.4.2.1 本土汉语教师和母语者汉语教师在身份上的差异

首先，本土教师本身作为汉语学习者，相对于汉语母语者教师有更多的个体经验，对于学生汉语学习中的困难和需求有更多切身的体会，他们总结自己的学习经验，向学生提供帮助在很大程度上是一种共情的行为，因此向学习者推荐词典产品是一种自然、自发的行为；其次，本土教师与汉语母语者教师在汉语水平上存在差距，需要借助词典等其他参考资料的情况要比汉语母语者教师多得多，因此对词典的意义和价值有更深刻的体会。

受访的学习者在转述汉语母语者教师的词典推荐建议时，最多提及的关键词是"权威"，而本土教师的意见除了"权威、专业"之外，还往往包括"我用过，很好用"，可见两类汉语教师在推荐词典产品时的立场和角度有一定差别。受访本土汉语教师基于自己的经验都更倾向于推荐双语词典产品。

R：现在你当老师教汉字，有没有学生问你应该用什么词典或者字典？

　　L1：有啊，也推荐他们用越汉和汉越词典。会用越南出版的词典，但是是一个中国人编的，越南人翻译的。

　　R：在缅甸学汉语的时候，老师有没有让你们用字典啊，用词典啊？

　　L8：<u>用啊，用。</u>我们那个时候用，<u>大概学了三个月的时候就是可以开始，老师教我们怎么看词典啊什么的。</u>

　　R：是教你们用汉—缅（词典），缅—汉（词典），还是汉语（单语）词典？

　　L8：<u>汉—缅。先看汉—缅（词典），缅—汉（词典）一般不怎么看。我们就是看一个汉字，不懂的话就查。</u>

　　R：所以里面是一个字一个字的，还是词？

　　L8：词。

　　R：那个词典是缅甸出版的吗？

　　L8：好像是缅甸跟云南那边的一个什么出版社吧，好像是。

　　美国大学生的焦点小组在访谈中提到，他们的大学（美国一所一流大学、常青藤院校之一）更倾向于招聘第二语言学习者（尤其是从本校中文专业毕业的第二语言学习者，而不是来自中国的汉语母语者）担任中文教师。因为本土教师和学生有更多相同的学习经历，在思维方式上更为接近，在需要使用英语进行解释时，他们的语言水平也要比汉语母语者教师更高，能够更好地与学生进行有效沟通。

　　而汉语母语者教师作为母语者对汉语学习词典首先缺乏先天的需求，其次词典知识在专业学习过程中也并不受重视，在后天的信息获取上也明显不足，因此向学习者推荐词典产品的意识较本土教师更弱。

4.4.2.2 本土汉语教师和母语者汉语教师在执教环境上的差异

除了两类教师在身份上的差异，他们在执教环境上的不同也对他们推荐词典产品的情况有所影响。

首先，在非目的语环境中，学习者获得目的语输入的机会很有限，因此客观上词典作为一种学习资源就扮演了更为重要的角色；而在目的语环境中，除了词典产品，学习者可以获取帮助的其他工具或资源更多，因此词典的可替代性更强，推荐的必要性不大。

其次，汉语作为第二语言教学的课程设置在全球各个国家之间存在很大不同，中国大陆一般采取分技能设课的方法，不同课型安排不同教师授课；但是在海外很多国家和地区往往不具体分设各种课型，仅设一门综合课或在综合课的基础上辅以操练课，也就意味着只有一到两位教师负责授课。参与问卷调查的汉语母语者教师大部分执教于中国大陆地区的高校，长期在海外（欧美一些英语国家除外）执教的汉语母语者教师所占的比例相对较低。

不难想见，在这两种不同的课程设置下，教师个人在授课内容和指导学习者的责任方面存在巨大差异：在国内，多种课型并轨进行，学习者同时可以接触多位汉语教师，课上课下还有很多同伴和汉语母语者，因此教师的工作和责任在很大程度上得到了分担；但是在海外，没有语言环境，汉语学习者同伴不多，接触其他汉语母语者的机会也很有限，这就意味着学习者向教师寻求建议的几率要高得多，因此本土教师容易感到更有压力和责任向学习者提供帮助。

4.4.2.3 学习者对本土汉语教师和母语者汉语教师态度上的差异

除了教师的主观态度存在差异之外，学习者对两类教师的态度也有一些不同。在目的语环境中的汉语母语者教师和在海外流动性较大的志愿者/公派教师与汉语学习者接触的机会有限，加上语言水平的限制，汉语学习者与教师较少有机会进行深入交流。上文已经谈及，本土教师相对而言与学习者的接触机会较多，而且师生可以使用母语进行交谈，这是学习者更愿意与本土教师进行交流的一个重要原因，也使得非目的语环境中的师生关系可能要比目的语环境中的更为密切。

R：所以你们的专业有一点偏文学是吗？

L12：对，汉语言文学。<u>我们的老师，他之前在武汉上学，但不知道是研究生还是本科啊，他是男的，乌克兰人。他特别厉害，他对这个古代汉语非常厉害，他总是看书，我特别特别喜欢他。</u>

R：所以（日语）老师教的方法不太好。

L3：对对对对。当时同时学了汉语。选修课。<u>之所以我学了汉语，学到这个程度，就是因为这位老师给我教得比较好。</u>

R：老师是韩国人还是中国人？

L3：韩国人。是在台湾学习的，然后好多人觉得他就是一个中国人。他的那些对汉语的了解，本身他研究的就是汉语嘛，说话呀什么的都非常好。

R：老师要求你们买词典吗？或者推荐你们用什么词典吗？

L3：对我来说，一开始建议买词典的人是我的师姐们。

R：大一的时候？

L3：不是，大二的时候买的。<u>师姐们让我买一些词典。老师推荐给我的是这一本。</u>

R：哪一本？

L3：进明出版社的《中韩词典》。

R：韩国出版的？

L3：韩国出版的。当时在市场上很难买到中国出版的。

R：是双语的吗？

L3：是，双语的。而且编这部词典的人就是最开始给我教汉语的那位老师，他也参加了编这部词典。我觉得这个词典特别好。

R：在缅甸教中文的老师是中国人吗？还是缅甸人？

L8：是中文系的吗？

R：是，你的老师。

L8：是缅甸人。是这样的以前那个我们缅甸现在只有两个外国语大学以前在那个仰光，曼德勒有一个，仰光是先开的，缅甸以前的首都。仰光那边的老师大多数都是华人，因为他们之前就是……从华人就是……开始招聘，我们这边曼德勒就是本地人，本地人比较多。

R：他们都是缅甸人吗？

L8：对对对，缅甸的本地人。

R：他们来中国学习过吗？

L8：有的是学过，有的没有学过。因为他们以前有一个外教，但是那个外教一般也是教三年级啊，四年级啊这样的，教高级的那种，因为不是高级的人，一年级二年级的也听不懂他的话啊。

R：在缅甸学汉语的时候，老师有没有让你们用字典啊，用词典啊？

L8：用啊，用。我们那个时候用，大概学了三个月的时候就是可以开始，老师教我们怎么看词典啊什么的。

R：你们老师挺专业的。

L8：对对对对对对。

R：你觉得你的老师对你学中文影响大吗？

第 4 章　影响学习者选用词典产品的因素

L8：就是那个我刚刚说的给买书的那个老师。因为那个老师是缅甸的华人，但是他家也不会说汉语，因为他也是后来，他本来是医科大学的，已经当医生了，当了医生好像五六年吧，然后他来上外国语大学的早上开的一个那种……怎么说？

R：社区课？

L8：那种班，对对。他跑过来当汉语老师，把那个医生的那个工作给辞了，然后他教得特别好，后来就结婚了。然后那个年代奖学金特别难申请，他就去了云南的昆明师范大学还是昆明大学，去了那边，<u>他的文章拿了全国什么奖，特别厉害。这样的老师，我特别喜欢他。</u>

学习者看重汉语母语者教师的意见很大程度上是出于对母语者语言水平和专业性的信赖，而较少有感情上的共鸣，因此一般以冷静而客观的态度对待老师的建议。在目的语环境中的学习有丰富的语言输入和学习资源，而在非目的语环境中的汉语教师就是学习者最重要的、有时甚至可能是唯一的获得语言输入和学习指导的来源，因此有很高的权威性。加上和学习者相似的语言学习经历，学习者更容易在感情上与本土教师产生联结，对老师的意见也格外重视。很多学习者都是在非目的语环境中开始汉语学习的，他们的启蒙老师大多是本土教师，这使得他们容易对本土教师产生特别的感情。

综合上述多个因素，汉语母语者教师和本土教师在对词典产品的态度上存在较大差异，这种差异导致了他们在向学习者推荐词典产品情况上的不同。从图 29 可以看出，本土教师相对于汉语母语者可以从更多层面对汉语学习者词典产品的选购造成影响。

由此，我们建立起本土汉语教师推荐词典产品的 PKCET 模型，具体指的是本土教师在汉语水平（Proficiency）、关于词典的专业知识（Knowledge）、与学习者感情上的联结与共鸣（Connec-

· 113 ·

```
■ 汉语母语者教师    ■ 本土教师

汉语水平                          3 ─── 5
关于词典的专业知识          2 / 2.5
使用词典的个体经验          1 ─── 5
汉语教学专业知识              4.5 / 4
与学习者感情上的联结与共鸣  1.5 ─── 5
```

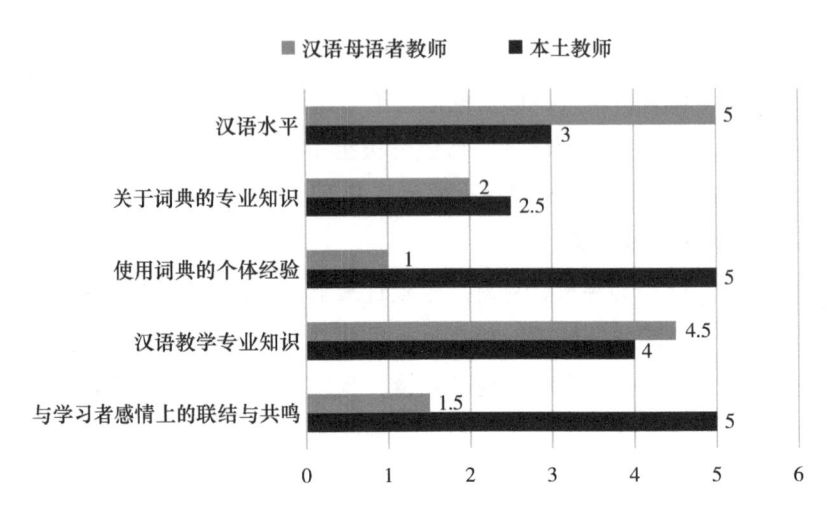

图29　汉语母语者教师与本土教师的对比

tion)、汉语教学专业知识（Teaching）和使用词典产品的个体经验（Experience）五个方面与汉语母语者教师存在不同，因此向学习者推荐词典产品的情况也存在差异。

4.5　本章小结

本章结合问卷调查和质性访谈对影响汉语学习者选用词典产品的内外部因素进行了讨论。词典产品与教材和其他教辅材料的相似之处在于它们提供和汉语学习相关的专业信息，是专门的学习工具；但是不同之处在于词典产品的使用具有更强的自主性和个体差异，可以与课堂教学密切相关，也可以游离于课堂教学之外。所以学习者在选用时往往需要考虑词典产品作为学习工具和一般商品的两种性质。

如图30所示：作为专业学习工具，首先孤立地看，词典产品所包含的内容需要达到专业标准；其次联系地看，词典产品必然与学习者发生互动，因此词典产品的内容和功能能否满足语言学习的需求尤为重要。值得注意的是，汉语教师作为教学活动的另一主体，在很大程度上影响着学习者对于词典产品态度和观念的形成，但汉语教师的态度又和他们的个人情况有很大关系。与此同时，作为一般产品，词典产品为学习者所知、所用必然需要一定的途径和条件，而在多种备选词典产品中，学习者最为关注的是产品使用的便利性。

根据词典产品的双重属性及其与学习者、与汉语教师之间的关系，我们建立了汉语学习者选用词典产品的模型（见图31）。词典本体（词典本身的质量）、词典作为学习工具的使用（便利性）、词典作为一般商品的获取（可得性）和汉语教师四个方面作为主要因素及其下位因素共同影响汉语学习者对词典产品的选用。

图30　词典的性质与影响选用决策的因素

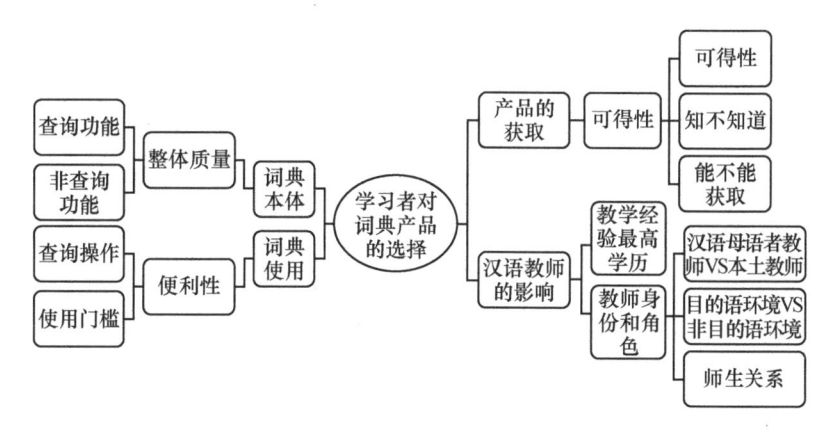

图31　汉语学习者选用词典的四因素模型

由此，我们提出学习者选择词典产品的"QFAR 原则"，即质量（Quality）、便利性（Facilitation）、可得性（Availability）和受汉语教师推荐程度（Recommendation）是汉语学习者考虑选用词典产品的四个主要因素。这四个因素相互制约和影响，共同决定汉语学习者的词典选用情况，体现了词典产品既是专业的语言学习工具又是一般商品的双重属性，即词典产品的双重属性论。

可得性是学习者选用词典产品的必要条件，有时候甚至是充要条件；而质量、便利性和受推荐程度都是充分条件。可得性作为必要条件，指的是词典产品选用必须以有可供使用的产品、有途径了解产品和具备获取产品的条件为基础。而质量、便利性和受推荐程度则决定了学习者在可以获取的词典产品中如何选择。在极端的情况下，可能没有完全适合学习者的词典产品，学习者也没有充足的词典产品信息，在能够获取的词典产品极其有限的情况下，可得性就成为了学习者选用词典产品的充要条件，也是唯一的条件，而质量、便利性和受推荐程度都是非必要非充分的无关因素。

我们还在受汉语教师推荐程度这一概念下建立了本土汉语教师推荐词典产品的 PKCET 模型。该模型是通过对比汉语母语者教师和本土教师在身份、执教环境和与学习者的关系三个方面的差异构建起来的，具体指的是本土教师在汉语水平（Proficiency）、关于词典的专业知识（Knowledge）、与学习者感情上的联结与共鸣（Connection）、汉语教学专业知识（Teaching）和使用词典产品的个体经验（Experience）五个方面与汉语母语者教师存在不同，因此向学习者推荐词典产品的情况也存在差异。

第 5 章

学习者使用汉语词典产品进行查询的过程和结果

词典具有多重功能,最基本的一项无疑是"反映语言事实"(章宜华、雍和明,2007:26)。不同的语言文字系统之间存在巨大差异,因此不同语种的词典也有所不同。上一章探讨了影响用户选择词典产品的因素,虽然对汉语词典产品的设计编纂、出版、销售和宣传方面的情况进行了具体讨论,但是 QFAR 原则在整体上也适用于其他语种的词典产品的选用。本章聚焦于学习者使用汉语词典查询时遇到的具有一定特殊性的问题,将对汉语词典产品的特点和使用过程进行更有针对性的讨论。

5.1 词典和语言文字系统

5.1.1 词典学研究的对象

汉语词典编纂历史悠久,从《尔雅》算起,已经有超过 2200 年的历史,而英语词典的编纂历史则要短得多,一般认为只有 1100 年左右的历史(参见章宜华、雍和明,2007:4—5)。但是当代词典学研究,尤其是外向型学习词典的研究基本上是在英语学习词典的框架下进行的,这就导致国际通用的一些基本概念、中国传统和当代辞书研究的概念之间存在一定交叉的情况。

以最基本的"词典"和"dictionary"为例——《牛津高阶英

汉双解词典》（第七版）中的"dictionary"一词共有三个义项：(1) a book that gives a list of words of a language in alphabetical order and explains what they mean, or gives a word for them in a foreign language. (2) a book that explains the words that are used in a particular subject. (3) a list of words in electronic form, for example stored in a computer's spellchecker. 《现代汉语词典》（第七版）对"词典"的释义为："收集词汇加以解释供人检查参考的工具书（现多指语词方面的）"①，而"辞典"则"多指专科、百科方面的"② 词典。此外，还有"字典"——"以字为单位，按一定次序排列，每个字注上读音、意义和用法的工具书"③。此外，还有统称字典、词典等工具书的"辞书"这一概念。

Dictionary 的第一个义项与"词典"基本对应，第二个义项与"辞典"的下位概念"专科词典"对应，第三个义项对应于我们讨论的非纸质词典，而英语中没有对应汉语"字典"和"辞书"概念词汇。据考证："辞典"一般认为是日语借用汉字对应英语单词 dictionary 的翻译，在清末民初传入中国，"字""词"和"辞"最初的分工不太明确。从《新著国语文法》（1924）开始，"字""词"有了分工，后者用于对应英语 word 所指的语言单位，也促使"词"和"辞"的表义区别明晰起来，但是无论是"字典""词典""辞典"还是"辞书"，与英语 dictionary 都不能完全对应，因此也没有完全对应 lexicographpy（the theory and practice of writing dictionaries）的汉语概念。自 1978 年《语言学动态》第六期发表《词典学论文文摘选译》之后，"词典学"开

---

① 中国社会科学院语言研究所词典编辑室编，2016，《现代汉语词典》（第七版），商务印书馆，第212页。
② 中国社会科学院语言研究所词典编辑室编，2016，《现代汉语词典》（第七版），商务印书馆，第213页。
③ 中国社会科学院语言研究所词典编辑室编，2016，《现代汉语词典》（第七版），商务印书馆，第1741页。

始广泛用作 lexicographpy 的汉译名，指"囊括一切字典、词典编纂实践与理论研究的学科"（章宜华、雍和明，2007：25）。可见汉语词典学研究不仅包括词典，也包括字典，和英语词典学的研究对象有所不同。

5.1.2　词典对语言文字系统特点的体现

词汇和语音、语法共同构成语言系统，而文字是用书写形式记录语言系统的视觉符号系统。虽然语言系统与文字系统是"完全不同的符号系统"（索绪尔，2009：29），但是"词典要描写的是音、形、义三位一体的语言文字系统"（章宜华、雍和明，2007：3）。用户与词典之间的交互主要通过文字符号系统和标音符号系统进行，如查询汉语字典、词典可以通过汉字或者汉语拼音进行检索，而标音符号系统是基于文字符号系统建立的，因此以下主要针对文字系统的特点进行具体讨论。

文字有两套系统："一是表意系统，每个词由一个独立的符号代表，而该符号与词本身的声音无关"；而"表音系统则努力去重现构成词的连续声音序列，以言语中不可再分的要素为基础"（索绪尔，2009：29）。世界上大多数文字都是表音文字，包括音位文字（如英语使用的拉丁字母、俄语使用的斯拉夫字母，阿拉伯语使用的阿拉伯字母）和音节文字（如日语使用的假名）；而现代汉字基本上是一种表意文字，其中，形声字既能表示语素义所属的类别，又能表示语素的声音，因此汉字还是一种"意音文字，从汉字符号记录语言的单位来看，现代汉语基本上是一种语素文字"（邵敬敏，2007：70—72）。语言和文字的特点及两个系统之间的关系在很大程度上决定了词典的形态，我们通过对比英语词典和汉语词典可以对此有更为直观的认识。

先看英语词典的情况：第一，"词"的地位。"词典学"译自英文 lexicography，该词由希腊语 lexiko（词）和 graphy（描写）复合而成，与 lexeme（词位/词素）、lexicon（词汇）和 lexicology

（词汇学）为同根词。词是英语中可以独立使用的最小的语言单位，在书写形式上也有明显的标识，可见英语词典的核心概念为"词汇"。第二，语音与文字的关系。英语使用的拉丁字母为表音文字，英语词汇的语音形式为形态信息提供了显性线索，反之，通过形态信息也比较容易获知读音，因此英语语文词典最重要的特点之一即词目词（headword）按字母顺序排列，一般只有一种检字法。第三，英语的词类和句法功能之间存在明确的对应关系，因此在现代英语语文词典和学习词典中，词性是词条的重要内容，也比较容易提供用法模式信息。

再看汉语词典的情况。第一，虽然词是汉语中能够独立使用的最小语言单位，但是在书写形式上缺乏显性的标识，在分词处理上存在一定困难，而汉字是更为自然的书写单位；除了儿化音以外，一般一个汉字代表一个音节；在很多情况下，一个语素也是一个音节。可见，音、形、义在汉字上能够比较整齐地对应起来，因此汉字在汉语学习中的占据着十分重要的地位；汉语词典虽然主要收录词汇，但是词目词首先通过字头组织起来，因此汉字在词典查询中也十分关键。第二，仅依靠汉字的读音往往难以获知字形，反之，通过字形也很难得知准确的读音，因此汉语字典、词典除了音序检字法，还有部首检字法、笔画检字法等多种特有的检索方式。第三，汉语语文词典一般不标注词性，也不提供模式化的用法信息，《现代汉语词典》直到第五版才开始标注词性，这与汉语的词类划分、汉语词类、句法成分之间的复杂对应关系都有一定关联。

学习者在使用汉语词典时需要充分认识到语言文字的特点，在查询过程中和参考查询结果时都特别注意，才能正确有效利用词典信息。

5.2 目标词的确定

无论使用什么介质的词典产品进行检索,学习者都必须要明确"查什么"。汉语学习者使用词典产品进行查询需要涉及两个层面的基本问题:一是字层面,二是词层面。

首先在字层面。汉字的字音、字形和字义之间存在错综复杂的关系,可能会给词典查询造成一定困难。

第一,字音和字形之间不是一一对应关系。一个汉字记录的语言单位基本上是一个音节,汉语的音节数量有限,但是汉字的数量则大得多,因此存在很多同音字;另外,据邵敬敏(2007:85)统计的数据,《汉字信息字典》所收录的7785个汉字中,有10%为多音字,如"尾"有两个读音,"参"有三个读音,"差"的读音则多达四个。所以一个读音可能对应多个字形,一个汉字也不止对应一个读音,这就需要汉语学习者在使用词典进行查询时注意区分同音字和同形字。

第二,不少汉字在笔画数上存在微小差异(如"鸟"和"鸟"、"卯"和"卯"),在个别笔形上存在差异(如"士"和"土"、"己"和"已"),或者在笔画组合上存在差异(如"几"和"九"、"矢"和"失"),在部件上存在差异(如"喝"和"渴"、"耍"和"要"),因此汉语学习者在使用词典进行查询时还注意区分形近字。

第三,大部分汉语学习者在语音方面存在偏误,在区分声调、前后鼻音、舌尖前音、舌尖后音和舌面音上存在困难,因此还需要注意区分音近字。

其次,在词层面。其中包括分词(将连续的汉字序列切分为前后相续的词)和区别同形词(如"风化过程"的"风化"和"有伤风化"的"风化")、同素异序词(如"寻找"和"找寻"、"伤感"和"感伤"、"发挥"和"挥发")、异形等义词

（如"功夫"和"工夫"、"笔画"和"笔划"）和同音词（如"启示"和"启事"）等。汉语学习者在使用拼音进行检索时，尤其需要注意区分同音词。

确定目标词在解码任务和编码任务中的重点有所不同。在解码任务中，学习者需要识别语音形式或文字形式的输入，需要从连续的音节或字符中正确地提取出词，才能进行查询。在编码任务中，学习者则需要借助母语翻译、外语翻译或者同义词等策略，才能获得备选的汉语目标词。

5.2.1 解码任务

彭聃龄（1991：9）指出："对语言的感知包括语音知觉和字词识别两部分。语音知觉是指人们通过听觉器官接受言语的声音刺激，并在知觉系统中分析语音的各种特征，达到语音识别。字词识别是指人们通过视觉器官接受书面语言的刺激，并在知觉系统中分析字词的各种特征，达到对字词意义的把握。"

解码任务就包括上述两个部分，主要考察学习者的听力和阅读能力。在接收语音信息时，可以通过说话人的语速、语气、重音和停顿比较准确地提取目标词，但是需要注意区分同音和音近语素。我们在访谈过程中发现，当某个生词第一次出现，或者某个词反复出现时，一些学习者会针对该词中的某个或全部语素进行提问，比如访谈过程中常常提及"论文"一词，有学习者会问："'论'是哪个'论'？"或者"'文'是'文章'的'文'吗？"又如在对一组美国学习者进行访谈过程中，出现了很多英—汉语码混用的情况，当学习者得知他们所用英语词所对应的汉语词时，都会特别留意。

L18：就是我有那个 scholarship。
R：奖学金。
L18：什么"讲"？"讲话"的"讲"吗？

R：“奖励”的“奖”，reward 或者 prize。

L18：喔！我知道“奖金”！

R：是的，"奖学金"也是一种"奖金"，因为学生的成绩很好，所以给他/她奖金。

L18：不是成绩好的，是家里没有钱的那种 scholarship 呢？

R：那个叫"助学金"。

L18："帮助"的"助"吗？

R：是的。

L19："奖学金""助学金"，perfectly make sense！中文比英文更有道理。

R：哈哈哈，有的时候中文和英文不对应，这样解释可能结果更乱。

L18、L19、L22："乱"！

L22：是"乱糟糟"的"乱"吗？

R：是的，你们真默契！

L19：我们这个星期上课刚学了"乱糟糟"，哈哈哈哈。

L19、L22：还有"乱七八糟"！（两位学习者异口同声地说完，相视而笑，还非常兴奋地击掌庆祝。）

R：（开玩笑）You win!（你赢了！）

L22：（笑着说）Ten lose, one win.（输了十次，赢了一次。意为"总是输，好不容易赢了一次就会很开心"。）

L19：我们美国人就是那么乐观，啊哈哈哈。

L20、L21：什么"乐"？什么什么？

L19："乐观"，optimistic，就是 happy outlook。

L22：哈哈哈，happy 的角度？

R：哈哈哈哈，还有"悲观"。

L19：啊啊，对，还有"悲剧"，tragedy。

L18：Tragedy! 喔，我明白了，"悲剧""悲观"。

上述对话呈现了学习者区分同音语素（如区分"讲"和"奖"），理解语素义和整词意义之间关系（如分解和整合"乐观""悲观"）的过程。在处理文字信息时情况可能要复杂一些。Shen（2008）指出：在缺乏显性分词标识（如空格）的情况下，汉语学习者往往在确定词的时候有很大困难。非母语者对汉语句子、语篇的处理（processing）至少需要三个步骤：字识别（character recognition）、词确定（word decision）和词义通达（lexical access）。汉语学习者如果在阅读过程中需要查询，首先要提取目标词，但是词的确定必须以正确识别汉字为基础，以下分别对"字识别"和"词确定"两个环节进行讨论。

5.2.1.1 字识别

在阅读中碰到连续多个不认识的汉字时，词和语素对于学习者来说都是难以判断的概念，唯一能够确定的就是汉字。无论连续的字符串中包含的是多个单音节词、双音节词，还是多音节词，首先都要对汉字进行识别。

> L15：HSK其实也不太难，但是有一些问题：首先是我不太确定汉字，第二个问题是我不明白各种题型，不知道应该做什么，所以考试的时候我不明白，比如说（读复习材料）"第一部分，听力。选出正确回案"。

学习者L15混淆了"回答"和"答案"，把"答案"读成了"回案"，在第一步"字识别"的阶段就出现了问题，如果他检索"回案"，必然无法查询"答案"一词。类似的情况还有很多，比如把"并不"看成"开不"，"出差"看成"出着"，"追着"看成"管着"，"十几年"看成"十九年"，"看待"当作"着待"，甚至还有把"今"看成"令"，把"目"看成"自"的情况。如果学习者要查询"出差"，却以"出着"作为目标词进行检索，结果可想而知。可见，如果用户在"字

第 5 章　学习者使用汉语词典产品进行查询的过程和结果

识别"上出现问题，那么即使使用词典查询再多次，也都是无效的查询行为。

5.2.1.2　词确定

但学习者正确识别汉字之后，也还需要进一步确定词，以下内容是一位来自韩国的汉语学习者（ID：lily kim）在知乎上的回答，显示了她在词确定上的困难。

> 背汉字的压力非常大！背汉语生词比英语生词要下更多的苦功夫。因为要背的内容更多。要知道些汉字、要知道读音、要知道声调、要知道意思、要知道……。背一个一个汉字都要精心一点（背生词速度太慢了）。<u>而且当时呢，我看一句文章，里面找不出来有几个生词。比如："一直走到前边十字路口往右拐"。我分成（一直走/到/前边/十字/路/口/往/右拐）这样，不容易分清楚（这样的话，查词典时要浪费很多时间）</u>。这些现象现在还可以，可是在阅读中出现第一次看到的生词或者新闻类似的比较有难度的词汇也会造成这样的现象。

这位学习者把"十字路口"切分为"十字""路"和"口"三个词，也就意味着她在查询词典时会分别检索"十字""路"和"口"，不仅增加了查询操作的程序，而且将这三个词的意义进行简单地加和也不一定能够准确理解目标词的语义，降低了查询的效率。受访学习者 L15 也常常遇到类似的情况，如课文中有"不知其所以然"一句，但是在"所"字之后换行了，虽然他知道"所以"可能是一个词，但是"以"字后面又出现了一个"然"字，他就手足无措了。这时候要查询词典就面临着确定"不知所以然"是由哪几个词构成的问题。直觉告诉他"然"不太可能是一个单独的词，而"所"似乎又可以单独用，于是他就把"以然"当作一个词在 Pleco 中进行

· 125 ·

了查询，但是没有找到。这就是在"词确定"阶段出现问题的实例。

我们在 Pleco 中进行了检索，发现其中收录了"所以然"和"知其然，不知其所以然"两个词条。如果用户以"所以"为检索关键词，就能看见紧随其后的备选词条"所以然"，但是如果用户以"以然"为关键词进行搜索的话，则显示没有匹配的检索结果，连模糊搜索"所以"出现的相关词目词也不会出现（见图32）。虽然用户正确识别了单个汉字，但是无法正确分析和判断汉字间的组合关系使得目标词的确定出现了偏差，也会直接影响查询结果。

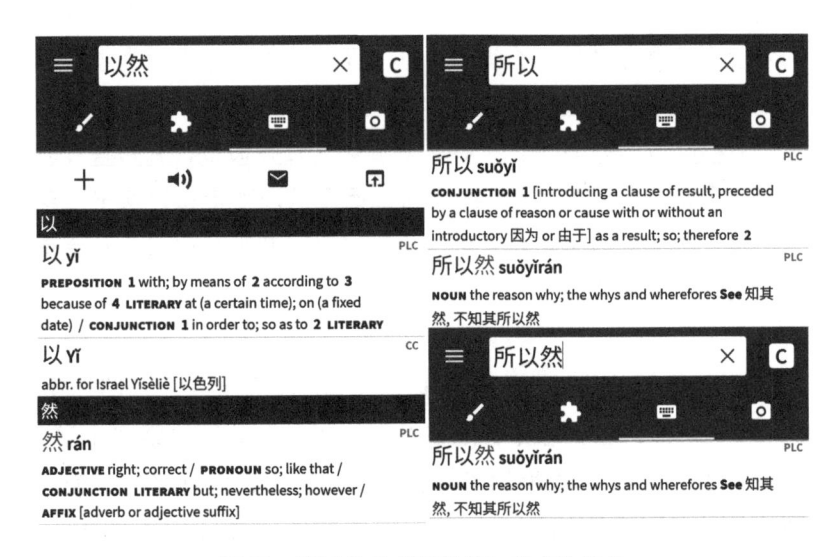

图32　学习者对"所以然"的查询操作

5.2.2　编码任务

在编码任务中，学习者需要先通过某种策略确定目标词，才能在词典中进行检索，最常见的策略就是翻译，包括母语翻译和第二语言翻译。徐子亮（1999）的调查结果显示：在听或读时，先翻译成母语再理解的学生占调查总数的 75%；在说或写时，先用母语构思再翻译成汉语的学习者比例更高，占调查总数的85%。这与问卷调查显示大多数学习者偏爱双语词典的结果相吻合。

越是初级学习者，越依赖母语，因为他们的第二语言系统尚未建立，而母语系统已经相当完善，依赖母语系统可以说是唯一的策略，也是一种本能。在第二语言系统还不足以支撑思维时，学习者先使用母语思维，再进行翻译是最基本的策略。但是随着第二语言水平的提高，学习者可以调遣的第二语言材料越来越丰富，学习者渐渐开始可以使用第二语言完成开放式的产出任务。一部分学习者经过不断努力最终可以达到直接使用第二语言思考的程度，但是第二语言系统发展的过程是缓慢且困难重重的，很多学习者还需要依赖（母语/外语）翻译。这既有可能是语言水平有限所致，也有可能是主观追求便利所致。

L19：如果用翻译的方法来写反而更难，因为用英语想的时候就会想得比较复杂，太复杂了都不会（不能）翻译成中文，但是用汉语想的话就很直接，虽然没有用英语想得那么有深度，但是比较容易写。

L18：但你写之前总要想写什么吧，那就是在用英语想啊！

L19：我是直接用中文想的。

L20：我还是翻译。有一部分可以自己写，大部分还是翻译。

R：翻译的时候就是查字典吗？

L20：对，但我也会尽量选我会的词来写。

L21：我是先用中文写，但是写完就觉得（用词）太简单，然后我就会看我的课本，翻学过的语法和词，看有没有什么用得上的，然后再加进去。

直接使用汉语进行思考的学习者（L19 和 L21）和采用翻译法的学习者（L18 和 L20）在编码时的策略有所不同：前者认为虽然使用有限的二语材料构思比较难，但是也正是因为二语材料非常有限而使得随后的写作被限定在一个很小的范围内，反而更具有可操作性；而后者使用母语构思，虽然在这一阶段比前者轻松，但是对母语进行翻译往往会超出学习者现有的第二语言水平，这使得写作阶段更具开放性，难度更大。

还有学习者选择了回避、替换等策略来应对编码任务中的词汇问题，如学习者 L5 在不会"卷"这个词的情况下，选择用"像什么动物"或者"像法国人"这样的超词汇的手段来迂回地达到表意效果。

> R：那你觉得什么最难？是不知道用什么语法呢？还是不知道用什么词呢？
>
> L5：不知道用什么词吧。不知道怎么写，应该怎么说。
>
> R：比如说让你写一个人，写一个朋友，所以你现在面临的问题是……
>
> L5：比如他的头发，卷卷的话，我不知道这个卷的词语。
>
> R：这时候你会去查字典吗，或者上网。
>
> L5：就换其他的方法来描述，比如说，她的头发像什么动物一样，或者像法国人一样（卷卷的）。

直接使用汉语思考和采取回避策略的学习者更有意识地控制了母语和第二语言在目的语学习过程中的参与度；而使用翻译策略的学习者则较少控制，或者将翻译作为一种积极策略大量使用。总体来说，后者使用双语词典进行查询的频率要明显高于前者。

5.3 信息的提取与整合

虽然新介质词典降低了检索门槛，提高了查询效率，但只是从技术层面帮助用户解决了定位词典中相关信息的问题，这还不是查询的最后一步，具体如何筛选提取和整合利用信息仍然需要依靠学习者自己完成，并且关乎整个查询行为的最终结果。在访谈中我们着重对学习者如何发挥主观能动性，调动各种可用资源，采取具体查询策略来提取和整合词典信息的情况进行了了解。

5.3.1 提取信息

使用纸质词典和非纸质词典的用户在输入检索词之后都需要进一步定位所需信息，包括从检索结果列表中选取目标词，从目标词条下选取适切的义项、用法信息和例句等。

使用字形进行检索的学习者需要对同形词进行区分，使用读音进行检索的学习者则需要对同音词进行区分。如下面学习者 L15 在查询"倒不是"中的"倒"时，在检索结果列表中错选了"摔倒"的"倒"，就是没有区分同形词的实例。

> L15："倒不是"，这个真的不会用。
> R：意思就是说"不是……"
> L15：不对，我查了这是 fall 的意思。
> R：什么是 fall 的意思？
> L15：这个"倒"啊。

使用母语或第二语言进行检索的学习者也需要从结果列表中选取汉语目标词。学习者 L15 还讲述了他在健身房把"胸肌"说成"乳房"的尴尬。从图 33 可见，如果学习者使用英文进行检索，通过第二个义项"milk"可以排除前两项结果，之后的第一个双音节词就是"乳房"，并且和"胸怀""哺乳"相比似乎也更符合语义，因此在即时的交谈中，学习者 L15 就做出了快速的选择，结果闹了大笑话（见图 33）。

图 33 学习者对 breast 的查询操作

一些学习者因为母语—汉语词典的质量不佳或资源可得性低而选择使用其他语言的词典产品，最常见的就是英—汉词典。学习者虽然没有直接借助母语，但其中也涉及翻译的过程——学习者必须先将母语翻译成英语，再翻译为汉语，至少需要经历英汉翻译的过程。如果学习者的英语水平有限，就可能直接影响汉语目标词的确定。

语言转换过程中的一个重要阶段是双语者从词库中提取词汇以满足当前任务的需要，这一阶段称为词汇通达（lexical access）。在不同类型的语言任务中，词汇通达所指的过程不同——语言产出任务中，词汇通达指的是说话人从哪种语言的词汇中提取哪些词汇才能满足表达的需要；而在语言理解任务中，词汇通达指的是双语者如何辨别和理解所看到的或听到的词汇（张清芳等，2003）。

词汇通达的概念涉及到学习者查询词典时所用源语言的问题——对倾向于采用翻译策略的学习者来说，双语词典更符合他们的需求，因为他们可以直接输入母语（或第二语言）进行检索；而较少使用翻译策略的学习者则会直接输入汉语目标词，或者通过检索已经掌握的词语的近义词或反义词以获取目标词。

R：那写作文的时候会查词典吗？

L1：会啊，用越—汉词典，但是这时候就不太准确。有时候没有我们要查的词，有时候不正确的词也有，我觉得很奇怪，如果用这个词，在汉语听起来很奇怪。

R：如果遇到多个汉语词在词典里和同一个越南语的词对应，你怎么选呢？

L1：就是按照自己的感觉。哈哈哈哈。

正如上面的访谈内容所显示的，准确找到目标词还不是查询的终点，用户必须在目标词条下查找更具体的、能满足当前语言任务需要的信息，学习者常常因为不能对大量信息进行有效筛选而查询失败。正如 Tono（1984）的研究结果所显示的：第二语言学习者在大多数情况下没有耐心浏览词条下的所有内容，一般会直接选用第一个义项。以下学习者 L15 查询的实例就属于这种情况。

R：什么是 one day 啊。

L15："一旦"，词典上这么说的。

R：你再查查词典看看。

L15：真的吗？

R：（读词典查询结果）in a single day, in a short time, once, when……

L15：你看第一个意思就是。

又如，课文中有"在这一背景下"一句，学习者试图通过查询词典了解"下"的语义，就必须在将近20个义项中进行选择，其中仅名词义项就有16个。可以想见学习者逐条浏览完所有义项的可能性很小，而这种盲目和急躁常常导致查询失败或者检索结果无效。

还有一些情况，词典并不直接显示目标词的词义，而是通过参见信息间接说明。参见信息可以有效节约印刷空间，提高编纂效率。虽然对于新介质词典来说，印刷空间已经不再是一个问题，但是建立参见系统依然是在词条之间构建相关关系，搭建语义网络的重要手段。学习者使用Pleco对"要不然"一词进行了检索，结果如图34所示。

图34 学习者对"要不然"的查询操作

词典（DICT）模块的第一项信息显示"要不然"是"要不"的变体，之后的释义和例句都来自于"要不"词条；但是词（WORD）模块显示"要不然"中包含的词为"不然"，虽然有英文释义，但仍然意味着学习者需要参考"要不"和"不然"的释义和例句间接获取目标词的意义和用法。

虽然说词典 APP 没有直接提供目标词的释义，但是通过超链接的功能，用户可以在不同词条的内容或参见信息之间进行快速跳转，相比之下，使用纸质汉语词典进行相同操作的难度则要大得多——不仅有词典介质的因素，也因为单语词典更容易出现循环释义的问题，在提供语义信息时显得比较迂回，不如双语词典直接。还是以"要不然"为例，在我们检索的多部词典中，几乎没有词典直接对"要不然"进行释义，都是先通过提供参见信息，再用同/近义词的方式显示语义（具体情况见表1）。

表1　　　　　　　纸质词典对"要不然"的释义

词典	参见信息和释义	参见信息网络
《现代汉语词典》（第七版）	【要不然】连 要不	要不然→要不→不然/否则→如果不是这样
	【要不】连 不然，否则	
	【不然】①形 不是这样②形 用在对话开头，表示否定对方的话③连 表示如果不是上文所说的情况，就发生或可能发生下文所说的情况	
	【否则】连 如果不是这样	
《现代汉语八百词》	要【要不然】（yao）见"不然"	要不然→不然→否则→如果不这样
	不然【要不然】基本上同连词"不然"，假设语气较重。"不"字轻读。多用于口语。	
	【不然】（连）如果不这样；否则。引进表示结果或结论的小句。"不然"后面可以带"的话"，加强假设语气。	

续表

词典	参见信息和释义	参见信息网络
《现代汉语八百词》	【否则】（连）如果不是这样。连接小句，用在后一小句的头上。	要不然→不然→否则→如果不这样
《商务馆学汉语词典》	【要不然】（连）意思和用法同"要不"。 【要不】（连）①要是不这样（那么就会出现下面的结果）②要是不那样（还可以有另一种选择）	要不然→要不→要是不这样

纸质词典通过提供参见信息和以词释词的方式在"要不然""要不""不然"和"否则"之间构建了一个语义网络——"要不然（六级）→要不（五级）→不然（五级）/否则（四级）→如果不是这样"的网络。需要注意的是，这四组词并不是完全的等义词，虽然在意义和用法上存在相似之处，但仍然需要帮助学习者辨析细微的差别。由上表可见，只有《现代汉语八百词》提到了"要不然"多用于口语的特点，其他大多数词典集中于解释意义，而对具体用法没有做详细说明，比如：表示条件和假设结果的前后两个分句的主语应该一致，后一分句的主语应该置于"要不然"之后；"要不然"所在的分句常常使用"（就）会"来表示假设结果。学习者查询词典时，仅通过释义和例句很难直接掌握这些用法信息。

以下为中介语语料库中的汉语学习者使用"要不然"的实例（见图35），可以看出学习者在使用"要不然"时不仅存在语体问题，表示假设结果的小句往往在语义和结构上有不当之处。这样的情况值得词典编者和教师注意——词义层面的说明不足以帮助学习者正确使用目标词，需要从句子，甚至篇章的层面提供更为立体而丰富的用法信息。

第 5 章　学习者使用汉语词典产品进行查询的过程和结果

70	全文	要是有人在我旁边吸烟我会很难过，常常会让他停止，要不然我就走了。
71	全文	如果人人都知道这个问题的话，就让抽烟者停止{CC禁止}抽烟，[BC。]要不然我恐怕这个问题不能[C]解决。
85	全文	第一[BQ、]那些挨饿的人们{CJX}要不然的话就会饿死[BQ，]但是吃那些"绿色食品"的人们是不是为了生存吃那些东西的[BQ。]所以我觉得{CC的}应当更注[B主]意的是人的生命而不是人的爱好或保健。
86	全文	哥哥要弟[B底]弟[B底]做某些事，要不然的话就打。

图 35　BCC 中介语语料库中的"要不然"用例

5.3.2　整合信息

无论是纸质词典，还是非纸质词典，只要还是"词典"，就决定了它们收录的对象主要是词汇（包括词和成语、俗语等熟语），如果需要使用词典处理一些大于词的语法单位就要求用户在查询过程中更积极地使用语言知识，对检索结果进行整合。

5.3.2.1　对多个词条内容的整合

最常见的是对同一部词典或者一个词典 APP 内的语义信息进行整合的情况。学习者 L15 向我们展示了他正在学习的课文，其中有一句"狗是人类的朋友，你们怎忍食而啖之"，他在词典 APP 中输入了"怎忍"。因为不是一个双音节词，所以词典分别列出了"怎"和"忍"的意义，学习者需要分别浏览"怎"和"忍"的查询结果，再进一步对语义信息进行整合（具体情况见图36）。

图 36　"怎忍"的检索结果

"怎"和"忍"的义项都不多,用户只需稍花时间基本都能理解意义,而且对词义的理解并不需要特定的专业知识,但是也有不少特殊词汇或专业词汇需要结合具体语境和相关知识背景才能准确理解,如学习者 L10 在访谈中提到的"读盘"的例子。

L10:比如有一些,我看报纸或者看他们聊天嘛,有一些词,我看不懂,比如说那个"侧漏"啊,或者那个"读盘"。这个词我完全不明白。

R:有上下文吗?是关于什么的?

L10:他们正在说那个关于钱的、银行的问题。

R:银行啊?

L10:可能是关于银行的业务吧。

R:有可能吧。

L10:我问了很多人了,都不知道。

R:你查一下词典。

L10:我查了。

R:没有吗?

L10:没有。

我们在多种词典产品中检索了"读盘"(结果见图 38),然而没有一部词典将其列为一个词条。根据百度搜索的结果(见图 37),"读盘"可能是指计算机用语"读取光盘(或其他存储工具)上的信息",也可能是经济专业用语"解读(股市)大盘"两种意思。无论具体所指是上述哪一种语义,"读盘"都是由两个单音节词紧缩而成的。Pleco 所收录的"盘"的四个名词义项与《现代汉语词典》(第七版)大致相同,只是在具体释义和例证上稍有出入,分别是①:(1)一种盥洗用具/washbasin,洗脸

---

① 数字表示义项序号,斜线"/"前为《现代汉语词典》(第七版)的释义,斜线"/"后为 Pleco 的英文释义和汉语例证举例。

盆；（2）盘子/plate，茶盘；（3）形状或功用像盘子的东西/face，脸盘；（4）指商品行情/market quotation，大盘。

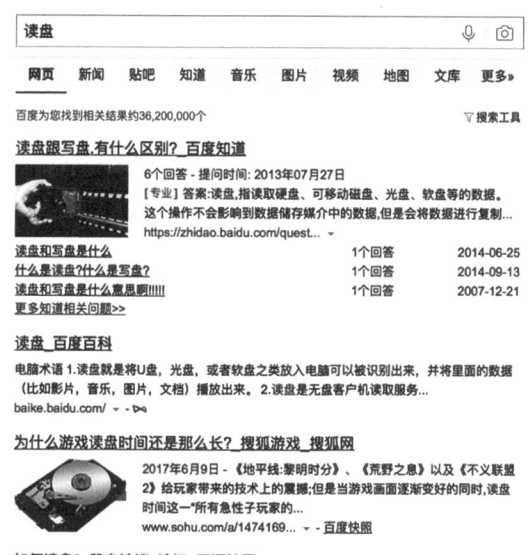

图37　百度搜索"读盘"的结果

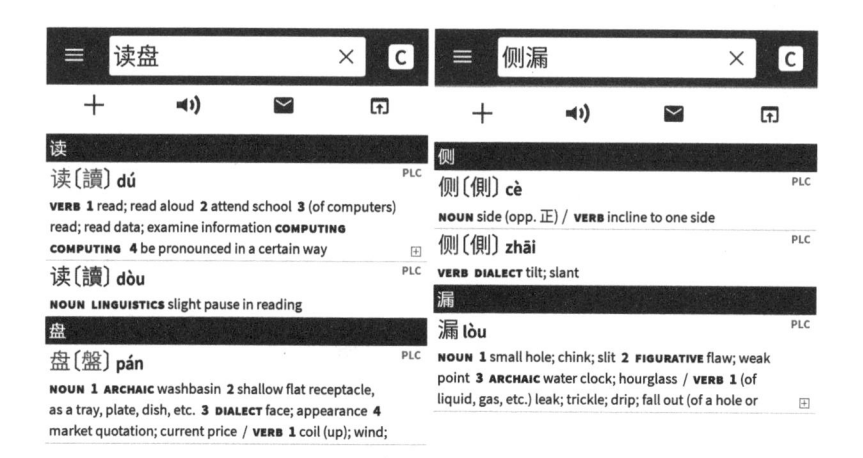

图38　在Pleco检索"读盘"和"侧漏"的结果

要联想到"盘"指的是"光盘"或者"大盘",学习者需要了解"盘"在语义上的引申路径,从"光盘""软盘""磁盘"和"开盘""收盘""盘面"等相关词汇中提取概念义。"光盘"在近十年的使用频率已经大幅下降,甚至不及千禧年前后高峰时期的五分之一(见图39),也就是说学习汉语时间较短的学习者可能根本不会学到这个词,在目的语环境中生活也不一定有机会用到这个词;而"大盘"一词的语义透明度较低,使用频率很低(见图40),且大多在金融经济等特定领域出现,不具备专业知识的学习者极有可能完全无法理解。可见在缺乏相关知识和语境的情况下,学习者在对语素义进行整合的过程中也很容易遇到困难。

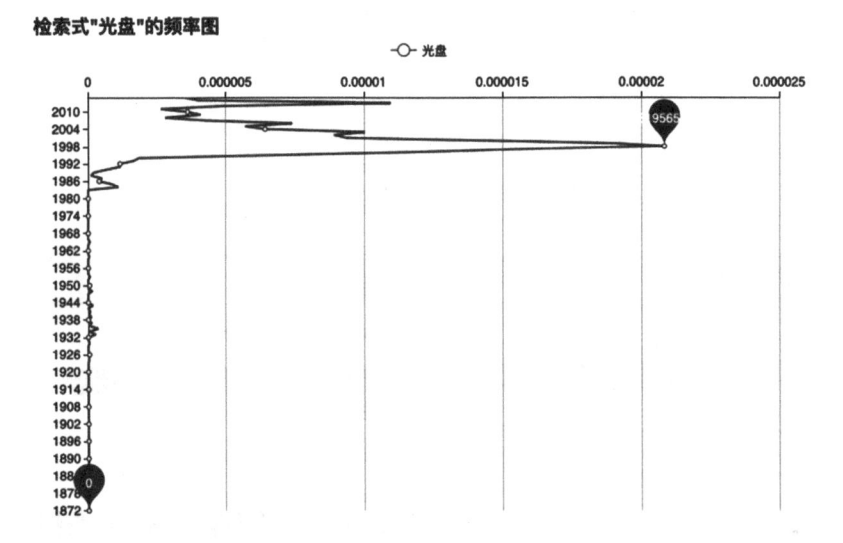

检索式"光盘"的频率图

图39 "光盘"的历时词频统计结果

在访谈过程中也有学习者列举了其他情况,比如说"说道"和"略通一二"(见图41)。学习者需要先在同形词"说道"(shuōdào/shuōdao)之间进行选择,再选取适切的义项,或者对多个语素的意义进行整合以获整词的意义。

检索式"大盘"的频率图

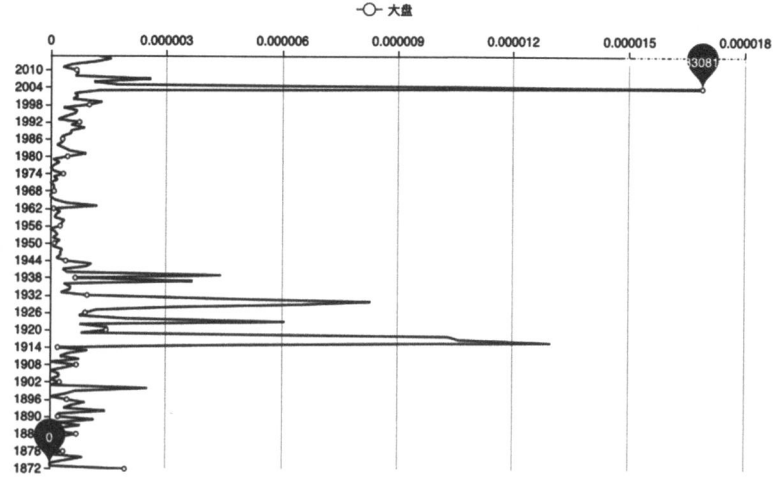

图 40　"大盘"的历时词频统计结果

图 41　"说道"和"略通一二"的查询结果

刘珣（2000：133—134）对汉语的"语构文化"做出了精辟的论述，他指出"汉语结构最大的特点是重意合而不重形式。不是用严格的形态变化来体现语法关系和语义信息，而是除了遵照一定的结构规则外，只要在上下文中语义搭配合乎事理，就可以在一起组成句子、语段。……汉语的意合性也必然带来语言结构的灵活性与简约性，在构词上体现为不是由词根附加词缀的派生方法，而是用非常灵活的词根复合方式。"

如果说汉语语素之间"灵活"的复合关系是建立在"合乎事理"的基础之上的，那么什么是"合乎事理"呢？不同语言的语义系统是不同民族特定的心理模式和思维方式的反映，因此对于汉语母语者来说容易把握的"事理"，对于汉语学习者来说却往往难以捉摸。尤其是在处理语义透明度较低的书面语词汇、成语或熟语时，各语素之间的语义关系常常没有显性标记，加上语义的省略、重复等现象往往让主要依靠逻辑推理对汉语进行分析的学习者不知所措。

受访学习者在查询"略通一二"时就遇到了问题，提出了自己的疑惑："既然'略'是'a little'，'一二'也是'a little'，为什么要用不同的词重复说两遍'a little'呢？"在母语者看来很简单的语义对于水平有限的汉语学习者来说却难以理解。在向学习者解释了语义之后，学习者又提出了新的问题："所以可以说'我略通一二西班牙语'对吗？"由于词典没有收录"略通一二"的词条，学习者即使成功理解了语义，也难以获知"对……略通一二"的常用搭配，以及"多在正式语体中表示谦虚"的语用信息。可见在此类情况下，词典信息很难满足学习者的需要。

5.3.2.2 对多种词典产品内容的整合

针对上面提到的种种问题，有的学习者会同时使用多种词典产品以获得更好的检索结果，比如说受访学习者 L18。这位学习者出生在韩国，上小学之前随父母迁至日本生活，小学毕业之后又和家人一同前往美国定居，上中学的时候还学习过西班牙语，所以她的韩语、日语和英语的水平都接近母语者水平，西班牙语也已经达到中级以上水平。但是因为长期生活在美国，在中等、高等教育阶段接受的都是英语教育，所以在进入大学开始学习汉语时，她把英语作为主要工具语言，使用英—汉词典产品。随着水平的不断提高，她发现作为母语的韩语比英语更利于她理解汉语的词义。

L18：书上有很多四个字的词Pleco上没有，我就用韩语的词典查。韩语里有很多汉字成语，所以这种情况就要用两种词典，而且年级越高越用韩语的，因为更make sense（有道理）。

理解汉语成语和其他四字词语的意义特别需要依靠学习者对语素义的理解和对各语素之间关系的把握。英—汉词典的简单释义往往难以清晰显示各语素的具体意义和彼此之间的相互关系，但是汉语借词是韩语和日语词汇的重要组成部分，韩语语言文字系统之间的关系也比英语更接近于汉语，所以韩语词典的释义让她更容易找到一一对应的语义关系，有利于准确理解词义。

不同于母语者使用语文词典只需要获取词义，之后可以依靠母语者天生的语感正确使用目标词的情况，第二语言学习者还需要参考更为具体的用法信息或者例句才能正确使用，这一点在上面"要不然"和"略通一二"的例子中已经有所涉及，下面的访谈内容中的"对抗"也是一例。

L12："对抗"是什么意思？我有一天查到这个词，不知道用得对不对。
R：你举个例子。
L12：有一天晚上，我已经准备睡觉了，我以为公公婆婆也都已经睡了，突然听到门口有动静，我已经准备好"对抗"了。
R：对抗？
L12：就是我以为是坏人，所以准备好要打他。我以为我说得对。

R：我们来查一下看看是什么意思

L12：（输入）"对抗"，然后它会出来很多东西，俄语的，很多，会出来所有的意义，然后有中文的。

R：中文的你看得懂吗？

L12："相对立起来""对抗阶级""对抗情绪"是什么？很难，我主要看俄语的。

学习者L12使用的是俄罗斯的在线词典（http：//www.bkrs.info.ru/），虽然可以通过俄语释义了解目标词的语义，她觉得"对抗"是一个动词，但是在参考例证时，发现"对抗阶级"和"对抗情绪"都是"对抗"修饰名词的用法，似乎与动词的语义不符，但是没有具体的用法说明或例证可供参考。

学习者受到词典内容的误导而误用目标词的情况不仅在汉—俄词典中存在，韩国学习者L3在访谈中也提到了类似的情况。

L3：一位中国老师对我们说，有韩国人常常做（造）这个句子——"见面你""约会你"，所以她问他们为什么会错，学生说词典上是这么说的。

受访学习者L3向我们展示了两种她常用的词典APP，一个是英—汉词典，另一个是在韩国学习者中影响较大的韩—汉词典Naver[①]。在英—汉词典中检索"约会"，出现的结果包括"提出约会、安排约会、约会处、约会强奸"等，而没有显示"约会"常见的"和/与某人约会"的用法，一些用例的正确性和典型性也有待讨论。

---

① Naver是韩国的主流网络搜索引擎之一，学习者使用的词典功能和中国的百度词典相似。

R:"约会学生"是什么意思？dating student？

L3：不知道

R：点开看一下，（读例句）"不能约会学生"。这个句子就是错的吧，只能说"不能和学生约会"吧。

L3：这个是中英的词典，不是韩国人出版的好像。

R：那再查一下 Naver 里的"约会"看看。

L3：好。这个"提出约会、取消约会、约会时间"。

R：也没有写"和谁约会"吗？

L3：先看一下。真的没有呢。我觉得最常见的应该是谁和谁约会吧，只有一个"我们约会吧"。

汉语学习者可以根据不同的查询目的选用不同功能的词典产品。正在攻读文学硕士学位学习者 L2 在访谈中提到自己正在修读古代文学专业课，在阅读古代汉语文献时一般会使用汉典APP，而在阅读现代汉语文献时则一般使用韩国的双语词典。

R：你用什么查？

L2：我用汉典。

R：我知道很多韩国人都用那个 Naver。

L2：Naver，对。两个都用。

R：两个都用是（什么意思）？一个找不着，然后就用另外一个？还是？

L2：<u>单查一个字的时候，就用汉典，查单词的时候用 Naver</u>。

一般来说，集中完成解码任务时，用户更倾向于使用释义明了的双语词典，而完成编码任务时则需要参考提供详细用法信息或丰富用例的其他词典产品。

L13：我们国家有四门官方语言，德语、法语、意大利语和罗曼斯语。我是在德语区长大的，所以我的母语是德语。

R：所以你会德语、英语、中文，还会什么？

L13：就是意大利语、法语，还有西班牙语。就是到高中的时候都是用德语，其他的地区有的是意大利语。然后再加我们说方言，就是瑞士德语。

R：那你用什么词典呢？

L13：德语的（网络词典）就是一个 REO。Pleco 经常用，因为它都有一些例句，所以可以知道这个词怎么用，或者在什么情况下用。所以还是很重要，因为那个 REO 一般只有词，没有句子。

在只需要获取词义的情况下，学习者 L13 会优先使用德—汉词典，但是因为德—汉词典收录的用例很有限，学习者还需要通过其他资源获取更具体的用法信息，因此她会配合使用例句更为丰富的 Pleco 以完成编码任务。

不同的词典的规模有差异、内容有所不同是十分常见的情况，如上文提到过的"对抗"一词。《现代汉语词典》（第七版）标注"对抗"为动词，第一个义项"对立起来相持不下"的用例为"阶级对抗""不能对同志的批评抱对抗情绪"；第二个义项"抵抗"的用例为"武装对抗"[1]。Pleco 注释"对抗"有名词义项和动词义项，但是只在名词义项下提供了例句；而 Train Chinese 则只提供了动词义项和例句，两个词典 APP 在内容上有所不同（见图 42）。这就是很多受访学习者的手机上往往不只有一个词典 APP 的原因（见图 43）。

---

[1] 中国社会科学院语言研究所词典编辑室编，2016，《现代汉语词典》（第七版），商务印书馆，第 330 页。

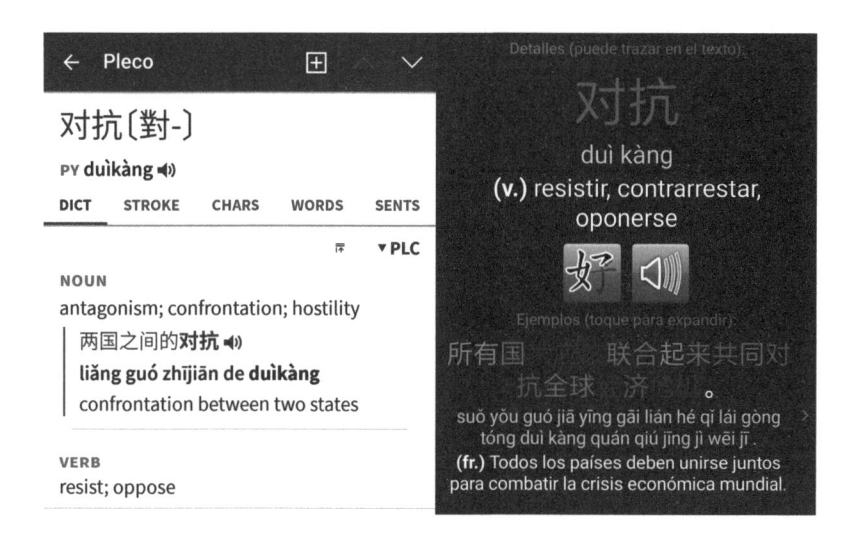

图 42 "对抗"的检索结果

图 43 学习者的多个词典 APP

5.4 本章小结

本章对汉语学习者使用词典产品进行查询操作的情况进行了研究，通过讨论"字识别""词确定"和"词义通达"各阶段对目标词确定和提取整合词典信息的影响，建立了词典查询过程的 CWCI 过程模型（见图44）。

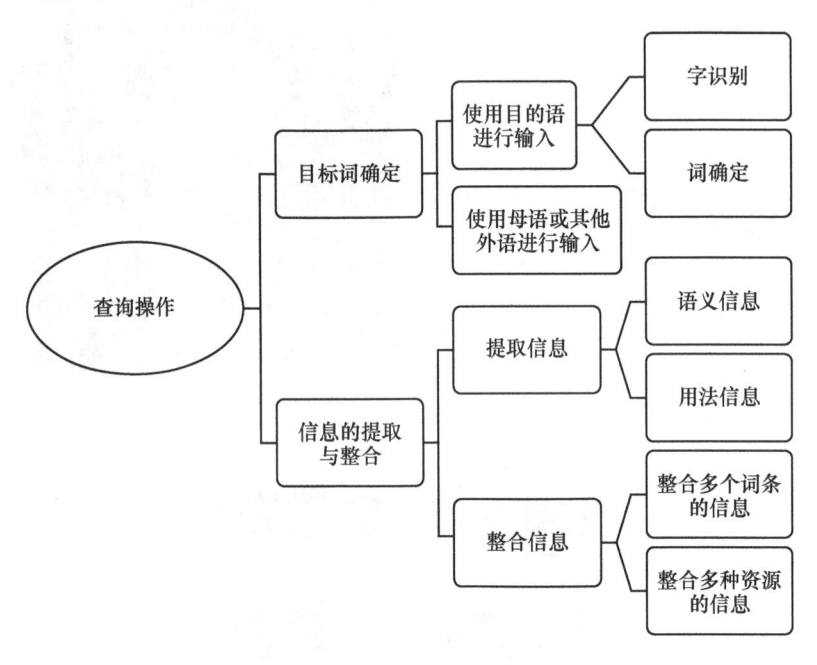

图44 汉语学习者的词典查询过程模型

使用汉语词典产品进行查询的 CWCI 过程模型是基于汉语学习者的语素意识对查询过程和结果的影响建立的，指的是使用汉语词典产品查询需要经历字识别（Character Recognition）、词确定（Word Decision）、信息提取（Entry Choice）和信息整合（Information Integration）四个阶段，各个阶段的进行直接影响着查询的成败。

此外，尤其值得关注的是，随着新介质词典的兴起，我们在关注语言学本体研究的同时也需要重视词典产品研发中所涉及的中文信息处理和其他相关的技术问题。在信息产业界，google 搜索引擎被视为一项革命性的技术，因为数字大爆炸和信息化浪潮创造了海量的网络信息，而网络搜索引擎的出现使得人们得以在浩瀚的信息海洋中搜寻各自所需的信息。现在，无论是在文档中进行关键词定位，在手机通讯录中查找联系人，还是在网络购物时查询商品类别，都离不开搜索功能。有学者指出搜索功能"不仅能帮助人们实现梦想，还能调整人类的知识结构。因为搜索的功能绝不仅限于让我们在数字图书馆里快速检索，它还是一种全新的信息控制方式"（埃布尔森等，2011：99—101）。

搜索引擎需要通过用户键入的关键词理解查询请求，确定信息的相关性，并且确定结果的排序以及最终的呈现方式，这些环节决定了检索结果不仅受到用户"想找什么"影响，也受到搜索引擎如何理解用户"想找什么"，以及能够向用户提供什么的影响。Google 公司的创始人谢尔盖·布林（Sergey Brin）认为一个完美的搜索引擎会准确地理解用户的意图，然后找到用户真正想要的东西。

有学者（洪鼎芝，2015：104—109）指出：我们应该跳出技术本身，从思维变革的角度来理解云计算和大数据，并且按照新的作用机理改变我们自身。因为云计算和大数据时代的信息挖掘价值主要体现在由点到线、到面的横向相关性上，而不是因果关系——对应式的纵向相关性上。云计算资源配置动态化、需求服务自助化等主要特征都是对这种横向相关性价值进行挖掘的体现，从符合个人输入习惯的"云输入法"和购物网站进行定制化推荐的"猜你喜欢"就能对这一点有更为直观和感性的认识。

但是如本章图 32 所示，当学习者键入"所以"时，搜索引擎推断用户可能需要查询"所以然"，但是在键入"以然"时，搜索引擎则无法做出相同的推断，可见手机词典 APP 的搜索引擎在检索逻辑上还比较简单，只能基于分词结果对单向顺序上完全命中的结果进行呈现，而没有基于横向的相关关系回溯到键入关键词起始字符之前的内容。又如图 33 所示，当学习者使用外语单词 breast 作为关键词进行检索时，检索结果呈现了释义中包含 breast 的所有词条，这也只体现了点对点的纵向相关关系，而不同语言之间往往不存在如此简单的对应关系。这两个案例都说明过于简单的检索逻辑式设计不仅在一定程度上导致了学习者的查询失败，也导致了学习者在词典查询中的平面思维，没有积极引导学习者进行深度思考，值得词典编纂者和产品研发人员注意。

第 6 章

学习任务与词典使用

汉语学习者的词典使用过程因为汉语和汉字的特点而具有特殊性,聚焦到汉语学习和运用上,词典使用情况还受到不同语言处理任务的影响——不同类型的学习者的查询内容和查询策略是由查询目的(解决什么问题)和使用条件(如可用的查询时间、可供选择的词典产品等)直接决定的;而查询所要解决的问题和使用条件又受到学习任务具体情况的影响。本章将学习任务作为一个重要维度引入研究,将汉语学习者的词典使用情况置于更为具体的情境中进行讨论。

6.1 汉语学习者的类型

教育部的统计数据显示:"2016 年留学生规模突破 44 万人,比 2012 年增长了 35%。学科分布上打破汉语为主的格局,相较于 2012 年,教育、理科、工科、农学学生数增幅超过 100%。"[1]

可见,来华留学生大致可以分为两类,一类主要学习汉语,另一类学习理工经管等其他专业。第一类留学生主要就读于各高校的对外汉语教育学院、国际学院、汉语教学中心等教学单位,第二类留学生则分散于高校各学院。从专门进行对外汉语教学的

---

[1] 数据来自中国教育部官方网站 http://www.moe.edu.cn/jyb_xwfb/s5147/201703/t20170302_297870.html

学院（或中心等单位）的层面来看，主要学习汉语的留学生可以分为进修生（包括非学历短期进修生和长期进修生等）和学历生（包括汉语言本科生、汉语国际教育专业硕士、语言学及应用语言学硕士和博士等）。学校层面则一般首先把面向留学生的项目分为非学历项目和学历项目两类，前者面向主要学习汉语的留学生，后者又根据培养层次分为本科项目和研究生项目，有的学校还单独设有孔子学院奖学金/中国政府奖学金项目；根据授课语言的不同，研究生项目又分为汉语授课和英语授课两类，英语授课项目中的留学生不在我们的研究范围之内。

本研究关注的"汉语学习者"指的是汉语作为第二语言的学习者，与汉语母语者的概念相对，因此不专指目前正在集中学习汉语的第一类留学生，也包括来华使用汉语修读理、工、农、医、经、管、法、文、史、哲、艺术等专业的第二类留学生，还包括在非目的语环境中的汉语学习者等其他类型。现有针对汉语学习者的研究主要涉及第一类留学生，而针对第二类学习者的研究寥寥无几，但是此类学习者在来华留学生中所占的比例日渐增加，对于对外汉语教学专业的发展和中国高等教育的发展都有重要影响，因此有必要加强研究。①

因为不同院校的具体设置有所不同，学校层面和学院层面的概念也有所交叉，以下做出具体说明，以厘清本研究所使用的概念。如图45所示，综合学校层面和学院层面的招生和培养情况，可以把来华留学生分为四类：第一类是来华攻读理、工、农、医、经、管、法、文、史、哲、艺术等专业，并且已经达到语言要求，入系学习的留学生，即图中的A类留学生，第二类是来华攻读理、工、农、医、经、管、法、文、史、哲、艺术等专业，但是尚未达到语言要求，需要先进行语言补习的留学生，即图中的B类留学生，他们在完成语言补习、进入相关院系后身份转变为A类留学生；第三

---

① 这一情况在前文已经进行过说明，参见1.2.2。

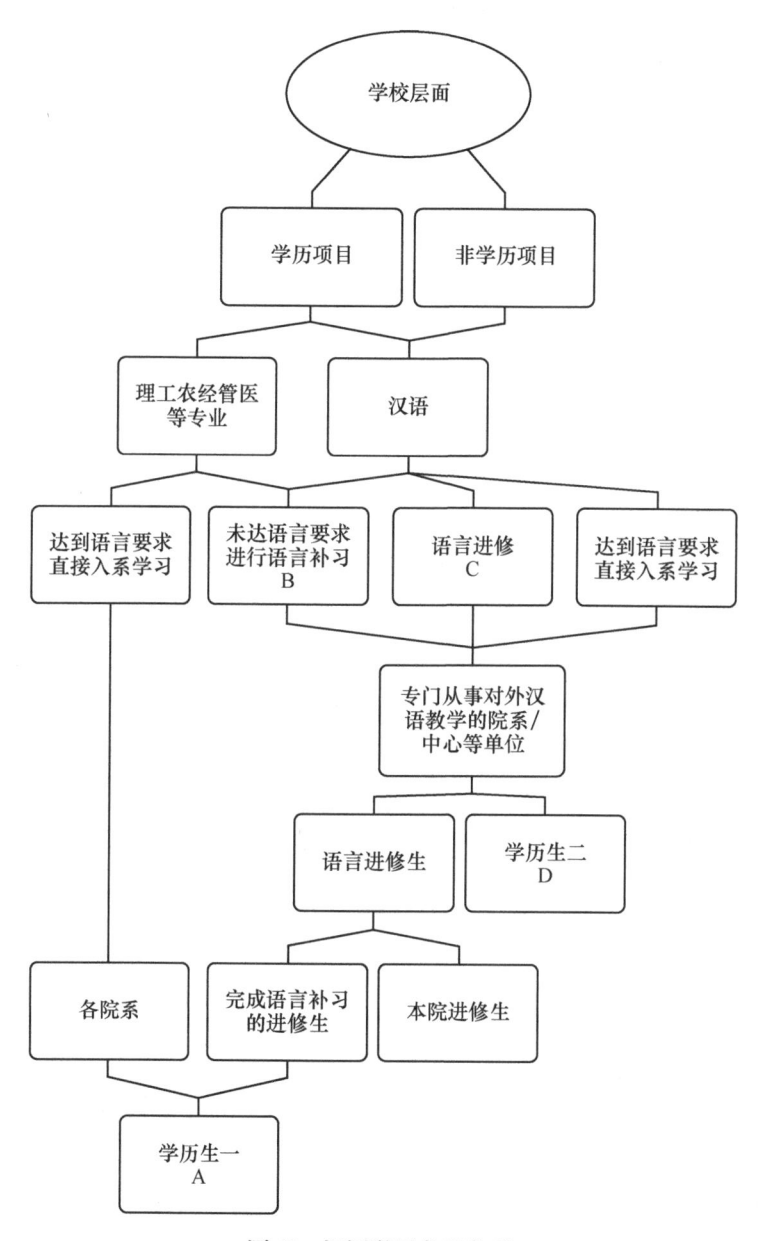

图 45 汉语学习者的类型

类是在非学历项目中集中学习汉语的留学生,也包括主要在非目的语环境中学习汉语,来华参加短期项目(如游学项目、暑期项目等）的留学生，即图中的 C 类留学生；不少院校的 B 类留学生和春季秋季入学的 C 类留学生一起分班上课，从大类上看，都属于语言进修生；还有一类是学习汉语言专业的留学生，他们有的先经过语言补习阶段，有的已经达到语言要求直接入系学习，即图中的 D 类留学生。以下对文中涉及的概念进行具体说明。

首先，学习者可以分为学历生和非学历生两大类——前者需要和中国学生一起上课，使用汉语修读专业课程，完成学位论文；后者以学习汉语为主要任务，主要修读语言技能课程，同班同学都是留学生，也不需要完成学位论文。虽然 A 类学历生和 D 类学历生在学习内容上存在一定差异，但是不如学历生大类和非学历生在学习任务上的差异显著，因此本研究不做细分，统称为"学历生"。

其次，学校层面的非学历留学生一般指对外汉语教育学院层面的语言进修生，下文称为"进修生"；此外，攻读理、工、经、管、史、哲等专业，但是尚未达到语言要求，需要先进行语言补习的留学生在一段时间内和普通进修生一起上课，因此在围绕汉语学习（即汉语作为第二语言的教学）进行讨论时，此类学习者纳入语言进修生大类，不做细分，统称为"进修生"。但是在语言补习结束之后，此类学习者即将入系进行专业课的学习，换言之，语言学习是为专业学习服务的，因此区别于一般语言进修生。同时此类学习者的汉语学习时间较短（一般在一至两年之间[①]），

[①] 据中国外交部官方网站 http：//www.fmprc.gov.cn/ce/cght/chn/jy/lxzg/t736877.htm "中国政府奖学金来华留学本科生的授课语言为汉语。中国政府奖学金生开始本科专业学习前，须在指定的预科院校进行为期 1 学年的汉语和基础知识学习并考核合格。来华留学研究生和进修生的授课语言一般为汉语，部分学校对部分专业可提供英语授课。选择汉语授课且汉语水平未达到专业学习要求的奖学金生，须参加 1—2 学年的汉语学习，达到录取院校入学要求后方可开始专业学习，否则无法继续享受中国政府奖学金在华学习。其中：学习理学、工学、农学、医学（西医）、经济学、管理学、法学和艺术学专业者，汉语学习期限为 1 年；学习文学、历史、哲学和医学（中医、中药）专业者，汉语学习期限不超过 2 学年。选择英语授课或汉语水平已达到专业学习要求的奖学金生无需参加汉语补习。"

速成的性质更为明显,和那些无需经过语言补习、直接入系的学习者相比也有所不同,因此在需要单独讨论时,或称"语言补习生"。

本章从进修生和学历生的不同学习任务入手,探讨他们在不同环境(课堂/非课堂)和不同语言任务中(解码/编码)使用词典的需求、具体使用情况和面临的困难。具体来看,进修生主要在汉语学习过程中涉及词典使用,学历生则需要在专业课学习和学位论文写作中使用词典产品。因此本章主要从学习任务的角度出发,分别围绕进修生的汉语学习、学历生的专业课学习和学位论文写作三个方面展开讨论。

6.2 汉语学习与词典使用

进修生以汉语学习为主要任务,需要提高汉语听说读写各项技能的水平,因此课堂教学主要集中于汉语语音、词汇、语法等内容,课外自主学习——在课前课后进行预习、复习,完成作业等活动也主要围绕课堂教学的内容展开。进修生在课外使用词典的频率较高,原因是多方面的:首先,在非课堂环境中,没有教师的讲解、操练和其他课堂活动,学习者需要借助更多外部资源和工具以独立完成学习任务;其次,在非课堂环境中,学习者有大量的时间进行自主学习,而不受课堂教学时间的限制,可以根据自己的需要补充生词表没有收录的内容,或者巩固重点难点,或者对在课堂上没有理解的内容进行二次学习,也可以扩展和深化课堂教学内容;最后,在非课堂环境中,学习者可以根据个人情况自主掌控学习内容和学习形式,更好地利用词典产品查询之外的功能辅助学习。

从信息论的角度来看,学习者相当于信宿(信息的归宿或接受者),而教师和教材则相当于信源(信息的来源或产生待传送的信息的实体),学习者查询词典的行为即信宿借助解码器解码的过程。对于正在集中学习汉语的进修生来说，汉语教材和教师的课堂讲解无疑是最重要的学习内容，学习者使用词典进行查询的行为都是为了更好地理解和内化这些内容。

如果从更为动态的角度分析，那么可以将教师、教材和学习者视为交际活动的双方，学习者与教师、教材进行互动交际的目的在于获取和理解后者所提供的信息，只有在教师、教材和学习者处于合作关系中才能顺利达成交际目的，这里可以借用"合作原则"对学习者使用词典的动机归类。

"合作原则"（Cooperative Principle）是由英国著名语言哲学家格赖斯（H. P. Grice）提出的，他认为在人们交际过程中，会话双方遵循着一定的原则，相互配合以完成交际任务。具体包括四条基本原则：量的准则（The Maxim of Quantity）、质的准则（The Maxim of Quality）、关系准则（The Maxim of Relation）和方式准则（The Maxim of Manner），"合作原则"指出交际成功需要建立在信息足量、真实、相关和清楚明了的基础之上。

第一，量的准则：教师和教材提供的信息不能少于也不应该多于学习者所需，如果教师对某一目标词的讲解、操练不够或过多，或者生词表没有收录所有生词，则违背了这一准则；第二，质的准则：教师和教材提供的信息应该真实准确，如果教师的讲解有不准确之处，或者生词表的外语翻译存在错误，则违背了这一准则；第三，关系准则：教师和教材提供的信息须与学习者当前需要完成的语言学习任务相关，如果教师讲解和生词表释义只提供了简单的词义解释，仅能够满足学习者解码的需要，课后练习却要求学习者依据此信息完成编码任务，则违反了这一准则；第四，方式准则：教师和教材提供的信息和呈现信息的方式应该清楚明了，如教师的讲解过难、过简，甚至引发了学习者新的疑惑和误解，或者教材生词表里明明收录了某生词，却因为缺乏快速查找方法或参见系统而导致学习者无法定位目标词，就违反了这一准则。

学习者使用词典产品的行为旨在解决与教师和教材的互动过程中信息量的不足、质的不优、关系不清和方式不当的问题，以期达成与教材内容之间的有效互动。可以说，词典产品扮演着学习者和教材之间的桥梁和阶梯的角色，对于集中于汉语学习的进修生有重要作用，以下进行具体讨论。

6.2.1　汉语教材与词典查询

问卷调查结果显示：90.4%的学习者查询词典是为了获取目标词的语义信息，将近70%的学习者是为了获取目标词的用法信息，22%的学习者在不知如何选用近义词时会查询词典，还有19.6%的学习者会在准备考试时使用词典以全面学习目标词。可见，无论使用的是纸质词典、电子词典、网络词典，还是手机词典APP，学习者最主要的目的都是对目标词的意义和用法进行查询。

徐子亮（1999）针对汉语学习者（进修生）预习情况的调查结果显示：18.3%的学习者在预习时仅使用词典查询生词，80%的学习者会在看课文同时查询生词，而1.6%的学习者会通过看课文、查询生词和做练习的方式预习。可见词典产品在预习活动中是不可或缺的工具。在我们的访谈中，学习者也普遍表示需要在课前预习时大量使用词典产品。

> L15：我觉得我们的教材都太老了，需要重新设计，书上都没有翻译，他们可以做成英汉对照的。

> L14：有一个英国同学，每一课都复习得非常认真，还有（课文的）每一句话都翻译成英语，然后他非常非常认真地看。

> L18：我们也都用彩色笔在书上划生词，做笔记。

有学习者表示会在预习课文时查询词典,然后在课文中的生词旁边加上英文释义。这种情况并不是个别现象,多位受访学习者都表示在预习课文时会用不同颜色的记号笔标识出生词、成语、语法点,同时根据自己的需要加上读音、母语释义和其他注释,以便查阅(见图46)。孟国(2014:110)的调查数据显示:68.42%的汉语学习者需要母语注释,而完全不需要的仅占15.79%,其余学习者持无所谓的态度;其中初级学习者比中高级学习者对母语注释的期待感和依赖性更强,因为母语翻译对学习者理解生词的意义起到了相当大的作用。

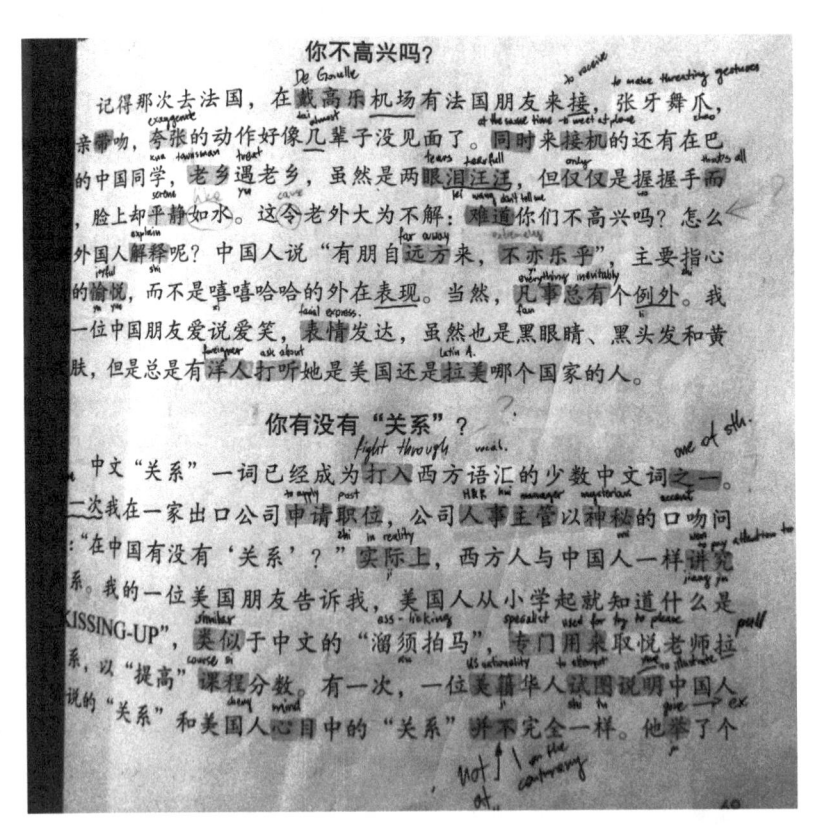

图46　学习者在课文里进行标注

借用母语是汉语学习者所运用的一种主要的学习策略，因为"外国学生学习汉语一般来说是成年人的第二语言学习。在这之前，母语已经'根深蒂固'地存在于他们的思维和记忆之中。因而在汉语学习中，一部分学生借用母语来注音或记忆词语便成为很自然的事了"（徐子亮，1999）。从整体上看，学习者和教师都认为借助母语在第二语言学习的初级阶段是不可避免的，虽然双方也都认为将目的语翻译为母语的方法会对第二语言学习造成负面影响，但是研究证明（Kern，1994）母语翻译（mental translation）的方法在二语阅读中扮演着重要的角色，也有一定的积极作用，因此无需刻意排斥母语翻译。

问卷调查结果已经显示，学习者对双语词典产品压倒性的偏爱，阅读时碰到生词就使用双语词典查询几乎已经成为一种自动化的行为。在使用教材生词表的时候，学习者也表现出了类似的倾向——不仅在看不懂生词表汉语释义的时候需要查询词典，有时即使看懂了生词表的汉语释义也仍有模棱两可之感，因此需要使用双语词典进一步获取母语或英语释义。虽然不少教材已经提供了双语对照的课文或者汉—外双语的生词表释义，但是总体翻译质量不尽如人意，因此学习者也需要配合使用词典。除此之外，一些教材在语言点选取和课后练习设计上也存在不当之处，如一位受访学习者谈到课后练习需要用"……毕竟是……"生成句子的例子。

L15："我们可以吵架，我们可以生气，毕竟是，我们是家人。"

R：什么？我不明白你的意思。

L15：真的吗？那这个呢？"我要跟她结婚，毕竟是我发现她丑了。"

R："是"后面一般是 somebody 或者 some kind of relationship, you know some kind of thing，但是"我发现她丑了"

is not a thing, or a relationship or somebody.

L15：好好，我明白。"很多人告诉我上海很漂亮，我看的时候毕竟是丑。"

R：嗯，我们再试试，我换一个例子。"你造了两个句子都不对，但我没有生气，因为这毕竟是一个很难的语法。"

L15：嗯，好好。

R：或者说"你造了两个句子都不对，但是没关系，因为你毕竟是外国人"。所以可以看出来，我本来要做出一个评论，但是我进行了让步，因为从你的情况出发，我不应该根据常理进行评价。

L15：所以，"你以前喜欢美国的文化，但是你去了美国发现毕竟是不太好。"

R：something, something.

L15："你毕竟是外国人。"

R：对，很接近了，"毕竟你是中国人，还是觉得中国文化更好。"

L15："我喜欢去麦当劳吃汉堡，毕竟……毕竟是……毕竟……"

R：确实不太容易哈，有一点奇怪，因为"毕竟是"不算是一个词，也不是一个结构，其实是"毕竟"和"是"两个部分组合在一起。

L15：对，因为我们常常只说"毕竟"。

R：对，所以我们可以只练习"毕竟"，但是你要知道"是"后面常常有"谁""什么"对不对？比如说，我的男朋友得了癌症，但是我没有跟他分手……

L15：所以"你发现你的男朋友有癌症，你很生气，你批评他，毕竟是他"。

R："毕竟是他"？为什么？

L15：因为 after all.

"……毕竟是……"在课文中出现，但是作为一个语言点单独列出，要求进行操练的必要性不大——首先，一般来说这不是一个固定结构或搭配，如果编者意在练习"毕竟"的意义和用法，那么加上"是"反而模糊了练习的焦点；其次，如果确实有练习的必要，那需要给出更为明确的限制条件，"毕竟是"前后的省略号太过含糊，不能显示语言点的意义和用法，很有可能引发误用。上面学习者L15一直无法正确生成句子，在查询双语词典后试图套用英语对应词"after all"的情况就是一个实例。以下针对汉语教材的情况对学习者词典产品的使用进行具体讨论。

6.2.1.1 教材生词表收词不全

不少受访的学习者反映教材的生词表存在收词不全的问题，无论是因为教材编写的客观原因，还是因为学习者语言水平的主观原因，生词表不能帮助学习者扫除所有词汇障碍是一个普遍存在的情况。

> L19：每天（每一课）生词表里有50个词，但课文里有很多不认识的词，所以（加起来）应该有100个。
> L18、L20、L21：（齐声）对对。
> L19：中文课本总是这样的，不知道为什么，总是只选一些生词，但是留了别的生词，不知道为什么。
> R：应该是让你们结合上下文猜一猜吧。
> L19：不可能，太多了。
> L18：真的要花很多时间，每天有两个小时都在做这个（查词典）。

6.2.1.2 教材生词表的释义不便查询

学习者之所以会在课文预习这一环节花费大量的时间，不仅是因为生词数量多，而且因为在这种情况下，学习者在碰到生词时会首先查阅生词表，确定未收录之后再使用词典进行查询，需要在生词表和词典产品之间不断切换，增加了工作量。

教材课文与生词表之间缺乏完善的互见系统使得学习者不能有效使用生词表辅助阅读。在访谈中，学习者 L15 举例说明了这一情况：他正在使用的中高级精读教材中的一课，课文篇幅为四页，生词表收录了 92 个生词，也占据了四页的篇幅，课文中的生词没有标识，没有编号，生词表也没有索引，查找起来十分不便。他坦言，有的时候其实生词表里有某个生词，但是翻了很久找不到，就直接用 Pleco 查询了。也有学习者表示为了方便，有时候会一边预习课文，一边查询词典，直接省去了查阅生词表的步骤。

6.2.1.3 教材生词表的释义质量欠佳

在进入中高级阶段之后，大部分教材都逐步减少了双语对照或双语释义的比重。随着学习内容难度的增加，虚词和意义抽象的实词在课文中占的比例也越来越高，通过简单的释义常常不能有效显示目标词的意义和用法。受到篇幅的限制，教材生词表主要通过"以词释词"这种释义方式给出比较简略的释义，无法满足学习者的需求。

> L15：<u>因为我们的教材只有汉语的释义，一般是两三个近义词。有的词如果在词典上找不到，或者我没有时间查的话，我就会直接看汉语的释义，但是我常常看完释义还是觉得拿不准，或者这个释义只有在课文里才表示这个意思，其他情况下可能有不同的意思，所以需要查词典 APP。</u>
>
> R：你在书上的注释是……
>
> L15：拼音和英文。
>
> R：但是生词表里不是有中文的解释吗？
>
> L15：但是我看了还是不确定，有可能是这个意思，有可能是那个意思。<u>尤其是成语和熟语，用一句话或者几个词真的不能解释清楚，应该好好解释到底是什么意思。</u>

邢赫男（2005）对一部汉语精读教材生词表的释义情况进行了研究，结果显示：共有 409 条以词释词的条目，其中被释词和释义词在等级上对应合理（释义词的等级低于被释词）的占 65.77%，在词频上对应合理（释义词的频率高于被释词）的占 67.97%，在等级上和词频上均对应合理的条目中还存在语义轻重程度、词义色彩、语义侧重、使用与搭配对象的不对等的诸多问题。可见，教材生词表提供的释义在释义元语言上缺乏控制，在释义的准确性和有效性上也存在问题，远远不能满足学习者的需要，学习者必须利用词典产品对生词表释义进行二次加工。

R：那你们预习的时候，每一个不认识的词都会查词典吗？

L21：会，都查，要花很多时间。我们用 Pleco。

L18：<u>查意思和读音。因为（教材的）英文翻译真的不太好。</u>

L19：<u>有的也不是完全错的，但是不合适。我们看了那个，然后上课的时候用了，老师觉得我们很奇怪。</u>

L21：书上也有的意思完全是错的，所以要自己（用 Pleco）检查一下。

生词表不但在释义的深度和精度上难以满足汉语学习者自主学习的需要，释义翻译的质量也存在参差不齐的情况。在访谈中，多位以英语为母语的学习者表达了对生词表英语释义的不满。

6.2.1.4 多部教材之间缺乏系统性

除了教材本身在编写和设计上可能存在一些不合理的地方之外，还有一些情况与教师或教学单位对教材的选择和安排有关。

L4：<u>因为他们现在教的不是系统性的，不是分成那个初</u>

级、中级、高级阶段，他们只是分成书，就是一年级上什么书，教材不一样，其他就……不是那么系统性的。有《当代中文》，也有《发展汉语》，北语的，还有北大的《博雅汉语》，我觉得那个特别好，但是那个已经很多年了。

学习者 L4 反映了他在非目的语环境中学习时各个阶段教材不成系统的问题。每套教材对具体的词汇和语法点都有不同的安排，形成各自不同的系统和序列，学习者在各套教材之间切换的同时，也在不同的词汇和语法点序列中切换。在衔接不同教材时，学习者需要经历一定的适应过程，其间可能需要大量查询词典。各个阶段的教材不同是纵向不成系统的问题，还有学习者在不同技能课上使用的教材不配套，甚至还有没有教材的情况，即教材在横向上不成系统的问题。

R：所以上写作课是老师上课先讲，然后你们回家写是吗？老师是怎么教的呢？

L5：写作课是，写作课的老师，他自己编了课文。

R：所以不是教材，是他自己编的。

L5：对。告诉我们这句话应该怎么说，怎么描写。

R：所以跟阅读课是分开的。

L5：对，分开的。

R：是一样的单词，一样的语法吗？还是也不一样？

L5：也不一样。写作课没有教语法。就主要教怎么写。

R：那他怎么确定教你们哪些词？比如你刚才说的怎么描写。

L5：就是给我们一个题目，就是，比如说风景，那么如果要描写一棵树，该怎么描述，应该用什么颜色的词。

有调查显示：大多数学习者认为听说读写四项技能课之间的

关系十分密切，对于高级学习者尤为如此（见表2）。如果没有成熟的教材提供支撑也意味着学习者除了教师的课堂讲解之外就没有可以依凭的工具了，因此他们需要更多借助词典产品等外部资源进行自主学习自然是情理之中。

表2　　　写作课与听力课、口语课、阅读课的关系①

	A 毫无关系	B 有一点关系	C 比较大的关系	D 非常大的关系
中级班	2.7%	24.3%	35.1%	32.4%
高级班	0	16.7%	29.2%	54.2%

教材生词表存在的问题和多部教材之间缺乏系统性的情况使得学习者和教材之间无法保持良好的互动关系，直接影响了教材的使用效果。因此学习者需要查询词典来补足、更正、澄清和细化生词表所提供的信息，为学习者使用词典进行查询提供了刚性需求。

6.2.2　课堂教学与词典使用

受访学习者普遍表示，在课堂上较少使用词典产品，即使使用也只是快速查询一下语义，而不会仔细阅读用法、例句等具体信息。正如徐子亮（1999）指出的：学习者在听课的同时查词典，虽然短时注意转移到了词典上，但是在问题解决后，学习者很快又把注意转回课堂，既解决了问题，又不影响听课，是一种合理的注意分配策略。而且查阅词典勤的学习者，学习效果往往比较好。由于汉字的音与形之间没有必然的联系，查阅词典可以加强对字形的注意，加深印象，便于记忆。

---

① 图表来自郑园园，2012，《对外汉语写作教材编写研究》，硕士学位论文，苏州大学，第25页表8。表中数据显示，选择该选项的调查对象占调查对象总数的比例。

学习者在汉语课堂上较少使用词典，原因是多方面的：第一，课堂教学内容的难度基本符合学习者的语言水平，出现生词的情况都是学习者能够预见的、有所准备的，加上教材提供的上下文语境、教师细致的讲解、教材的释义和用法练习，学习者基本上能够掌握；第二，汉语课堂上有很多师生互动和生生互动的环节，教学活动进行的节奏较快，学习者需要时刻注意，无暇进行查询；第三，不同于其他专业课需要以语言为工具对其他知识进行学习，语言课的学习任务相对单一，需要处理的语言信息量也比较少。以下进行具体分析。

6.2.2.1　课堂教学语言

不同学习者来到目的语环境中开始学习汉语，他们的心理期待有很大差异。如学习者 L15 认为教师在必要的时候应该用英语进行解释，而学习者 L14 则认为教师直接用汉语解释汉语的方法很有效。

> L15：你看看这一个对不对，"要买贵的裤子，就非常贵的"。
>
> R：应该说"要买贵的裤子，就买非常贵的"。"要……就……"从逻辑上来看是和"如果……就……"一样的，"就"后面一般是你具体要采取的方法和手段。
>
> L15：那么这么说对不对？"要学汉语，就来中国。"
>
> R：对。
>
> L15：上课的时候老师只说汉语，还有一些我不知道的词，或者他举的例子不是很好，其实只要简单说"if……then……"我就明白了啊。
>
> R：可能有的老师的英语不是很好，或者他们上课觉得不应该用英语。
>
> L15：大多数老师的英语都很好，但是他们就是不说。
>
> R：但那样比较好，因为用汉语学汉语是最直接的方法，

不容易引起误解，而且还有一些其他国家的留学生可能不懂英语，所以老师一直说英语的话其实是不公平的。

L14：<u>我们刚开始学的时候（零基础），老师没有办法，只能用英语</u>，但是有时候我也听不懂，我要查字典，<u>后来老师开始慢慢用中文，到期末，老师说终于可以用中文解释中文了，我觉得这个方法很有用</u>。我在越南的朋友都很好奇我在中国怎么学中文，是不是用越南语，我说使用中文和英文，他们都不相信。他们都想不到怎么用中文学中文。其实我来中国之前也不知道，也想不到是这样的。

两位学习者在教师课堂语言的态度上存在巨大差异，不仅和两位学习者的英语水平相关，也和他们的学习经历相关。学习者 L14 从零基础开始在目的语环境中进行密集的正规学习，很快就适应了教师的汉语教学；而学习者 L15 已经在中国生活了五年，其中前三年都在使用英语攻读其他学位，而没有正式学习汉语，加上他还有较长时间的英语教学经验，可能已经形成了一定的教学风格，因此对汉语课堂教学有更明确的期待，也更容易产生心理上的落差。学习者 L15 认为在课后使用英—汉词典是对课堂学习的必要补充。

6.2.2.2 课堂教学的覆盖面

由于课堂教学时间有限，教师一般会选择重要的语言点进行详细地讲解，一些内容则只是简单带过，语言水平或学习能力不同的学习者可能在理解和掌握这些内容上存在不同程度的困难。

L15：但是当我问老师的时候，<u>老师常常说没有时间回答，还有很多内容要讲什么的</u>。我觉得应该多花点时间确定我们都学会了，而不是赶进度，因为真的很难……

R：那你现在上课觉得难吗？都听得懂吗？

L17：还行，就是需要更多时间花在自己学，就是自己做作业，自己读……看书。

L21：上课非常难！很多内容老师都讲不到。

L18、L19：是的！学习很难！

L20：晚上都睡很少，要自己学习。

即使是同班同学，每个学习者对于具体词汇或语法点的掌握情况也存在很大的个体差异，教师不可能一一照顾到所有学习者。加上培养单位统一制定的教学进度、考试安排等教师个人也无法掌控的外部因素，教师虽然主观上希望尽量照顾到所有学习者的需求，却往往心有余而力不足。学习者必须借助词典产品自主学习来跟上课堂教学的进度。

6.2.2.3 课堂教学的深度

理解词义和正确使用是两个不同的层次，要在有限的课堂教学时间里一次性达到这两个目标是有一定困难的。如果教师集中于帮助学习者扫除语义上的障碍，就可能没有时间对具体用法进行详细说明或者做充分的练习。教师在课堂讲解的很大一部分词汇只能帮助学习者达到理解的层次，而这些消极词汇需要多次学习和反复练习才能转化为积极词汇。所以常常出现学习者觉得已经在课堂上"学会"的词，在课后完成作业时却一用就错的情况，正是因为这些词还是消极词汇，要在编码任务中使用，就需要查阅词典获取具体的用法信息。

L15：我明白汉字的意思，我会先看课文，回答课后问题，大部分都没问题，但是我想确定我真的明白具体的意思和用法，我需要十分确定。……然后我会试着用生词造句，这真的是很难，对我来说非常难，不知道为什么，我觉得我明白意思了，但是总是用错。

　　L9：因为我们有汉语教材，每一课后面都有生词表，所以不需要词典。但是当我做作业的时候，我会用一些生词，这时候需要查词典。

　　即使教师已经在课堂上进行了反复操练，生词也不一定能够全部成功转化为学习者的积极词汇。因为在课堂环境中教师提供的输入、进行操练的内容都是经过精心设计和严格控制的，从一定程度上来说并不是完全真实的，所以当学习者进行课后复习、完成作业时，一旦跳出了教师给定的材料，就会发现自己并没有完全掌握目标词或语法点，在真实的、更复杂的语境下无法正确使用。此外，在一些较为开放的产出任务中，成人二语学习者也常常会发觉自己所掌握的词汇不足以表达自己的想法，因此在使用母语（或外语）翻译策略时需要使用词典。

6.2.2.4　课堂教学方法与教师的具体讲解

　　有时，教师的某些教学方式不利于学习者理解意义和掌握用法，还有一些不当的讲解不仅不能消除学习者的疑惑，还有可能导致进一步的混淆和误用。在这样的情况下，学习者也需要使用词典辅助自主学习。

　　L3：（在非目的语环境中的大学汉语课堂）然后他用拼音来教我们，他没有多要求，一个星期背一两个句子。开始的时候，因为语序不一样嘛，所以很难接受，所以我一直背"我去吃饭"一个星期。一个星期就背了"我去吃饭，我去吃饭"一直背一直背。

　　L3：（在非目的语环境中的汉语补习学校）他看了一个课本，然后就教给我们几个词，然后句子，让我们背一下句子。上了几个月以后，我就不去补习班了。自己慢慢学习。

从学习者 L13 的个案可以看出成人学习者大多不满足于只是机械地背诵，而是希望能够理解意义和规则。但是在传统的东亚的课堂文化中，学习者一般只能被动接受，对教师的教学内容和方法提出反对意见被视为对教师的不敬，因此学习者不会，也不愿意与教师进行正面对抗，而倾向于借助词典和其他参考资料进行自主学习。

> L15：课文里是"'关系'是打入英语的汉语词之一"。我不明白为什么说"打入"，就问了老师。因为她之前在美国和英国，所以她英文很好，我问她是不是 strike，她看了想了一想，说："嗯，差不多。"

> L15：我问老师"免得"是什么意思，老师说"你们知道的，和'要不然'差不多"，所以我记了笔记"免得 = 要不然"，老师说得 very 大概！

汉语教师无论是用英语词 strike 解释"打入"，还是用"要不然"解释"免得"，在意义和用法上都不十分贴切，还有可能给学习者造成误导。受到主流教学法的影响，大多数汉语教师在遇到教学难点和重点时，更倾向于增加讲解和操练的比重，而很少引导学习者查询词典或其他参考资料进行自主学习，就更不用说专门安排与词典查询相关的教学内容或课堂活动了。在质性访谈中，只有一个教师明确要求学习者借助词典完成课堂翻译任务的案例，而没有教师组织学习者使用词典产品查询词义或利用其他功能进行学习的案例。

> L15：我知道这个字，老师说过是一只狗在屋子里，狗

偷吃东西，主人就把它关在外面什么的。

R：那这个字（厌）是什么意思呢？

L15：大概是 protect（保护）。

R：为什么是"保护"呢？这是"讨厌"的"厌"，dislike，hate.

L15：喔，我想起来了，because people hate the dog eating their food.

L22：我一直记不住"于是"这个词，用了很多办法，但还是记不住，最后用"you, sir"记住了。

R：怎么记住的？

L22：我就想一个警察走过来，要告诉我一个不好的消息，就指着我说"You, sir, blah, blah, blah……"这样 make sense.

对比学习者 L15 和 L22 的两个例子，学习者 L22 用两个单词就记住了"于是"的意义和用法，不仅比学习者 L15 的老师用四句话记住一个字要简单得多，而且似乎更有效。造成这种差异最重要的一个原因就在于"厌"的记忆方法是由教师直接传递的，学习者没有亲自参与到意义的构建过程中；而"于是"的记忆方法是由学习者自己"炼制"出来的——"只有学习者自己可以借助其特有的心智组织来进行学习，其他任何人都不能取而代之。换言之，获得知识不能靠直接传递，每个个体都必须亲自'炼制'与其自身相容的特有含义，而学习者只能通过自身经验来实现这种炼制。"（焦耳当，2010：2）

正如焦耳当（2010：2）指出的：在每个个体的头脑中运行的概念系统，通常会排斥一切不能引起共鸣的信息。思维结构的转化从来不会即刻完成，它只能产生于先有因素（即学习者个体的原有概念）和学习情境中非惯习性信息之间的互动。学习者

L22 对"于是"的记忆依赖于自己熟悉的、情节生动的具体情境。而教师提供的"狗偷吃食物,遭到主人的讨厌而被关在屋外"的方法,不仅复杂,而且很难引起喜欢狗的学习者 L15 的共鸣,因此他记住了"狗""偷吃""屋外"等细节,却联想不出"讨厌"的语义。

也许直接给出标准答案并不是教师的唯一选择,而他们可以给学习者更多探索的空间。比如为学习者提供更多例句,也可以引导学习者正确使用词典进行查询,或者在课前布置重点词汇作为预习内容(或者作为课后重点复习内容)。这些方法不仅可以让预习和复习更加有针对性,还可以从一定程度上提高课堂教学的效率。

6.2.2.5 同学压力

Peer Pressure 在社会学中一般译作"同辈压力",指的是因害怕被同伴排挤而放弃自我,做出顺应别人的选择的情况,也指与自己年龄、地位、所处环境相似的人取得的成就带给自己的心理压力。在高校的课堂里,成人学习者在年龄上可能存在较大差异,译作"同辈"可能不太恰当;考虑到 Peer 除了"同龄人"的意思之外,也强调"同等地位"(equal in rank, status)、"势均力敌"(equal in talent, ability),因此这里根据具体语境选择译作"同学压力"。

除了师生一对一的课堂,一般的语言学习课堂都有多位学习者,也就形成了一种课堂氛围——在浓厚的学习气氛之外,还有学习者彼此之间有意无意比较和竞争的"同学压力"。学习者可能出于自信、自尊等原因而没有即时对不明白的问题提问,而选择留到课下自己解决,此时也需要查询词典。

L4:现在也有很多词汇我们用得不对,原因就是我们刚开始学习的时候就不怎么了解,<u>而且当时又很(有)压力嘛,其他学生知道了,老师问"知道了吗?"大家都说"我</u>

知道了",那你也应该就(回答)"我知道了",所以其实你没有懂那个词,所以现在我们有很多词汇用得不对。

L15:因为班上的大部分学生都是亚洲学生,韩国人、日本人,他们一听老师讲的,就明白了,一直点头,所以我们就算没听懂也不好意思说不懂。

同学压力是导致学习者在课堂环境中感到语言学习焦虑的一个重要因素。何姗(2014b)的研究显示:乌克兰、俄罗斯等国家的学习者在课堂环境中、在交际情境中和考试中存在明显的语言焦虑,超过了来自东南亚、东亚、英语国家和西班牙语国家的学习者,在所有五个分项中的四项上分值最高。此外,来华留学生在学习汉语1—2年的阶段语言学习焦虑达到峰值,中级水平的学习者在不同水平的学习中最容易感到焦虑。学习者L15来自波兰,正式学习汉语两年,目前正处于中级水平阶段,几乎符合高焦虑水平学习者的所有特征,因此他常常无法跟上课堂节奏,必须在课下花费大量时间借助词典进行自主学习。

6.2.2.6 汉语教师对课堂使用词典产品的态度

教师对于学习者在课堂上使用词典的态度也是影响学习者词典使用的一个重要因素。第二语言教师一般认为,词典属于学习者在课外使用的工具书,而非课堂教学所必需。有研究显示:在目的语环境中(美国)和非目的语环境中(中国香港)的英语教师对于学习者在课堂使用词典的行为不但不支持,反而在一定程度上表示反感,甚至反对(Taylor & Chan,1994;Stirling,2003)。

教师的这种态度与传统课堂环境中的师生关系和教师的权势地位有很大的关系:教师一般在课堂上占据着资源、信息和权威上的绝对优势,是教学活动的主导者和课堂秩序的维护者;学习者则处于接收者、服从者、参与者的角色。学习者在教学活动的进行过程中自行使用词典有时会使教师感到自己权威的地位受到了损害，是学生不服从管理、擅自"脱队"的表现。这种行为不仅是对教师的教学能力和教学水平的质疑，还可能会影响学习者本人参与后续的教学活动，可能转移其他学习者的注意力，进而对整个课堂的秩序造成影响。

相对上述研究调查的英语教师而言，参与问卷调查的汉语教师对于学习者在课堂环境中使用词典产品的态度更为开放。在问卷中，我们将汉语教师对学习者课堂使用词典（包括纸质词典和网络词典/词典 APP）的行为赋分（在 1—10 分之间），分数越接近 10 越支持，越接近 1 则越反对。在 104 位受访中，持反对态度（1—3 分）的教师仅占 11.5%，明确支持（8—10 分）的教师占 26.0%，其余 62.5% 的受访教师既不反对也不支持，可以理解为对学习者的这一行为表示接受。

可见，大部分汉语教师不反对学习者在课堂上使用词典，但很多教师只是被动接受；少部分教师虽然认同学习者在课堂教学的过程中有使用词典的必要，但是很少从言语或行为上明确鼓励学习者使用词典，也没有将词典使用和课堂教学结合，从而积极引导学习者的课堂词典使用行为。从我们掌握的文献来看，语言教师对学习者在课堂上使用词典产品的支持程度主要是由教师希望掌控课堂的程度决定的，我们推测这既受到了主流教学法的影响，也和教师的背景相关。

首先，目前主流的语言课堂教学以讲解和操练为主，在教学时间有限的情况下，这种讲练结合的方法易于控制，效率较高；而在课堂上给学习者提供较大空间进行自主学习和探究的方式则多受到"效率低下"的抨击。虽然在具体教学方法上可能存在差别，但是"以学习者为中心，以教师为主导"的课堂似乎更容易受到认可，这就使得教师（尤其是新手教师）希望完全掌控课堂，而越想控制课堂就难容忍学习者在课堂上自行使用词典产品。此外，学习者使用加载于智能手机的词典 APP 或者上网使用网络词典似乎有不专心听讲、借机玩手机之嫌，也容易使教师抱有谨慎态度。

其次，问卷调查的结果显示：在教学经验上和专业背景上的差别也可能影响汉语教师对课堂使用词典产品的支持度。我们对教师问卷做了单因素方差分析，不同学历的汉语教师在支持学习者在课堂上使用词典产品的程度上存在显著差异（P = 0.0419 < 0.05），其中硕士学位的教师的支持度最低（平均值为6.158），博士学位的教师相对高一些（平均值为7.083），本科学历教师的支持度最高（平均值为8.25）（见图47）。

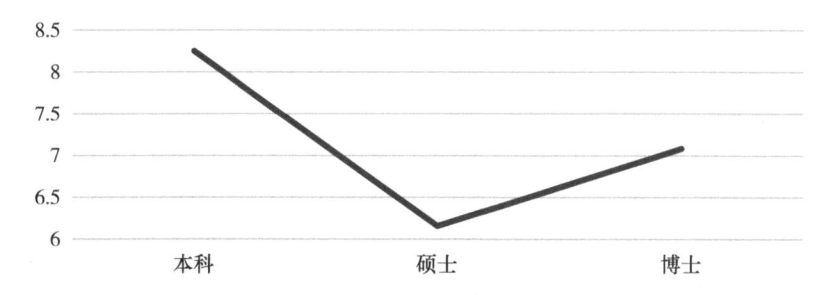

图47　汉语教师的最高学历与支持课堂词典使用的情况

经过进一步分析，我们发现相同学历的教师在教龄上存在悬殊的差距，因此又根据平均教龄进行分组进行了统计，结果显示：在教师的教龄和课堂使用词典的支持度之间不存在简单的正相关或负相关关系。教龄在三年至五年之间的（准）教师支持度最高，教龄在一年以下的准教师和十年以上的教师支持度次之，教龄在一至三年之间和五至十年之间的教师支持度较低（详见图48）。

为了进一步分析教师背景与其态度之间的关系，我们将教师的教学经验和专业背景作为两个主要因素纳入考量，依据教龄和

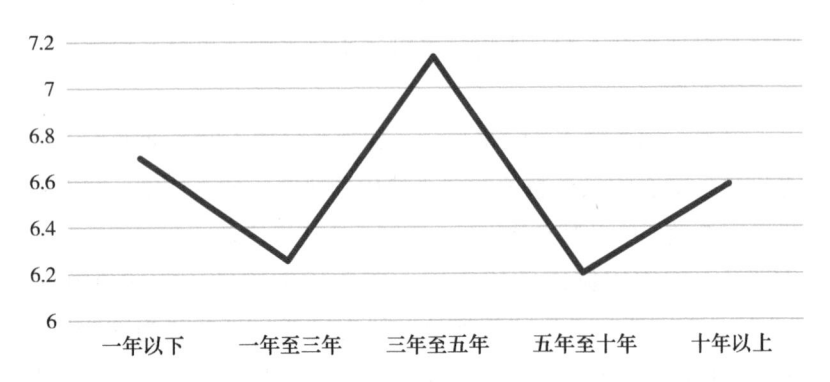

图 48 汉语教师的教学经验与支持课堂词典使用的情况

学历两个指标对受访教师进行分组①,并且按照教龄长短对他们的支持度数值进行了排序(见图49)。结果显示:现任汉语教师对学习者课堂使用词典的支持度与教龄成正比,而准教师的支持度则与学历成正比。因此我们可以粗略地判断,教学经验和专业程度很有可能影响教师的态度——随着专业程度的加深和教学经验的积累,汉语教师对学习者在课堂上使用词典的行为持越来越宽容的态度。

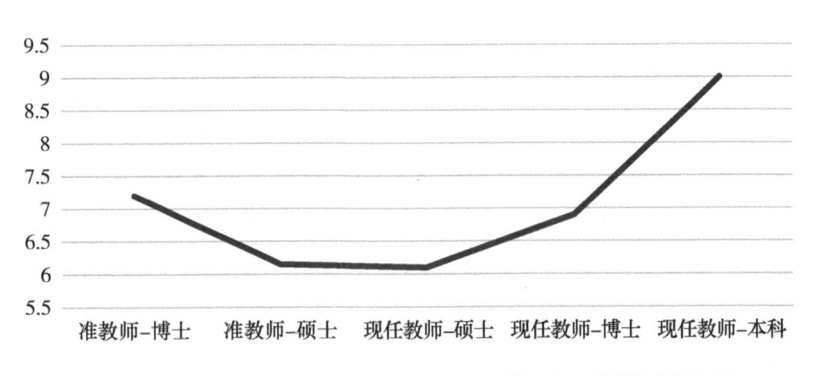

图 49 现任/准汉语教师的最高学历与支持课堂词典使用的情况

---

① 由于本科学历的准教师样本数量过小,此处未纳入统计。

硕士学位的现任教师和准教师支持度都较低的情况有必要进行具体讨论。

首先，受访的硕士学位准教师主要是汉语国际教育专业的毕业生，他们的汉语教学经验大多来自于在海外担任志愿者的经历。作为新手教师，他们要面对层次不一、背景复杂的学习者和非目的语环境中的课堂文化等多重挑战，进行有效管理的难度更大，加上经验不足，因此更容易对学习者在课堂上使用词典的行为抱消极态度。

其次，硕士学位的现任教师，相对于其他组别，这一组教师的专业背景相对多样，有不少教师是文学、历史、外语等专业出身的。这些专业与第二语言教学并不直接相关，他们在汉语教学方面受到的专业训练较少，可能会影响他们在课堂管理上的熟练程度和自信程度，因此对学习者在课堂上使用词典的支持度也比较低。

其实，学习者在课堂上使用词典往往是不得已之举——态度积极认真的学习者希望自己能够跟上课堂教学的节奏，但是由于语言水平不足，很有可能在听讲中碰到困难时不得不使用词典。并且和在非课堂环境中的词典使用相比，学习者还要担心错过教师讲解，或者在查询词典时被点名回答问题等情况，更容易感到紧张和焦虑。如果回到只有纸质词典的年代，可以想象学习者一边听讲一边查询词典几乎是不可能的。

一方面，汉语教师对学习者在课堂上自行使用词典的情况有所担忧情有可原，但是另一方面，教师也应该试图理解学习者在课堂上使用词典是想要努力跟上课堂教学的节奏而主动做出的努力。因此教师在对课堂使用词典行为多一些宽容的同时也应该多一些引导，既可以提高课堂教学效率，也能够帮助学习者更有效地使用词典从而获得更好的学习效果。

总体来说，进修生在汉语课堂上使用词典的情况不多，但是他们在课外自学时需要大量使用词典产品。词典使用行为主要发生在课前预习和课后复习、完成作业的过程中。此类学习者正在系统学习语言知识，处于外语系统逐步建构阶段，因此在记忆生词的音—形—义、理解语义和正确使用词汇语法上都存在不同程度的困难，他们主要使用词典产品的查询功能，而且使用频率较高。与此同时，此类学习者还会使用词典产品的非查询类功能（如词卡系统和专项训练）辅助自主学习。

6.3　专业课学习与词典使用

本节主要关注学历生的专业课学习和词典使用的情况。学历生指的是来华接受各专业学历教育（包括本科、硕士和博士）的留学生，他们的主要学习任务是修读专业课和阅读专业文献。进入高等教育阶段之后，课堂教学的时间明显减少，无论修读什么专业，课堂教学的时间都是相对有限的，尤其在进入研究生阶段的学习之后，课堂教学的时间进一步减少，大部分都属于自主学习和研究的时间。汉语学习者不仅需要在专业上进行钻研，还需要克服语言上的障碍，难度可想而知。

R：平时有什么作业吗？

L13：只有期末论文。

R：期末论文要写多少字？

L13：最长的是七千，但是一般就是三四千，就是我们跟中国人是一样的。

罗青松（2002：254）对大学四年级汉语言专业学习者的词汇运用情况进行了调查，结果显示，学习者书面表达普遍存在"趋易性"，即在语言运用上避难就易，书面表达中所体现出的汉语实际运用水平距离培养目标尚有较大差距。经过四年语言训练的汉语言专业留学生的情况尚且如此，只经过一年汉语补习就要完成各专业硕士、博士专业学习和论文撰写的留学生必然面临更大的困难，这也直接影响了他们使用词典的情况。

6.3.1　课堂学习

6.3.1.1　学历生在专业课上使用词典产品的个案

学历生可以分为两类：一类没有经过语言补习阶段，在目的语或非目的语国家已经获得与汉语相关专业的本科学位，直接来华攻读更高学位；另一类主要是获得奖学金来华攻读硕士和博士学位的学习者，他们在此之前大多没有汉语学习经验，根据国家留学基金委的规定需要在开始专业课学习之前进行一至两学期的汉语补习。

第一类学习者的汉语水平相对较高，虽然初到目的语环境中直接用第二语言修读专业课是不小的挑战，但是专业课的解码任务更集中。结合语境和明确的主题，学习者可以借助的背景知识更多，而且与教师进行的即时互动比较少，只要在课前做好准备，对数量有限的专业词汇进行集中学习，很快就能适应。

> R：所以你后来到中国读研，有没有觉得压力很大？
>
> L8：对，刚开始的时候有，因为我选的那个是现当代文学本来就比较难，然后我们那边的话，我们没有学过关于文学的，我们只学过鲁迅的《孔乙己》，那个也是在阅读里面的，所以根本就没有接触过那个文学的。然后我到了之后，听课的时候就觉得……就主要是不懂他们的那个专业词啊什么的。我导师给我推荐了《现当代文学三十年》……比较基础的吧，然后看了这个比较基础的，过了一年之后就比较了解这个现当代文学，就没什么问题了。

学习者 L8 来自缅甸，从缅甸一所外国语大学的中文专业毕业后留任本校中文教师，工作四年之后来到中国继续深造，并于

2016 年获得了文学硕士学位，目前正以孔子学院奖学金生的身份继续在华攻读文学博士学位。学习者 L8 的汉语水平已经达到了高级水平，她表示在专业课上几乎不需要使用词典。

第二类学习者虽然已经在目的语环境中进行了一年语言补习，语言水平有了长足的提高，一般都已经通过了 HSK 四级或五级。但是相对于第一类学习者来说，他们的汉语水平还比较低，熟练使用汉语的能力也比较低。具体来看，不同专业的学习者在课堂使用词典的情况存在很大差异。

R：学完一年以后你有什么感觉？

L6：<u>因为学完一年还是程度很低的汉语，我们都是从打车、点菜什么的开始学，现在上专业课完全用不到这些内容</u>。有一些老师会说你们的水平还不能上专业课，有一些老师会说的。但是有一个问题是，只有很少的老师比较了解这个情况，他就会很担心，一直在问，你们确定可以上专业课吗？但是大部分老师都觉得我们应该已经可以和中国学生一样上课了……<u>但其实现在很难，读研的话，学术语言很难，论文、老师上课、讲座什么的真的很难</u>。

R：你在课堂上会用（词典）吗？

L6：不不，<u>老师讲课的时候，我没有时间可以查词典，我只是先记下来，然后复制到百度翻译</u>。

R：所以翻译的质量怎么样的？

L6：当然有很多问题，只能给你一个大概的意思，但对我来说已经足够了。因为我读本科的时候，这些理论啊，知识啊都已经学过了，所以我只要知道老师讲的主题是什么，然后我就大概能想到老师讲的内容是什么。

R：全都是中文的课？

L6：都是中文的。有些课他们用的那个本……

R：教材？

L6：教材，对，都是从美国、欧美来的，所以我可以用那个英文的书。

R：所以对你比较容易？

L6：嗯，对。还好了，去年都上完了。

R：你觉得（用中文）上课难吗？

L6：难，上课的时候先（把笔记）写在 iPad 上，因为打字的话我不需要会写汉字，只要用拼音先打出来，然后我再整段复制到翻译软件（汉—英）看是什么意思。

R：（E）那么你用的是什么翻译软件呢？

L6：（E）baidu.com（百度）

R：（E）百度翻译吗？

L6：（E）对，因为我们（在中国）不能用谷歌翻译。谷歌一般会提供比较好的翻译。

学习者 L6 来自蒙古国，本科专业为英语，在蒙古国和中国都有担任英语教师的经验，目前正在攻读管理学硕士。在访谈中，她表示很少在专业课上查询词典，但她特别提到了专业课使用英文原版教材这一点。这使得具有英文专业背景的她比较容易适应。但是这一并不是普遍的情况，对于英语水平不是很高的汉语学习者而言，专业课上不仅要完成汉语解码任务，还涉及英语，可能会带来额外的负担。

L14：我上（专业）课觉得很难。因为老师用的 PPT 都是英语，可是讲课都是用汉语，然后他随便问我，"你解释一下这个是什么意思"（PPT 上的一段内容），我要从英语翻（翻译）成越南语，再找……就是……中文合适的。老师就觉得我很慢，要很长时间。上个学期，老师给我们两个问题，然后要上台展示。然后第一次看这两个问题，觉得"哎，还可以吧"，因为好像完全都可以看得懂，然后慢慢再读几遍，然后问其他的朋友，翻译过来，觉得完全不一样，意思不一样。因为有专业的词语。嗯，要查词典，就是定义，定义很长。我觉得如果用词典查，就是很短的定义，但是像我，比如说我是经济专业，然后用 google 查，定义很长，意思就是不一样。我就很紧张。

学习者 L14 来自越南，在中国学习汉语一年之后以接近满分的成绩通过了 HSK 五级，但她仍然感到难以应对专业课的学习，特别是在课堂环境中需要进行即时师生互动的时候，她常常感到手足无措。值得注意的是：在语言课堂上，所有同学都是水平差别不大的非母语者，课堂氛围比较轻松，对错误的容忍度较高；但是在其他专业课上，学习者必须与汉语母语者一起学习，同班同学在语言水平上存在着巨大差异，汉语学习者的心理压力要大得多，因此学习者的反馈不如在只有留学生的课堂上好[①]。这一方面是因为在只有留学生的课堂上教师会特别照顾到他们的语言水平，控制教学语言难度；另一方面也是因为同学压力（Peer Pressure）较小。

R：你学了一年？

L11：对，只学了一年。我学完一年就开始学专业，哈哈哈哈，刚刚开始学。

R：去年的时候？

L11：对对对，只有中国概况课听得懂。比较有用的一门课是吗？

R：嗯，有用。中国概况课都听得懂吗？去年的课。

L11：百分之六十，不到七十吧。

R：那已经很不错了。

---

① 如专门为留学生开设的公共选修课。

L10：（百分之）七十……那个老师她讲得……那个……

L11：慢。

L10：速度比较合适。

R：教汉语的老师一般都会比较慢，就是教留学生教得比较多，习惯比较慢。

L11：对。

R：你觉得去年上的中国概况课有意思吗？

L7：有。因为比起其他课来说，能听懂的多多了，好多好多，其他的课都是呃……

R：所以上专业课很难吗？

L6：难，大部分老师的说话都听不懂。

R：所以你主要是自己看书是吗？

L6：对，自己看书。

L7：现在就是学校的问题嘛，因为这个学校很难很难，她的老师讲的也很难，他的角度也很不同的一个角度。而且老师讲的，虽然是汉语，但是全部听不懂。

R：那你跟老师说过吗？

L7：不会啊，就说都听懂了，其实有的中国人也听不懂。

R：没有考试吗，这个？

L7：有，有有有。

R：那不懂的话，怎么考试呢？

L7：考试是写一些文章啦，就是自己选内容，所以懂不懂没关系，理解范围内就写一下另外一种。因为这个课还和别的课不太一样，就是这个老师来，就讲他的，那个老师来，就讲那个老师的，没有什么……

R：嗯，我们也有这样的课。

L7：就很难抓到主线。

R：这样的课就没有主线啊，就是让你知道各种各样的东西。

L7：但很多都不知道，听了都想了解，所以就要看很多书，我都是一片空白，一片空白。

学习者 L7 也来自蒙古国，上大学之前在内蒙古通辽的一所高校专门学习了两年汉语，之后在中国高校完成了本科和硕士研究生阶段的教育，目前以奖学金生的身份继续攻读博士学位。她学习汉语接近十年，已经通过了 HSK 最高级，但是应付课堂教学中的专业内容仍然感到很吃力。另一位学习者 L9 的情况则截然相反，他之前完全没有学过汉语，在中国学习一年汉语之后，他顺利通过了 HSK 四级。虽然他的汉语水平与学习者 L14、L7 之间有很大差距，但是他觉得他的汉语水平并不影响专业课学习，在课堂上也没有需要使用词典的情况。

L9：（E）是的，因为我现在只能用汉语进行一般的讨论，还不能用汉语进行专业学习，我的专业用汉语学很难。有一门课，我导师的课，我是第二个班长（second monitor）。我们有两个班长，因为这门课是用中文上的，所以我当班长的话，也会（对提高汉语水平）有所帮助。<u>因为我的专业主要是关于数学的，所以只要一个人能明白数学就能跟得上。我导师上课主要讲的都是数学的内容，我只要看他写的和 PPT 就能明白他讲的中文是什么意思。</u>

R：（E）所以当你理解汉语时候你一般是通过英语来理解的是吗？

L9：（E）对。所以当他说汉语的时候，我也能理解（数学）他为什么这样（推导），所以尽管他说的是汉语，理解起来也没有困难。<u>因为我学的是科技，科技是全球同步的，所以最新的内容都是英文的，即使在中国，我可以用英</u>

语学习我的专业。

R：（E）所以你不觉得学专业课很难。

L9：（E）对，老师讲中文也完全没有问题，因为我的研究也是用英文做的，只是讨论的时候需要用一点中文，我导师允许我报告的时候用英语，其他同学的英语也都很好，所以完全没有问题。

R：（E）所有你们需要阅读的专业论文都是英文的吗？

L9：（E）对，都是英文的。因为我们的研究都是全球性的研究，所以我们必须用英语写，发表在全球性的期刊上。我、我的同学、我的导师都不想用中文发论文，因为发中文的不是全球性的，所以要发英文的。

R：（E）你有没有在中国参加什么学术会议呢？

L9：（E）有，我去了青岛、四川，去了一个星期，七月的时候。国际会议一般都是英语的。

学习者L9来自巴基斯坦，是巴基斯坦一所高校的讲师，受邀来到中国攻读物理专业的博士学位。因为英语是巴基斯坦的官方语言之一，所以他的英语水平相对较高。在他的专业领域，英语早已成为学术圈的通用语言，因此汉语水平不但没有成为他的短板，能够熟练使用英语进行论文写作使得他甚至比中国学生更有优势。他刚刚完成一篇英文文献综述的撰写，两篇SCI论文也已经通过专家评审，即将正式刊发。与他的专业学习相关的交流在很大程度上并不依赖言语表达，只要通过数字、符号、运算和推理就能基本完成，涉及实验或计算的部分对语言表达也没有要求。总体上来说他需要使用汉语的情况比较少，相应的使用词典的需求也比较低。

6.3.1.2　学历生在专业课上使用词典产品的模型

通过对质性材料的逐层分析，两组相关关系逐渐浮现出来：一是具体的课堂教学形式对于学习者的汉语使用层次有不同要求；二是课堂语言与学习者的优势语言之间的关系有多种可能。这两组关系涉及到以下五个主要概念。

（1）课堂教学形式和互动模式。教学形式包括教师讲解、师生互动（操练、问答）、生生互动（课堂讨论、课下小组合作项目）、个人报告等；互动模式从方向上可以分为单向和双向，如：教师讲解和学习者个人报告为单向的，师生互动和生生互动则为双向的；从层级上可以分为横向和纵向，如：生生互动为横向的，师生互动为纵向的。教学形式和互动模式决定了学习者在课堂上的汉语使用量和使用深度。

（2）汉语处理难度。包括使用量和使用深度，其中使用深度又包括理解和产出两类，听教师讲解就要求学习者完成理解任务，做报告要求学习者完成产出任务，进行互动则需要学习者同时完成理解和产出任务；使用深度由浅到深分别为理解任务、产出任务和同时完成两类任务三级；汉语处理难度分为五级，由汉语使用量（从少到多用1—3分表示）和使用深度（从浅到深用1—3分表示）加和得到；使用量越大，使用深度越深，则汉语处理难度越大（最高为6分），反之则越小（最低为2分）。

（3）课堂语言（Classroom Language，CL），包括教师讲解使用的语种和语言难度、板书和PPT使用的语种和语言难度，以及教材和其他参考资料的语种和语言难度，语种的选择在很大程度上取决于本专业领域内通用的工作语言（Working Language，WL）。

（4）学习者的优势语言（Dominant Language，DL），指的是在学习者掌握的多种语言中，水平最高、学习者熟练使用程度最高的一种或多种，这里指的是学习者的母语和水平接近母语的第二语言或外语。

（5）CL/WL与DL的一致程度即课堂语言、专业领域工作语言和学习者的优势语言是否一致。当学习者的优势语言有一种或多种（表示为集合A），并且恰好是或者包含全部课堂语言和工作语言（表示为集合 B）时，即若 B⊆A，则 CL/WL 与 DL 的不一致程度 =1，程度低；当学习者的优势语言有一种或多种（表示为集合 A），并且包含课堂语言和工作语言（表示为集合 B）中的一部分时，即若 A∩B≠∅，则 CL/WL 与 DL 的一致程度 =3，程度居中；当学习者的优势语言有一种或多种（表示为集合 A），但是不包含课堂语言和工作语言（表示为集合 B）中的任何一种时，即若 A∩B=∅，则 CL/WL 与 DL 的不一致程度 =5，程度高；CL/WL 与 DL 的不一致程度越高则学习者需要付出的努力程度越高，反之则越低。

表3　　　　　　　专业课教学形式与语言处理任务

学习者	课堂教学形式	互动模式	汉语使用量	汉语使用深度	汉语处理难度
蒙古国学习者 L6	教师讲解	单向、纵向	中	浅	3
缅甸学习者 L8	教师讲解	单向、纵向	大	浅	4
巴基斯坦学习者 L9	教师讲解 个人报告（英语） 自由讨论（英语）	单向、纵向 单向、横向 双向、横向	小	浅	2
越南学习者 L14	教师讲解 个人报告（汉语） 师生问答	单向、纵向 单向、横向 双向、纵向	大	深	6

表4　　　　　　　学历生在专业课上的语言使用情况

学习者	学习者优势语言 DL	课堂语言 CL	工作语言 WL	CL/WL 与 DL 不一致的程度
蒙古国学习者 L6	英语/蒙古语	汉语/英语	汉语/英语	3
缅甸学习者 L8	汉语/缅甸语	汉语	汉语	1
巴基斯坦学习者 L9	英语/普什图语/乌尔都语	汉语	英语	3
越南学习者 L14	越南语	汉语/英语	汉语/英语	5

我们将上一小节的个案中提到的几位学习者的专业课情况和他们在专业课上的语言使用情况分别以表格的形式呈现，结果如表3和表4所示。对"汉语处理难度"进行正向赋分，对"CL/WL与DL的一致程度"进行反向赋分，再将两个分值相加，就得到了语言处理难度和学习者语言处理能力之间的差距分值（见图50）。这一差距需要借助词典或其他工具进行弥补，因此与学习者查询词典的需求情况密切相关。

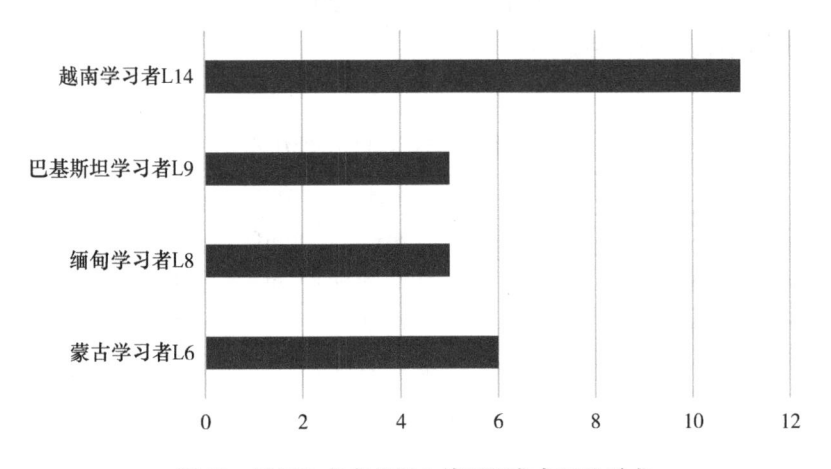

图 50　学历生在专业课上使用词典产品的需求

图 50 所示的数值可以比较直观地反映这几位学习者在课堂情况下查询词典的需求情况：学习者 L6 参与课堂教学活动的形式主要是听教师讲解，需要达到的目标是理解教师讲授的内容，也就是说课堂环境中处理汉语信息的难度本身不是太大，加上她可以发挥自己在英语水平上的优势进行学习，对于不能即时理解的内容，通过翻译快速了解大义即可，因此她在课堂教学中查询词典的需求不高。

学习者 L8 和 L9 在课堂教学中查询词典的需求都很低，但是原因有所不同。前者在课堂环境中需要处理的汉语信息难度较大，但是其处理能力较强，因此不需要借助词典；后者虽然处理汉语信息的能力有限，但是在课堂环境中需要处理的汉语量小、难度低，且在大多数情况下可以使用英语使他直接绕过了处理汉语信息的问题，因此他也基本不需要使用词典进行查询。

学习者 L14 在课堂上需要完成多种形式的活动，既需要理解教师讲授的内容，也需要完成语言产出任务，特别是即时互动对其使用汉语的层次要求很高；一方面处理汉语信息的难度就大，另一方面她的优势语言并不能在课堂环境中提供有效帮助，使得她在课堂学习中困难很大，需要付出的努力更多。学习者 L6 和 L9 能够通过使用英语减轻处理汉语信息的负担，但对 L14 来说英语的介入不但不能减轻汉语新的处理负担，反而带来了新的负荷，所以她对词典查询的需求也要比其他几位学习者大得多——不仅要查询汉语—越南语词典，还有可能要查询汉语—英语和越南语—英语词典。

6.3.2 课外自主学习
6.3.2.1 解码任务与词典使用

一些受访学习者在结束一年的语言补习之后就正式开始专业课学习，他们必须在课后完成大量的文献阅读，但是不同受访学习者在解码策略上表现出了不同的偏好。

> L14：我觉得现在看中文还可以，但还要看英文。现在看中文都很少查词典，<u>不知道就猜一猜，猜不出来就算了。说实话，我只是看一看，看懂了就好了，看大概的意思就好了。</u>

> L17：我的英语老师说："我年轻的时候懒，可是还是学好英语，因为我不知道一个字的时候，我很懒，我不想查字典，我猜出来。"这事我觉得比较好，可是刚刚开始的时候你肯定猜不出来，因为中文完全不一样，可是以后，<u>我现在……</u>

读各种各样的东西的时候，我真的都会猜出来那个很多字的意思，所以我觉得不要太多查字典，你要发展你猜出来的能力，这样我觉得，因为你不会，有些情况你不会查字典，你要动脑子。

L15：主要还是在阅读的时候用（Pleco）吧，因为现在我们学的书里面的文章都很长，大部分人可能觉得弄懂大意就可以了。但是我不行，我必须要弄清楚每一个词的意思才行，因为我不仅想知道词义，也想理解背后的概念。比如说为什么是这样的语序，因为我知道主谓宾并不是唯一的语序，还有很多别的语序，我想要理解它们。

R：也就是说你必须要知道每个词具体的意思，然后把它们一个一个组合起来你才能知道整句话或者整段话的意思。

L15：是的，要是用扫描（scan）或者跳读（skip）的方法知道大意，但不知具体每个词的意思会让我觉得没有安全感，觉得肯定漏掉了什么。正如你说的，我已经学汉语很长时间了，文章里大部分都是已经学过的词，大概也能猜出来讲的是什么，但是不把每一个都搞清楚会让我很不安。

有学者（Chang, 2010）希望通过调查汉语学习者阅读策略与阅读理解之间的相关性来研究学习者的阅读策略如何发展，但是因为涉及学习者的学习动机、语言水平、焦虑感等诸多难以控制的个人因素，该研究最终没有得出明确的结论。我们也不能简单在使用词典频率高低和阅读策略优劣或者学习效果好坏之间建立简单联系。

学习者 L14 看重掌握大义，学习者 L17 非常有意识地利用上下文猜测词义，她们在认知风格上都属于场依赖型（field-dependent）；而学习者 L15 更重视细节，在阅读中选择了由下至上

（bottom-up）的策略，在认知风格上属于场独立型（field-independent）。因此学习者 L14 和 L17 在阅读中使用词典产品进行查询的频率要远远低于学习者 L15。

有研究（徐子亮，1999）调查了外国留学生的汉语学习策略，阅读时每个词都要弄懂意思的学习者和只需要弄懂大概意思的学习者各半；在遇到难懂之处时，13.3%的学习者完全依靠上下文进行猜测，20%的学习者仅依靠查词典，大多数（66.6%）学习者则会兼用上述两项策略。可见上面三位学习者的个案都具有一定代表性。

6.3.2.2 编码任务与词典使用

在专业课的学习中，解码任务往往和编码任务紧密结合，学习者在完成文献阅读任务之后，一般需要完成读书报告、课堂报告（口头 + PPT）、期末论文等各种形式的作业，受访学习者在此类编码任务中明显感到语言能力的不足。

R：（看微信记录）你们的作业是"发表对以下纸样的看法"。所以是谈感想嘛。你有什么感想？看了以后。

L1：没有什么感想。

R：没有什么感想？

L1：我的感想就是现在很着急怎么写呢，哈哈。

R：所以你没有感想吗？

L1：哈哈，我太紧张了。

R：那如果用越南语说，你有感想吗？

L1：有啊。

R：所以其实是语言的问题嘛。

L1：对呀，哈哈哈哈。

R：所以你们的读书报告不要求像论文那样，像说话那样就可以是吧？

L1：对，像说话一样。

R：那你们有没有什么作业要求写很正式的?

L1：有啊，就是要发表的。

R：你们有要求要发表吗?

L1：对啊，展示啊。

R：喔，原来你说的是那个。在班上说的，我以为你要发表在期刊上，哈哈。那个是要求做 PPT，还是也要写成文章?

L1：做 PPT 也要写出来啊。我现在是先写下来，然后才放到 PPT 的。

相对于解码任务，学习者在编码任务中感受到的困难程度要高得多。这里所说的编码任务不同于语言课堂旨在练习语言点的课后作业，而要求学习者以成熟的二语者的姿态自由使用汉语表达观点，并且进行正式语体的书面语写作。

L6：写汉语真的完全不一样，就像用完全不一样的语言，你必须用正式的词，还有一些很特殊的词你一定要用。

R：你现在遇到最大的问题是什么?

L8：主要就是书面语和口语不一样嘛。

R：以前学汉语有老师教过吗?

L8：书面语跟口语吗? 没有。但这是读研读博没办法一定要面对这个问题。

L10：去年学专业，真的好难，特别是写作那个方面。写论文痛苦死了。

L11：写作那个方面，我们都没有办法写，太难。

R：是因为觉得哪一个语法特别难吗?

L11：哪一个语法特别难? 不知道。应该是中国常用的写法、想法。

L10：思维。

R：是吗？听你们说话没有什么问题。

L10：因为口语的词汇就可能没问题，但是，哈哈哈哈。<u>我懂那个意思，但是用汉语来写的话可能这个词不符合中国人常用的习惯</u>。

R：所以你觉得语序是你的母语和汉语最大的区别吗？

L15：当然不是，汉语用汉字，还有声调，这是最大的区别。有一些对我来说特别难的东西，尤其是语法和语序，有一些语法，准确地说应该是一些结构，常常很难说清楚具体的规则是什么，所以会用错，我知道大概是怎样，但总是不那么确定，还有就是口语和书面语的差别非常大，这些是主要的差别我觉得。

受访汉语学习者中的大部分都已经获得了本科及以上学位，对论文的特点和要求都有基本的认知。大多数学习者都意识到了汉语口语和书面语的差异，让他们感到困难的部分一般不是论文格式和论证方法，而是具体应该如何使用汉语的表达方式，学习者 L3 在访谈中更具体地谈到了这个问题。

L3：所以我写文章的时候，就看有的人的文章写得比较好的话就背一下再写一下，不然的话，我读了就可以懂，但我自己不能用嘛。我想表达这个意思，但是不知道汉语怎么表达的时候，我就看别人说的，然后修改一下我的。因为句式嘛，主要是一些句式，我的脑子里没有那种句式，所以词典的话，可以提供一些句式。常用的句式，要提供，很重要。因为比如说我需要用一个句式，但是我去查词典的话，也很难查，我用什么去搜索呢？

总体上看，学历生在课堂上对词典需求的大小因人而异，但是基本上都能够得到满足；而他们在课下完成与专业课相关的编码任务时，虽然查询词典的需求更大，但是现有词典产品的内容和功能对于提高书面语写作能力的帮助十分有限，所以他们的需求没有得到很好的满足。

6.4 论文写作与词典使用

第二语言水平是动态发展的，对于正在集中学习汉语，听、说、读、写能力稳步提高的进修生来说尤为如此，这也就意味着当前阶段他们的语言水平和语言任务的难度是同步发展的；对于得到中国政府奖学金资助来华攻读研究生学位的学习者来说，在开始专业课学习之前无论他们的第二语言达到了什么水平，都会因为客观原因（对语言知识和技能进行专门的集中学习和训练的机会有限）而进入到一个相对稳定的、缓慢发展的阶段。但是与此同时，他们所要面对的语言任务却在难度上面对着跨越式的发展——专业的论文写作与进修生所面对的语言任务无论是在数量上、难度上，还是性质上都有着本质的不同。

现有汉语作为第二语言的写作研究和写作教学研究大多面向进修生（如朱湘燕，2007；张琦，2010；吴剑，2012；于良杰，2014；许希阳、吴勇毅，2016等），而不太关注来华接受学历教育的汉语学习者。陈钰（2015）对三位来华攻读硕士学位的学习者进行了个案研究，认为汉语学术写作在第二语言学习者的身份认同构建和发展中有极为重要的作用，学术写作的过程是第二语言学习者身份认同的"关键性经历"。

我们的学历生研究对象不仅有在非目的语环境中学习汉语、已经获得中文专业学士学位、来华继续攻读硕士及以上学位的学习者，也有汉语学习时间更短、攻读学位更高的学习者，还有汉语零基础学习者在学习两个学期后直接攻读博士学位的极端情况。语言水平无法满足其在华学习需要的情况在此类学习者身上表现得尤为突出。

6.4.1 学习者的论文写作困难

受访学习者普遍表示在完成写作任务上存在较大困难，尤其面对在内容专业性、语言准确性和篇幅上都有较高要求的学位论文写作，他们常常感到无从下手，如学习者 L3。她在非目的语环境中学习了七年汉语，中途来华交换过一年，已经通过了新 HSK 最高级别，分数也已经超出中国大陆所有高校的要求。但是在面对博士研究生阶段的学位论文的写作时，她仍然无法达到应付自如的水平，在三年的学习结束之后因为未能如期完成论文，而申请了延期毕业。

L10：我感觉博士的话，一年学语言，不够，很难的。去年学专业，真的好难，特别是写作那个方面。

R：写论文吗？

L10：写论文痛苦死了。那个……写硕士论文的时候也有一个师姐帮我改的，然后他给我发，那个时候我们用 QQ 嘛，发消息说："我很惊讶你写得这么……"看起来很无奈。

L10 已经在中国学习了四年，截至进行访谈时，他的汉语学习时间已经超过五年。在攻读博士学位之前他已经在中国中部某重点院校获得了文学硕士学位，达到了申请中国政府奖学金的标准和申请院校的语言水平要求。因此他直接进入了专业课修读阶段，并且按期在博士研究生第二年进入开题阶段，但是论文写作仍然让他觉得很头疼。

L10：本人对西方文化、文学理论对我国现为较大的影响<u>相当</u>理解和把握。

R："对我国现为较大"是什么意思？

L10：意思就是这些西方文学的理论对我国现在具有比较大的影响。"我国现今"。

R：所以这句话是要说你作为一个研究者的情况，是吧？

L10：这句话想表达的意思是："本人对西方文化和文学理论对我国现今具有较大的影响很了解"这样的。

L10：还有一句，"确立一种跟文化有关的国家根性（国家认同）之需求明显地体现通过'国学''国史''国字'观念的讨论和各种有关的研究和著作。"

R：这句话要表达什么意思呢？"之需求"是什么意思？

L10：就是"需要性"的意思吧。可以用"需要"吗？"确立一种跟文化有关的国家认同的需要已明显地通过……"

R：是想说"通过……来确立……"吗？

L10：啊，对，也可以用这样的方式来表达。"通过关于'国学''国史''国字'观念的讨论来确立一种跟文化有关的国家认同"，可以这么说吗？

R：嗯，"通过对……的讨论"比较好。

L10："国家认同的要求"还是"国家认同的需要"更合适呢？"通过关于……"不，"通过对……"晕了……

R："要求"和"需求"都不需要吧。

L10：但这句话想强调通过那些概念的讨论来确立国家认同的需求性。

从上述内容可以看出学习者 L10 对汉语书面语体的特征有一定的认识，比如：他在口语中使用"很了解"，在书面语中则改用"相当了解"，还使用了其他很多双音节词（如"理解""把握""需要""具有"等），符合"在书面语里，话要典雅必双（音节）"的要求；"……的讨论"和对"现今"的使用也说明他对"嵌偶单音词"等汉语书面语特有的词汇特征有一定认识,有一定的书面语体意识(冯胜利,2006:8—10)。但是也可以看出学习者 L10 对长句结构还是难以从整体上进行把握,容易出现句式杂糅和成分残缺的情况,对一些易混淆词(如"需求""要求"和"通过""关于")之间的细微区别还不是很清楚。

在质性访谈中,学习者普遍表示论文写作在所有学习任务中最为棘手,其中最典型的代表是得到中国政府奖学金资助来华攻读研究生学位的学习者。此类学习者来华之前的汉语学习经历非常有限,其中相当一部分学习者只经过了两个学期的汉语补习,刚刚从零基础达到中级(或以上)水平,就需要独立处理难度较大的语言任务,而且此类学习者能够用于语言学习的时间精力和能够利用的资源都比较有限。

中国政府奖学金的申请者无需提供汉语水平证明,申请单位接受汉语或英语申请自述(学习计划),也就是说没有任何汉语学习经验的学习者也可申请;来华攻读本科或研究生学位的学习者在正式开始专业课的学习之前必须达到 HSK 五级或以上水平(具体分数由各院校自行规定),语言达不到要求的学习者最多有四个学期(两个学年)的时间进行语言补习。

  R:所以在申请政府奖学金的时候有没有什么明确的要求,比如说中文必须达到一定水平什么的。
  L7:没有,不需要先有 HSK 证书,所以说这就是很大的问题。
  R:什么要求都没有吗?
  L7:有要求,有要求,比如说你要写一个自己的这个计划书,还有一个什么……
  R:是用蒙语写吗?
  L7:英文,一般是。有 HSK 的话就 HSK,没有的话就不用交了，其他的资料就是都很普通。
R：HSK也没有要求几级？
L7：对，没关系。
R：那来攻读硕士和博士有什么差别呢？
L7：就是你以前读过硕士，就可以申请博士。

受访学习者认为申请高校和教学金的语言要求较低，存在不合理之处。为此，我们统计了中国大陆多所高校对留学生语言水平的具体要求，具体情况见表5。

表5　　　　中国高校对留学生的语言水平要求

院校	培养层次	语言水平
清华大学	本科生	汉语水平达到新HSK五级（含）以上，且每一科目均在60分以上；汉语水平最低达到新HSK四级也可申请，但须在入学后一年内达到新HSK五级（含）以上（且每一科目均在60分以上），否则取消就读资格
北京大学	研究生	理工科专业新HSK6级200分以上，写作不低于65分；人文社科专业：新HSK6级210分以上，写作不低于65分
浙江大学	本科生	人文社科专业新HSK四级210分以上水平；理工科专业新HSK四级190分以上水平；汉语言本科专业的申请者汉语水平须达到新HSK四级180分以上
浙江大学	研究生	人文社科专业新HSK4级210分以上水平，或新HSK5级以上；理工科专业新HSK4级190分以上水平，或新HSK5级以上
重庆大学	研究生	新HSK 4级

续表

院校	培养层次	语言水平
华南师范大学	本科生	新HSK5级 申请国际文化学院汉语言专业者，如报读汉语言方向可免HSK成绩。HSK未达要求者，可先申请来校进行汉语学习
	研究生	新HSK5级 HSK未达要求者，可先申请来校进行汉语学习
云南大学	本科生	汉语言相关专业：新HSK三级；非汉语言相关专业，新HSK四级
	研究生	新HSK五级以上

由上表可知，不同层次的高校对本科生的语言要求在新HSK三级到五级之间，而对研究生的要求则在五级到六级之间。陈秋月（2015）基于汉语作为第二语言学习者的书面表达能力目标对新HSK（高等）作文命题进行了研究，新HSK与国内外六个语言写作能力标准进行对比的结果显示：《国际汉语能力标准》的写作能力标准设置偏低，无法适应越来越多高级汉语学习者的学习和评估的需要，而且导致新HSK（高等）写作命题的标准也偏低，建议在形式和内容上进行调整，将写作字数要求提高。

新HSK四级或者五级学习者无论是在综合语言水平上，还是写作水平上，都很难达到使用汉语修读研究生课程、完成学位论文的要求。将来进一步完善汉语水平考试系统时，可以考虑借鉴英语水平考试的做法，区分非学历学习者和来华攻读学位的学习者，设计"一般类"和"学术类"两套内容，分别侧重考察学习者使用汉语进行日常交流的能力和使用汉语进行专业学习及学术写作的能力。

除了奖学金申请和高校申请的语言水平要求之外，不少受访学习者也谈到了中国高校的具体培养方案与他们来华之前所预想的情况之间存在较大差距。

> L6：我觉得很沮丧，也很难过，因为这是中国最好的大学之一，但是现在，一年已经过去了，很多学生还是在讨论学校的语言课有问题，<u>虽然我们都考过了 HSK 但是并不代表我们的语言水平，一年过去了，远远不够</u>。
>
> R：所以说你们来之前……
>
> L6：<u>我们之前完全不知道是这样的情况，当然，我们知道我们只有一年时间来学语言，之后要考 HSK 五级，要考到 195 分。我们想学校会专门为我们外国留学生开设一些课程。我是这样想的，说实话，这是我的期待，会有语言强化课程，或者专业课是留学生和中国学生分开上的。我觉得按道理来说应该要那样才对。</u>

很多高校的招生简章都提到：未达要求的申请者可以/必须先进行集中的语言学习。为此，我们对相关课程情况，特别是写作课的情况进行了大致地了解。访谈材料显示：理、工、农、经、管、教育、艺术等专业的学历生受到的写作方面的训练非常有限，他们在普通写作中常常出现不能表达自己的想法的情况，或者词不达意，或者句子语法不正确，或者词语搭配不当，普遍存在句子与句子之间的连接不符合汉语的习惯等"初中级汉语学习者最容易遇到的问题"（陈贤纯，2003），在学术写作中的问题就更为突出。

据受访学习者反映，语言补习生大多和普通语言进修生并班上课，换言之，他们所接受的语言技能训练没有专门针对专业课学习或学术论文写作做特别的安排。

> L6：一开始我在 100 上课，但是听力课我上的是 101 的，

那门课的老师特别好，我特别喜欢那门课。

R：所以一年过后……

L6：我上完了101。

R：所有课吗？

L6：不是，读写、听说、写作三门课。

R：学完以后你有什么感觉？

L6：<u>因为101还是程度很低的汉语，我们都是从打车、点菜什么的开始学，现在上专业课、写论文完全用不到这些内容。</u>

R：那老师有没有给你们什么建议？比如应该要再补充学一些别的，什么的。

L6：有一些老师会说你们的水平还不能上专业课，有一些老师会说的。但是有一个问题是，有的老师比较了解这个情况，他就会很担心，他一直在问："你们确定可以上专业课吗？"每个学生都很清楚不行，老师也很清楚，至少教我们汉语的老师是很清楚的，因为上语言课的老师都会一直问我们："你们确定（只学一年）可以上专业课吗？"

语言补习生在结束两个学期的学习后，一般可以通过新HSK五级，但是和进修生不同的是，他们在通过语言水平考试之后，身份就会转变为学历生，接下来就需要面对用汉语修读专业课和开题、写论文的问题。

R：那么上专业课的时候跟得上吗？

L6：这就是我们一直在谈的问题，<u>有很多（专业课）老师很看不起我们国家的学生，但是我们学生很可怜，因为这不是我们的问题。但是他们不能接受"我们只学了一年汉语"这个理由，其他专业课的老师不知道，也不关心这一周20小时的语言课到底教了什么内容。</u>有一些老师会说："你们的水平还不够。"有一些老师会说的。

R：那么你们不能一边上专业课，一边上语言课吗？

L6：不可以。这就是我们去找 ISO（International Student Office，留学生办公室）想跟他们反映的问题，想问能不能同时上语言课和专业课，但他们说不行。

学习者 L6 反映表示在开始专业课学习之后已经明显感到自己语言水平的不足，但是在这样的情况下，培养单位既没有安排专门的语言课程（写作课程），也不允许他们继续和进修生一起学习语言课。

L6：一开始刚入学的时候确实有一个分班考试，然后就是一年的语言课，在这一点上是没有选择的。上完一年语言课，就要正式开始上专业课了。<u>大家都需要通过 HSK 五级的考试，但这不是关键，大家上完一年基本都能通过考试，因为考试并不能说明问题，我们需要的是语言能力</u>，要能够应对日常生活和学习。但是现在他们拒不负责，一直说是我们学生不好，所以这样的判断在逻辑上是有问题的。

R：所以是只能上一年语言课吗？

L6：是的。

我们查询了国内多所高校的汉语教学安排，很多院校在这一阶段都不安排专门的写作课，写作训练一般融合在综合课或读写课中。在没有经过专门学习和训练的情况下要使用汉语完成其他专业的研究生学位论文是何等的困难，可想而知。在访谈中，学习者面对这样的情况难抑无助又无奈的心情。

R：（E）所以是只能上一年语言课吗？

L6：（E）是的，我们已经向 ISO（International Student Office）反映过问题，但他们说这是 CSC（中国国家留学基金委）定的时间，拨的钱。也许这就是中国特色（Chinese way）？我不知道。

R：（E）你们国家的学生普遍有什么感觉呢？

L6：（E）<u>备受挫折（frustrated），他们都要疯了（crazy）。我去年也快要疯了，我特别生气，后来我意识到我也无能为力。</u>所以我告诉其他同学，制度就是这样的，我们只能按规定来。

陈钰（2015）在研究中也发现，学历生在进入培养单位之后，在学术写作上一直缺乏帮助和指导，只能自己摸索。在她所研究的三位学习者中，有一位来自美国的学习者和本节讨论的多位学历生情况相似——在结束一年语言补习后，她进入了 S 大学历史系，虽然已经通过了新 HSK 六级，但是这个之前让她引以为傲的成绩却让她在开始论文写作之后备受打击。

> 我以前感到很满意，因为我来中国以前一点儿也不能说，一点儿也听不懂，但是一年学习后，我通过了 HSK 六级。我觉得我平时的努力是值得的。但是来到这里，我有点伤心，我发现我的中文水平太低了，在历史系，老师让我们读和写很多，以前我们一周也会有几次写作文的作业，写的作文像"我的快乐的一天""我的家""我在中国有意思的事情"，这些都是很容易的，像小学生的作文，那时候我觉得最重要的是语法要正确，要能写得出汉字。可是现在觉得那时的写作对我专业没有什么帮助，没什么用。（陈钰，2015：129）

针对这一情况，陈钰（2015）认为"目前高校的汉语教学相对滞后，没有形成针对学历留学生的学术汉语运用能力培养的与教学体系，既鲜有针对学术汉语的课程，也缺乏对学历留学生的汉语学术写作指导"。正如罗青松（2002：251）所指出的：现有针对汉语写作教学的研究大多探讨的是针对语言进修生的写作教学，是较为典型的语言技能训练。而学历教育中的论文写作，即学术写作是迫切需要深入研究的课题。十五年之后的今日，来华接受学历教育的留学生数量不断增加，在修读专业和培养层次上也更为多样，语言补习阶段和研究生阶段的汉语教学不仅有更大需求，也面临着更大的挑战。

6.4.2 学习者在论文写作中的策略使用

在访谈中，学历生普遍反映在论文写作中或多或少都需要借助母语翻译，甚至有学习者表示无法独立使用汉语完成开题报告的写作，只能先用自己的母语写好初稿，然后请语言水平较好的留学生先翻译成汉语，再请汉语母语者进行修改和润色。陈钰（2015）在进行个案分析时，也提到学习者在论文写作中使用了"母语写作"和"韩译汉、汉译韩的多次翻译"等策略的情况，这些策略的使用都离不开词典产品。

R：所以你觉得最难的是什么？

L11：现在吗？用中国人常用的想法来表达……现在就是我写，想法是越南的，不是中国人的想法。

R：所以现在还是翻译，要先用越南语想一想。

L11：对对对。<u>现在应该是翻译不是想，应该是从把越南语翻译成中文。</u>

L10：我现在也是一样。

R：你也是吗？你已经学了很多年了，他只学了一年诶。

L10：啊哈哈哈，不是像他那么……但是有时候还是需要这样。<u>因为如果之前如果用汉语表达，没有办法表达很难的那个、很长或者很难的，比较抽象的句子，"抽象"对吗？</u>

然后呢都是（想）翻译出来应该是什么样子。

表6　写作三阶段策略、组策略、具体策略使用的均值和标准差①

各阶段策略（均值，标准差）	组策略（均值，标准差）	具体策略（均值，标准差）	
写作前策略 (3.28, .75)	元认知 (3.24, .76)	计划 (3.18, 1.25)	识别 (3.90, 1.20)
		回顾 (3.08, 1.29)	组织 (3.04, .98)
	认知 (3.27, 1.01)	心理词典 (3.61, 1.25)	概念框架 (3.27, 1.30)
		翻译 (2.91, 1.56)	
写作时策略 (3.58, .65)	元认知 (3.75, .72)	组织 (4.12, 1.08)	回顾 (3.44, .90)
		目标设定 (4.19, 1.01)	自我监控 (3.40, 1.17)
	认知 (3.24, .98)	翻译 (2.54, 1.54)	心理词典 (3.93, .95)
	补偿 (3.80, 1.29)	简化意义 (3.38, 1.55)	母语替代 (3.65, 1.71)
		近义词替代 (4.3, 3.18)	
	记忆 (3.25, .93)	利用词典 (3.25, .93)	
	社交 (3.21, 1.40)	求助他人 (3.21, 1.40)	
修改时策略 (3.15, .67)	元认知 (2.59, 1.02)	识别 (2.58, 1.40)	计划 (3.19, 1.24)
		自我监控 (2.0, 1.29)	
	记忆 (3.15, 1.42)	利用词典 (3.15, 1.42)	
	认知 (3.34, .78)	分析、修改 (3.35, .92)	步骤与方法 (3.12, 1.00)
		新旧信息检验 (3.44, 1.18)	
	社交 (3.05, 1.18)	求助他人 (3.05, 1.18)	

---

① 表6引自吴剑，2012，《来华预科留学生汉语写作策略探索》，《华文教学与研究》第2期，表2。

续表

各阶段策略 （均值， 标准差）	组策略 （均值，标准差）	具体策略（均值，标准差）
修改时策略 （3.15，.67）	情感 （3.77，.83）	自我奖励（3.15，1.36）　积极反馈（4.40，.84）

吴剑（2012）使用 Petric & Czarl（2003）的写作策略调查问卷对 97 位来华预科生的写作过程进行了研究，结果显示：一些学习者经常使用翻译策略，他们经常由于词汇、语法和句法知识的匮乏而不得不使用母语替代和近义词替代等策略来简化自己本来想要表达的语义（具体数据见表6）。

使用词典进行查询不仅能直接作为一项策略（利用词典），而且还会与其他策略（如表6中的翻译、母语替代、近义词替代等策略）发生交互作用，构成复合策略。这很有可能是吴剑（2012）对学习者的写作策略和新HSK成绩的相关性进行多元回归分析时，只有"利用词典"这一个策略成为进入回归方程式的显著变量的原因。

国内针对英语学习者研究和针对汉语学习者的研究发现了类似的情况——学习者的语言水平越高，在写作中有意识运用的策略越少，这与国外一些研究结果不完全一致。就此情况，王俊菊（2006）认为写作策略的使用情况意味着写作过程的流畅程度——需要借助的策略越多，说明学习者的语言能力和完成语言任务所需要达到的标准之间差距越大。有学者则认为目前学界对于汉语作为第二语言的写作策略的多维性还缺乏深入认识，现有分类研究存在划分标准不一、维度不够全面等问题，各项策略在数量、性质或地位上的差异没有得到体现。"Petric & Czarl、张琦和吴剑等只是从具体的写作过程进行维度划分，不能全面体现留学生学习汉语写作各阶段所使用的策略。"（于良杰，2014）

现有研究也不能反映不同学习目标和培养层次的汉语学习者在写作过程上的差异。虽然在其他很多针对第二语言学习者写作研究中（如 Okamura，2006；王俊菊，2006；金沛沛，2016 等）使用词典都被列为一项重要策略，但是在我们的访谈中，进入论文写作阶段的学历生使用词典的频率却远不如进修生高。

    R：写的时候呢？有没有什么策略？
    L7：<u>就是翻别人的论文，看人家是怎么写的。</u>
    R：会上网查吗？还是查词典？
    L7：不会，<u>因为查词典也查不到啊。而且查词典怎么查也不知道啊。你常常需要知道的不是一个对应的词，但问题是一个语法或者常用什么表达在论文里，这个在词典里很难查。</u>虽然会有一些大概的规则，我也明白这些规则，但常常还是不确定怎么用，这时候查词典也没什么用。
    R：所以你们的问题也不是词。
    L7：主要是句子、句子结构、短语、常用表达之类的。

正如学习者 L7 所言，学历生书面语写作中在句子和语篇层面的问题要比词层面的问题更为突出，但是一般的词典产品比较倾向于解决词层面的问题，这也正是他们在论文写作过程中查询词典的频率并不高的原因。

学历生的学习性质和学习任务与进修生有着明显的区别，因此在使用词典产品的需求上也有所不同。他们所面对的最大的问题是难以独立完成符合要求的研究生阶段的学位论文，但是他们很难在语言方面得到导师的帮助和指导。而通过个人途径向中国学生或中国朋友寻求帮助则随意性比较大，常常因为缺乏规定或制度提供强制力无疾而终。面对这样的情况，有的学习者抱怨，有的质疑自己的能力，有的甚至已经申请转学或者回国。

随着中国国力的不断增强，国际地位的不断提高，不仅在海外掀起了汉语学习热，来华留学的外国学生数量也不断增长。教育部的数据显示，来华留学生总数已经超过44万，并且呈现出了持续稳步增长的趋势。在2011年来华留学的29万外国学生中，攻读学位的留学生人数不到12万，约占四成。到2016年，学历生人数已经超过20万，所占比例接近来华留学生总数的50%。其中，攻读硕士或博士学位的学习者所占的比重逐年增加，从2011年的30376人增长到了63867人，涨幅超过100%（具体情况见图51和图52）。

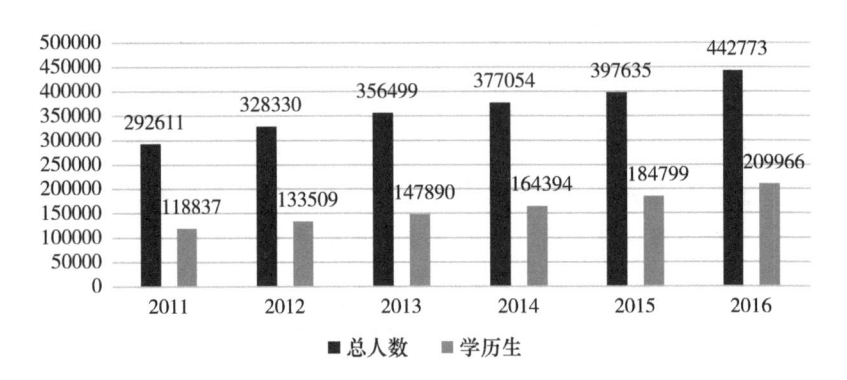

图51 2011—2016年来华留学生总数和学历生人数情况

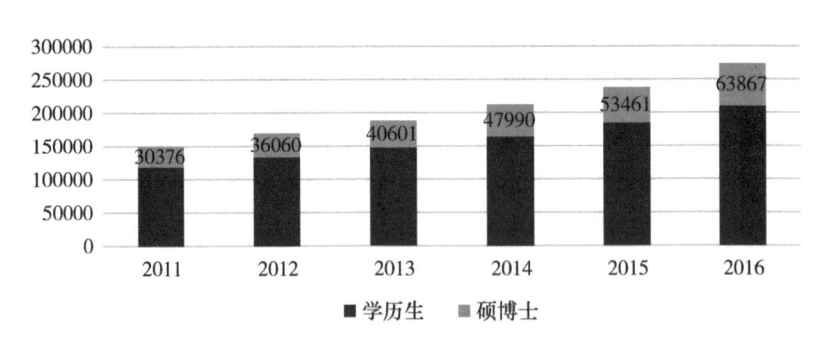

图52 2011—2016年来华攻读研究生学位的留学生人数

"2016年共有183个国家的4.9万人享受奖学金，占在华生总数的11%，其中'一带一路'沿线国家奖学金生占比61%；

硕博研究生比例高达 69%，中国政府奖学金杠杆作用持续发挥。"① 2005 年得到中国政府奖学金资助的留学生数量还不到 1 万，到 2016 年已经接近五万，在这 12 年间增长了接近 7 倍，是一个迅速扩大的群体（已经超过 10%）（具体情况见图 53）。

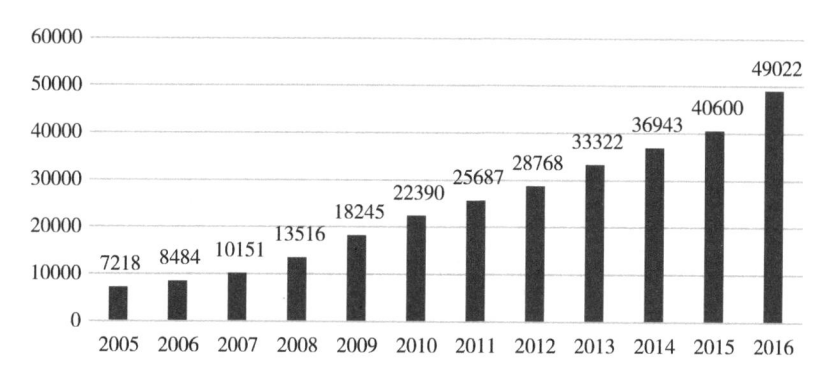

图 53 2005—2016 年得到中国政府奖学金资助的留学生人数

在短期语言补习之后攻读理工、经管、史哲、艺术等专业汉语学习者已经成为特征明显且具有一定规模的群体，他们的语言能力和学位攻读要求之间的矛盾尤为突出（见图 54）。但是目前无论是在具体教学上，还是在相关研究中对于此类学习者的关注都很不够。有必要针对具体情况，在语言教学、人才培养等方面进行深入调研。要有效解决他们论文写作困难的问题，需要有关各方的共同关注和努力。

首先，在汉语作为第二语言的教学和研究方面。针对汉语学习者来源和类型构成越来越多样化的情况，汉语作为第二语言的教学也应该做出积极调整，为学习目的有别、培养层次不同的各类学习者提供有区别性的教学内容。

其次，在词典研编方面。在现有各种类型的词典产品中，语

---

① 数据来自中国教育部官方网站 http://www.moe.edu.cn/jyb_xwfb/s5147/201703/t20170302_297870.html。

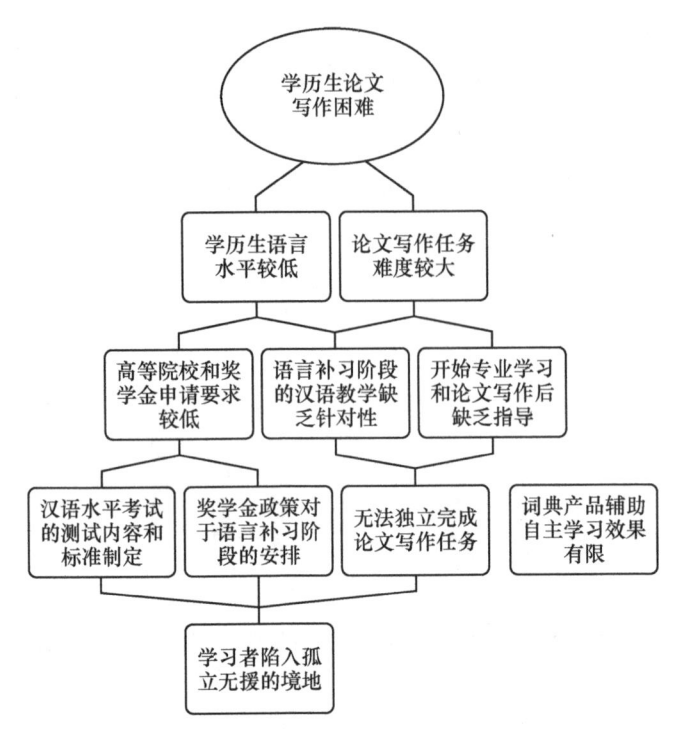

图54 学历生论文写作困难的原因分析

义、用法信息等都是依附于目标词词条这一节点零散分布的，完整的语法和词汇知识则无法得到系统的呈现，因此主要适用于解决具体目标词的语义用法问题。而在语言水平过低、缺乏语法知识、词汇量不足的情况下，学习者所面对的问题还没有具体到选用某个目标词这么微观的层面。相对而言，如何构造合法的句子，如何在体现论文语体特征的同时正确表达语义对他们来说是更为严峻和迫切的问题。依靠查询词典这一碎片化的、伴随性的活动，这些综合性的问题很难得到有效解决。研究者应该深入调研不同汉语学习者群体对于词典产品内容和功能的不同需求，充分考虑学习者的具体情况，设计和开发更多适合不同水平学习者在自主学习过程中使用的教辅材料、学习工具；词典研编者和产品的设计研发者也应该突破传统词典产品以"释义""通用"和

"解码"为核心的固有思维，提供形式更为多样的、功能和内容更具有针对性的词典产品。

最后，在政策和规定方面。培养单位对攻读研究生学位的汉语学习者所提出的汉语水平要求较低，也没有充分考虑他们的特殊情况提供具有针对性的培养方案和指导，这样的情况对于学习者个人的发展和中国高校扩大留学生招收规模、扩大国际影响力都有不利影响。无论是从政府层面，从培养院校的层面，还是从对外汉语教学专业发展的层面，都有必要重视这一情况，对政策、规定和培养方案进行相应的调整，更好地满足汉语学习者的需要，进一步健全和完善中国高校的留学生培养和支持体系。

第 7 章

学习者的个体因素与词典使用

前两章分别从学习者的培养层次、学习任务等类型化的视角对其词典使用情况进行了讨论,有助于我们从整体上把握不同类型的学习者所具有的普遍性特征。但是在关注共性的同时,也应该注意到每位学习者在学习能力、学习动机、学习策略和语言态度等方面都存在着个体差异。这些差异不仅影响着他们的语言水平、语言学习效果,也直接影响着他们对词典的态度和具体使用词典的行为。

第二语言学习/习得研究中所说的"个体因素"指的是第二语言学习者个体在学习/习得过程中所表现出的、对第二语言学习/习得产生一定影响的因素,一般包括生理因素、认知因素和情感因素三个方面(刘珣,2000:208)。和语言学习/习得有关的生理因素主要是年龄,认知因素主要包括学习者的动机、态度和性格等方面,情感因素主要包括智力、学能、学习策略、交际策略和认知方式等方面。因为我们研究的学习者都是关键期[①]已经结束了的成年人,在年龄方面的差异不是很大,因此主要关注认知和情感两类因素。

[①] 一般认为语言学习的关键期为 2 至 12 岁。根据神经生理学研究,在青春期(12 岁左右)以前,是大脑语言功能向左侧化的时期,到青春期开始时侧化已经完成,右脑就失去了发展语言的能力。据此,伦尼伯格(E. Lenneberg)提出了"关键期"假说。

7.1　认知因素和情感因素

第二语言学习者在认知因素和情感因素上的差异主要表现在语言学能、元语言意识、认知方式、学习策略、动机、性格和态度等方面。学习者在这些方面的差异直接影响了他们对词典使用的态度和具体的使用行为，以下对相关概念进行简要说明。

第一，语言学能。和所有人都能自然习得母语的情况有所不同，第二语言的学习/习得需要一些特殊的素质，这种特殊的认知素质被称为第二语言学习的能力倾向，也叫做语言学能（language aptitude）。语言学能的测试一般会从语音编码和解码能力、语法敏感性、强记能力、归纳能力等方面进行考察。不同学习者在上述四项能力上的表现存在差异，有的学习者可能对语音的敏感性更高，有的则善于分析语法，但是这些技能可以通过学习和训练得到强化和提升。语言学能涉及两种层次的能力，一是掌握语言运用知识（如语法知识、词汇知识和语音知识等）的能力；二是对语言文字一般性特征的认识和操作的能力，具体包括语音意识、正字法意识、语素意识、句法意识和语用意识等，即元语言意识（参见彭聃龄，1999；郝美玲，2015）。

第二，认知方式。认知方式即我们感知和认识世界的方式，这直接决定了我们作为第二语言学习者所采用的学习方式。不同个体在认知方式上表现出不同的倾向，如场独立型的学习者习惯剖析，而场依赖型的学习者善于综合①。场独立型的学习者一般能够从一定的语境中把目标语言项目分离出来，因此更能适应聚焦于某一特定语言项目的课堂学习和操练，而且此类学习者自信心较强，在具有竞争性的环境中表现较好，也更善于考试；而对

---

① "场独立"和"场依赖"的概念在 6.2.2.1 中分析学习者 L14、L15、L17 的情况时已经有所涉及。

场依赖型的学习者而言，自然的、多种信息综合的环境更有助于语言学习，他们善于在与人交际的过程中无意识地习得语言。刘珣（2000：216）提到，国外的研究显示，"场独立"型学习者在第二语言学习中的表现更好，但是这一点在汉语作为第二语言教学界还未得到证实。

第三，学习策略。学习策略虽然是第二语言习得中的重要概念，但是学界对于这一概念的界定尚未取得一致的看法，各家定义或倾向于把学习策略看作具体的方法或技能，或将其视为学习的程序和步骤、内隐的学习规则系统，或者是学习过程。在学习策略的分类研究方面，Oxford（1990：16）在直接策略和间接策略的两个大类之下又具体将前者分为记忆策略、认知策略和补偿策略，将后者分为元认知策略、情感策略和社交策略，被认为是"至今最为全面的分类系统"（江新，2000）。

第四，动机。在第二语言学习/习得的研究中，动机一直是研究者们关注的重点之一。据刘珣（2000）在影响第二语言学习的诸多因素中（包括生理因素、认知因素和情感因素），仅动机一项就占了三分之一的比重。动机指的是所有引起、支配和维持生理和心理活动的内部过程，是激励个体行动的内在动力，表现为行为主体为了达到某种目的而付出努力的愿望，可以分为生物性动机和社会性动机两大类。其中，学习动机是一种重要的社会性动机，是直接推动学习的内部动力（参见彭聃龄，2012；刘珣，2000）。动机具有激活、指向、维持和调整等功能，但是对这些功能的讨论又离不开需求、目标、自我效能感、归因、意志等概念。因为首先，动机不是凭空出现的，需求的存在使学习者开始产生学习的动机；其次，学习必须遵循一定的规律的步骤，这一长时过程需要动机的指向和推动，目标、自我效能感则对动机有着直接的影响，只有在难度适中的学习任务中、学习者客观上有能力且主观上也相信自己有能力的情况下，才能达到预定的学习目标；最后，学习往往是一个充满困难的过程，在遭遇失败和挫折的情况下，学习者需要通过理性的归因和意志的力量来保证有充分的动机支持学习活动的进行，以顺利渡过难关，从而实现学习从量变到质变的飞跃。

第五，性格。性格特征对于第二语言学习/习得有很大的影响，内向/外向性格、自尊心的高低、自信心强弱和焦虑水平的高低等因素都会对学习者的学习策略、动机水平有直接影响。具有不同性格特征的学习者在语言学习过程中的优势和特点各有不同。比如，外向的学习者热情开朗，喜欢集体活动，在谈话中不容易紧张，在课堂内外的表现都更为活跃，在听说能力上进步较快；而内向的学习者则不喜欢交际活动，一个人学习时更为放松，沉静的性格使得他们对细节更加重视，在语言产出的准确度上也更高。自尊心不强的学习者比较缺乏自信，相对于自信心较强的学习者来说，他们的自我保护的抑制心理更强；而自尊心强的人较为自信，自我保护意识要弱一些，更敢于使用目的语进行交际，在失误时不容易焦虑，因而在口语上的表现更好。

第六，态度。态度指的是个体对于某客观事物的评价性反应，是在对事物了解的基础上产生的感情方面的褒贬好恶，并在行动中体现出一定的倾向性。有研究（何姗，2014a）显示，学习者的态度在第二语言学习中的影响尤为显著——汉语学习者对于目的语的负面态度和评价是造成他们汉语学习焦虑的重要原因。

7.2　个案分析

对于学习者个体因素的量化研究已经进行了数十年，但是各项研究所得出的结论不一，而且这些结论也很难用实验的方法加以证实。这一方面是因为人的情感、认知本身具有复杂性，另一方面，一般多个因素同时产生作用，很难将单个因素完全分离出来做专门的研究。因此以下从微观的视角入手，关注学习者个体，围绕具体学习者的个案进行分析并展开相关讨论。

我们之所以选取这五位学习者的情况进行个案分析，原因在于他们既有一定的代表性，也有一定的特殊性。

首先，这五位学习者在培养层次、性别、生源和学费来源上都有所不同，既包括没有任何工作经验的学生，也包括来华进修的汉语教师，几乎涵盖了所有身份变量，因此具有一定代表性（具体情况见表7）。

表7　　　　　　　　学习者在类型上的代表性

	层次	性别	生源	经费	工作经验
L1	硕士	女	亚洲	奖学金	有
L17	本科	女	欧洲	奖学金	无
L15	进修	男	欧洲	自费	有
L6	语言补习	女	亚洲	奖学金	有
L12	硕士	女	欧洲	奖学金	有

其次，这五位学习者在语言学能、认知方式、学习策略的使用、汉语学习动机、性格和态度上存在显著的差异，因此又具有一定特殊性，适合进行个案分析（具体情况见表8）。

表8　　　　　　　　学习者在个体因素上的特殊性

	语言学能	认知方式	学习策略	学习动机	性格	态度
L1			√	√		
L17		√			√	
L15		√	√		√	√
L6	√			√		√
L12	√			√		

7.2.1 个案分析一："喜欢"百度"的学习者

学习者 L1 来自越南，本科毕业于越南某高校的中文专业，本科在读期间在中国广西某大学交换过一年。本科毕业之后，她做了几年翻译工作，常常和台湾商人打交道，后来结婚生子，不再工作。孩子上学后，她又回到越南一所大学教授汉字课程，目前以奖学金生的身份在华攻读文学硕士学位。

学习者 L1 学习汉语的时间比较长，也一直从事与汉语相关的工作，因此使用汉语进行口语交际完全没有障碍，但是学习文学专业需要大量阅读文献，每周都需要完成读书报告，很多课程都要提交课程论文，这就对她自主使用汉语进行理解和表达的能力提出了更高的要求。

具体来看，学习者 L1 需要处理的解码任务和编码任务量较大，在面对文献阅读任务时，虽然需要处理更多生词，而且可能有不少超纲词，但是因为都是围绕特定话题展开的，所以她对文本话题的熟悉程度比较高，可以借助的语境信息也更多，因此一般的词典产品就能够满足需要。但是在完成论文写作等编码任务时，她更倾向于使用百度搜索引擎，而不是词典产品。

L1：我会上网看，这个词是什么情况用的。
R：上什么网查呢？
L1：百度啊。
R：在越南的时候也用百度吗？
L1：对。
R：是用百度翻译，还是百度词典？
L1：不是啊，如果我要翻译成"我要去买东西"，那我就打"我要去买东西"，看看他们是不是这样写的。

通用型网络搜索引擎虽然不属于专业的词典资源，但是它能调动整个网络的海量信息，这是任何一部纸质词典或者可以离线使用的词典 APP 都无法匹敌的。使用网络搜索引擎既能够从一定程度上弥补词典产品收词量不足的问题，还能充当超大型语料库，为学习者提供大量真实的用例。

  L1：我懂那个意思，但是用汉语来写的话可能这个词不符合中国人常用的习惯。我自己觉得意思是这样的，但是说汉语的人不这么说，这个问题其实词典不能解决的问题，真的不能，只有百度。如果百度有这句话。是吧，那应该是常用的。

  R：所以你是在百度搜索里面查。

  L1：对对。<u>我先写一个关于内容的句子，然后我放在百度里找找，如果常写这个，应该我的用法写法应该没错。</u>

  在编码任务中，语法正确只是最低标准，学习者需要完成专业学术论文和学位论文，这就要求在保证语言正确性的同时，进一步把握书面语正式、平实和严谨的特征，清楚了解且能准确把握意义相似的词语和用法相近的结构、句式之间的细微差异。但是从质性材料和量化数据来看，学习者大多不会逐字逐词查阅词典，原因至少包括以下三个方面。

  首先，不少词语和用法超出了 HSK 五级甚至六级的范围，中小型词典的收词量远远不能覆盖，因此不能依靠词典查询解决问题。其次，词典中有限的用法信息不能满足学习者在学术写作中的编码需要，词典查询的必要性不大。最后，因为学历生所要处理的语言信息不是离散的语言点，而是完整的篇章，阅读几篇文献可能就需要处理数万字的内容——有待处理的语言信息量过大，学习者没有足够的时间和精力对所有信息进行深加工，逐词查询不可行。

  大多数受访学习者表示在准备论文开题和写作的过程中很多

问题都不能依靠查询词典解决——除了使用多种词典 APP 之外，他们也都常常使用网络搜索引擎辅助查询，学习者 L1 使用"百度"的情况具有一定的代表性。虽然词典提供的信息更为具体，但是这些信息也过于精细，并且在处理比词更大的语言单位时往往需要分别多次查询，耗时费力。在集中阅读专业文献、进行论文写作等需要完成大量语言处理的工作中"效率"更为重要，学习者需要的是信息海量的、查询便捷的工具。目前主流的搜索引擎都由云计算大数据提供支持，除了方便进行"复制"和"粘贴"操作之外，还能够提供更符合用户检索习惯的字符串联想、模糊搜索等更为个性化的服务。

还有一点值得注意的是，近年来语料库语言学发展迅速，使用语料库进行查询和统计已经成为研究者普遍使用的研究方法。无论是母语者语料库还是中介语语料库，都为汉语本体研究和汉语作为第二语言的教学研究提供了重要的参考。但是我们在访谈中发现，没有一位学习者听说过汉语语料库，也没有人使用过语料库资源。

目前已经有不少文献对使用语料库辅助汉语教学的问题进行了探讨，但是大多停留在研究者和教师如何使用这一层面，而针对指导汉语学习者直接使用的讨论还不是很多。虽然所有受访学习者均表示没有汉语教师向他们介绍或推荐过语料库资源，但实际上，不少学习者已经有"语料库"的概念——使用通用型网络搜索引擎对产出语言材料的正确性和典型性进行检查，就是将所有中文网页的集合视为一个超大型的语料库，是对搜索引擎基本功能创造性的使用。由此可见学历生对网络资源的使用更具自主性和灵活性，同时也在一定程度上说明了现有词典资源的不足。此外，目前已经有多种针对英文的写作工具，包括 Microsoft Word 的语法检查器、可读性分析工具和多款基于网页和移动端 APP 的写作辅助工具，如 Grammarly 和 Ginger（见图 55），但是可供汉语学习使用的类似工具和资源还有待研发和推广。

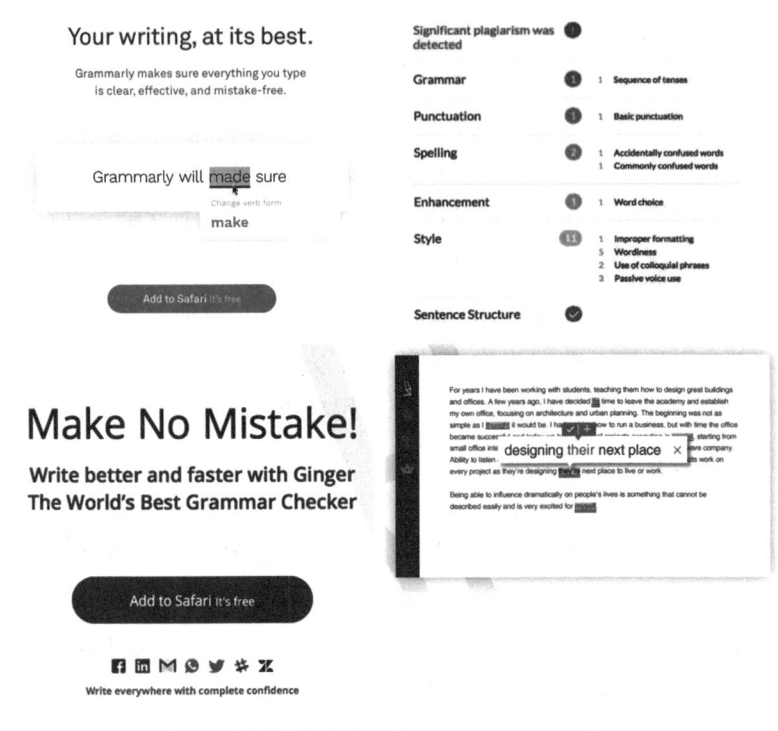

图 55　英语写作辅助工具 Grammarly 和 Ginger

7.2.2　个案分析二：不抱怨的学习者

"词典使用"不仅包括"如何使用词典产品"，也包括"是否使用词典产品"，学习者选择不使用或较少使用词典产品也是一种关于词典使用的决策，因此也属于我们研究的范围。受访学习者大多使用词典产品的频率较高，但学习者 L17 的使用频率则相对较低，是一个特殊的个案。学习者 L17 来自俄罗斯，是工商管理专业大二的学生，2018 年是她学习汉语的第六年，也是在中国学习的第三年。她开始学习中文是以自己运动员生涯的结束为契机的，因此学习汉语对于她来说不仅仅是学习一种语言技能，也标志着她的人生进入一个全新的阶段。在来到中国攻读本科学位之前，她就已经把自己的未来职业发展和中国联系在了一起。

L17：哈哈哈哈。其实我以前是专业的运动员，然后停了以后……

R：你是运动员啊？什么运动？

L17：滑冰。所以我觉得"倒闭"……就是结束以后

R：喔，"退役"。

L17：退役以后我的妈妈建议给我选一个语言，然后说"要不你学中文"，我说"可以"。

R：那你为什么想学中文呢？

L17：我觉得没有特别的原因，就是中国的发展特别快，然后语言也是特别不一样，所以想学。

R：而且你的专业是工商管理，对商业比较感兴趣吧。

L17：对对对。

R：所以你以后工作是想和中国做生意吗？

L17：还没想好，可是肯定是和中国有关。就是那时候无所谓，她（妈妈）找到了很好的孔子学院，然后学了两年以后，我们一起去了上海。那时候我第一次去中国，第一次看到，对我有特别深的印象，所以我开始想来中国学习，就是特别喜欢。

与她类似的还有另一位学习者 L14，她在大学毕业之后顺从了家人的安排在银行工作，虽然这是一份受到众人羡慕的工作，但是她并不喜欢。在工作几年之后家人又开始催婚，来自工作和家庭的双重压力让她十分痛苦，于是咬牙辞职，来到中国攻读硕士学位，以此逃离过去的生活，重新开始。

学习者 L17 和 L14 学习汉语的动机都非常强烈，学习者 L14 深感自己汉语水平的不足，在课上课下都非常有意识地创造各种机会学习汉语，使用词典产品的频率很高，在朋友眼中是不折不扣的"学霸"。但是 L17 说自己不会整天学习，甚至担心自己看起来"太爱学习"。

R：你刚来的时候和外国人交流比较多，现在已经和中国人交流比较多了吗？

L17：对，都有都有。

R：俄罗斯的同学们会常常聚在一起吗？

L17：对我来说，我认识的人是各个国家的，有些人喜欢跟他们自己国家的出去玩儿。

R：你是和各个国家的朋友一起？

L17：对，很多很多。

R：那你们在一起是说中文吗？

L17：哈哈哈，哦不，英语，英语。

R：你们为什么不说中文？你们在中国啊。

L17：不知道，就是如果两个外国人说中文，他们看起来"我那么认真，那么喜欢说中文"，你知道就是看起来……我不知道……Nerd（书呆子），太爱学习了。

相对于一些受访学习者在访谈中一直抱怨词典产品的各种缺点，学习者 L17 则表现得非常平静，她表示与其花很多时间学习，纠结用 Train Chinese 更好，还是 Pleco 更好，不如"动脑筋"找到适合自己的学习方法。

L17：其实我喜欢抱怨，可是我试试，我让自己不抱怨，就是不说这些，因为一直说也没有用，因为我知道。比如说，在俄罗斯文化中，这是很经常会见到的，特别正常。然后我记得我小的时候，或者中学的时候，很多人会说："俄罗斯那么不好，我们的生活情况不好 blah，blah，blah……"当然我自己也知道。然后我来中国之后，我见到几个挪威的同学，然后我知道挪威的生活水平特别高，特别好，自然什么的，天气都很好，可是他们也抱怨。而且我以后看了一个科学家写的东西他们说人就是喜欢抱怨，就算很好，他们还

· 220 ·

是会找他很不喜欢的东西，就是太热、太冷、太软、太硬这样，跟一个小公主一样，所以没有意义，我让自己不要抱怨。

R：看来你是一个很理智的人。

L17：对，我很聪明，哈哈哈哈。我觉得那些爱学习的人，或者一直要学习的人，他们的方法不好。因为有的人他们会 24 个小时都在学习，可是还是没有用。比如说我前一天准备一下，明天考试就好，然后别人他们两个星期都在图书馆学习。我觉得因为他们花时间在没有用的东西，然后我准备的时候只学最有用的东西，所以我需要更短时间。

R：有的时候学太长了，已经没有感觉了，麻木了。

L17：对对对，你要休息，一段时间休息，然后肯定要睡觉，因为我说了你的脑子会自己记住，你睡觉的时候它会自己分析，然后记住最重要的东西。

我们在访谈中发现微信不仅在中国人的日常交际中扮演着重要的角色，对于在目的语环境中的学习者来说也十分重要。他们不仅会用语音、文字形式发送即时消息，也会在朋友圈展示自己的日常生活学习情况。汉语学习者使用微信朋友圈的情况从一定程度反映了他们在目的语环境中的使用汉语的意愿。

R：你用微信吗？

L17：用微信，但我不看朋友圈，因为有太多朋友，不是朋友，认识的人，太浪费时间，而且大多数发的东西都没有意思，所以我不看。

R：那你用 FACEBOOK 吗？

L17：不用，我用 VK 是俄罗斯的 FACEBOOK。

R：所以使用俄语发的？

L17：对。

R：所以没有中文的 social network.

L17：对，我都特别少看，只有上课的东西我才看，或者跟中国朋友聊天我的才会看，才会发中文。

学习者 L17 使用微信的情况有一定代表性。我们在访谈中发现一些学习者已经达到了中高级水平，但是在使用汉语进行开放性的产出任务时仍然感到非常焦虑，担心自己出错，所以更倾向于使用英语或母语（如学习者 L15）；而一些初级水平的学习者反而在朋友圈更多使用汉语，虽然在语言上的正确性和得体性上有所欠缺，但是他们表示有热心的中国朋友会在评论中帮他们指出错误，有利于他们的汉语学习（如学习者 L11）；此外，朋友的点赞和评论使得这一行为更具有交际性，进一步增强了他们使用的动机。更为重要的是，不同于教材中硬性安排的语言任务，这种形式的语言产出任务具有更强的自主性，与学习者的个人关系更为密切。受访学习者表示在分享新鲜事和自己的真情实感上感觉更有话可说，因此完成语言任务的积极性更高，也增加了使用词典进行查询的频率。即使有的时候因为反复查词典，短短一条信息可能要花费很多时间编辑，学习者也觉得很值得。

有学习者指出，词典 APP 和微信都以手机为载体，使得他们在编辑信息时更方便，因而会增加使用词典的频率；但是与此同时，也有学习者表示通过反向使用微信的翻译功能（见图 56），减少了他们在微信聊天中使用词典的频率。微信推出了英—汉翻译功能，接收者长按英文信息，即可自动翻译为汉语文本。有学习者创造性地反向使用该功能——先输入英文，然后利用翻译功能获知对应的汉语目标内容，然后复制发送。但是因为该功能目前仅支持英—汉翻译，所以这一策略并没有被汉语学习者广泛使用。

> How are you?
>
> 你好
>
> ✓ 微信翻译

> I'm good, trying get back to my daily habits
>
> 我很好，试着恢复我的日常习惯
>
> ✓ 完成翻译

图 56 微信的翻译功能

从总体上看，学习者 L17 在语言水平上比较好，她有较强的自信心和自我效能感，这使得她能够独立应对在目的语环境中发生的各种状况。另外她从小接受专业的滑冰运动训练，有较好的身体素质和心理素质，意志力很强，喜欢独立解决学习和生活中的困难，因此她对词典产品等学习工具和外部资源的利用比较少。

7.2.3 个案分析三："不爱母语爱英语"的学习者

学习者 L15 在认识风格上的倾向已经在前面的章节中（见6.2.2.1）讨论过，这里集中讨论他的性格、态度和学习策略对词典使用的影响。这位学习者来自波兰，除了母语波兰语和汉语之外，他还会法语、西班牙语、英语等多种语言，其中，英语是他认为最接近自己母语水平的一门外语。他从小就开始学习英语，阅读英文书刊报纸，不仅大学本科毕业于英语专业，而且最初来到中国参加的也是全英文的硕士研究生项目。他在中国已经生活了五年，但是正式学习汉语却是从三年前开始的。现在他一边学习汉语，一边在培训机构担任兼职英语老师。

虽然英语不是他的母语，但却是他在中国生活学习所使用的主要语言——他喜欢英语，乐于使用英语，每天通过英文媒体了解新闻，他希望汉语教师在讲解时多用一些英语，在汉语学习中也主要使用英—汉词典产品。这是因为他的英语水平比较高，使用英语作为工具语言比直接使用汉语更容易，效率也更高。大多母语非英语的学习者受到客观条件的限制，在初学阶段不得不借助英—汉词典产品，达到一定水平后，对英—汉词典的依赖就会大大减小。而学习者L15在进入中高级学习阶段之后，仍然主要使用英—汉词典，而且在所有受访学习者中算是使用频率最高的一位，这与他的语言态度直接相关。

英语不仅是他理解汉语目标词语义的工具，更被他当作掌握目标词用法的工具——他常常在使用汉语目标词完成产出任务时直接套用英语在意义上对应的词语的用法。如在理解"最令你震惊的事"一句时，学习者L15查看Pleco对"令"的释义"make"之后，直接对应英语的"what makes you a superman/Chinese"产出了"什么令你超人""什么令你中国人"的句子。

首先，词典里的释义主要提供的是语义信息，而且主要是在字词层面，他却过度依赖英语进行"一一对应"式的翻译——这种策略在大多数情况下的有效性是很有限的，甚至是完全无效的；其次，作为英语学习者，学习者L15的英语水平也远远没有达到母语者的水平，他在使用英语中存在的偏误也会通过英—汉翻译表现出来，并且"二次迁移"到汉语学习中，可能给目的语学习造成更大的障碍。

> R：除了刚到海外暂时不适应语言之外，……都没有问题。
>
> L15：意思是except the language, they don't adapt……Wait……except the language, somewhat they don't adapt……right?

在上面的例子中，他误以except for的用法使用except，本来在英语句法上就存在问题，再以此对应汉语的"除了……以外"结构，更使得他无法正确分析长句的结构，在语义上也出现了误解。又如汉语疑问句中的"正反问"（邵敬敏，2007：216）在语义上和英语中用连词 if 或 whether 引出两个或以上可能性的问句对应，如：He asked if I had left with you.（他问我是不是和你一起离开的。）但是学习者 L15 只知道 if 表示假设的"如果"这一语义，因此在将上述英语句子翻译为汉语时就出现了"他问如果我和你一起离开"的错误。而且学习者本人完全没有意识到这样的翻译存在问题，甚至在更简单的情况下也存在明显的偏误，说出"我想知道如果你忙"（I want to know if you are busy. 我想知道你忙不忙。）这样的句子。

学习者 L15 对英语的语言态度不仅影响了他的汉语学习策略和词典使用，还进一步影响了他对词典作用和价值的认识。当他使用英汉词典查询到的释义在具体语境中"说不通"（doesn't make any sense）的时候，他也会照抄下来——虽然词典不能直接解决语言处理的问题，但是能带给他安全感，让他在出现问题时可以理直气壮地说"词典上是这么写的"。这种拒绝从自己身上找问题，更习惯于做出情境性归因的情况是一种常见的归因错误，也是一种典型的自我保护行为。

归因理论由海德（Heider）在 1958 年出版的《人际关系心理学》(The Psychology of Interpersonal Relations) 一书中提出。归因是一种过程，一种个体对自己或他人行为原因进行推测和解释的过程。海德指出："人们都是以常识心理学的方式来解释日常生活事件的，人们通常试图将个体的行为归结于内部原因或者外部原因，也就是心理学中所说的性格归因（dispositional attribution）和情境性归因（situational attribution）。人们在解释自己的行为时通常会进行情境性归因，在解释他人的行为时却倾向于进行性格归因。"（迈尔斯，2006：62—65）

和其他同样在目的语环境中学习二至三年的学习者相比，学习者 L15 的汉语水平偏低,语音面貌较差,在汉语口语和书面语的理解和产出任务中都有很多问题。面对学习汉语的种种问题,他常常抱怨教材、教师,同时一直强调自己的不容易、不得已和努力,以及周围其他学习者的不努力。正如社会心理学的研究(迈尔斯,2006:44—45)指出的:"面对失败,高自尊的人更倾向于认为他们也和自己一样失败,并且夸大自己相对于他人的优越性,以维持自己的自我价值,也更容易以自我保护式的归因来为自己的失败而申辩。"

学习者 L15 汉语水平提高较慢的情况打击了他通过其他成功的外语学习经验建立起来的较高的自尊自信,使得他在自我认识上出现了偏差,在采用非理性的归因方式进行解释之后,没有及时调整学习汉语的态度和对自我能力的认识,从而陷入了恶性循环。这样的情况不利于他积极利用词典产品和其他工具或资源进行自主学习。

语言态度还决定了学习者对目的语社团成员的态度和在目的语环境中的交际情况。目的语环境中的语言学习和使用机会更多,这是毫无疑问的,但是并不是在目的语环境中的学习者就一定能把汉语学好,用好。杨黎(2015)对目的语环境中美国留学生汉语感谢言语行为的习得情况进行了分析,结果显示,学习者的语用能力并没有随着他们在目的语环境居住时间的增加而显著提高。

学习者 L15 已经在中国生活多年,但是仍然不能恰当使用日常寒暄语"吃了吗?"这是因为他在中国的朋友主要是英语母语者,他们之间的交流都依靠英语进行。虽然他知道中国人常常互相问候"吃了吗?"但是他没有什么中国朋友,也没有机会用汉语打招呼,这样的习语也超出了一般词典产品的收录范围,即使查询词典也难以获知具体含义和用法,因此他在下午三四点问中国人"吃了吗?"的情况也算情有可原。

7.2.4 个案分析四:"母语不是英语"的学习者

学习者 L6 来自蒙古国,刚刚结束语言补习阶段的学习,开始修读专业课。在来中国之前,她在蒙古国一所中学担任英语教师,没有任何汉语学习经历。后来她来到中国,在培训机构当过一段时间的英语老师,并在此期间学习了半年汉语,之后得到中国政府奖学金的资助,开始攻读工商管理硕士学位。

对学习者 L6 进行的访谈持续进行了约三个小时,是所有单次访谈中时间最长的一次。这位学习者非常开朗,思维很活跃,很健谈;她的英语水平很好,她本人对自己的英语也非常有自信,在蒙古国和中国都有很多英语母语者朋友,使用英语交流十分自如,因此在访谈过程中也常常转换为英语。她特别提到在中国说英语时,很多人都不相信她是蒙古国人,觉得她的母语是英语,在她澄清自己来自蒙古国之后,甚至有人提出了"蒙古国的官方语言是不是英语"的疑问。

R:你毕业以后会留在中国吗?还是回国?

L6:我想去东南亚国家。因为我需要一些海外经历。或者去一些欧洲国家。然后对我来说,对我来说(更正声调),我想做一些 volunteer work(志愿者工作)。

R:NGO(非营利性组织)?

L6:(E)[①] 对,将来我想到国际 NGO 里面工作,参与一些教育政策方面的志愿者工作。但是为了达到那个目标,我必须先积累海外经验,去一些热门的国家,当然我可以选一些比较方便的国家(my comfort zone),选一些欧洲国家,但是为了我的事业,我的目标,最好是去一些东南亚的国

[①] (E)标识之后的访谈内容为英语,为了方便统计和分析,由研究者翻译为汉语。

家，或者去那个……非洲。

R：（E）所以你（读研）之前已经工作两年了？

L6：两年……三年了。

R：但你的专业是英文？

L6：是英文。

R：那你为什么想到要来中国？要学中文？

L6：（E）其实，我想去联合国工作，那是我的目标。如果要达成这个目标，必须要做很多工作。所以我查了（在联合国工作）的要求，包括经历、学历和语言，所以我决定从语言和学历开始。联合国有六种语言，所以我把它们写下来：俄语、汉语、英语、法语……那个时候，在蒙古（国），我刚工作了两年，没有那么多钱去欧洲，因为教师的工作在蒙古（国）工资很低，基本上只够日常开销，有时候甚至还有点不够。我真的很喜欢教师的工作，但是收入真的很低，所以考虑到要积累海外经历，在上述国家中，中国是离蒙古（国）最近的，也是最便宜的，而且我很幸运地申请到了这个奖学金（中国政府奖学金），所以我就来了中国。先学MBA和汉语，然后我要读博，还有学剩下的三门语言。

R：（E）真的吗？

L6：（E）是的，我有我的"十年规划"，要学四门语言，包括汉语，所以平均两年半学一门语言，这期间还要读完硕士和博士，这就是我的规划，哈哈，还要有一些其他海外经历，参加志愿者工作，参加一些会议什么的。这就是我来中国的原因。

R：（E）很酷！但我不知道要到联合国工作必须会六门语言，我以为只要会两三门语言就行。

L6：（E）确实两三门语言就够了，但是……你知道，俗话说，如果你定一个高的目标，那你只能达到中等，所以我现在把目标定高一些，就算失败了也不会太差。而且我觉得

<u>学习一门语言也不是一件那么难的事，我也没有给自己太大压力，</u>我不需要学汉语或者其他语言学得非常好，达到专业水准，我只要能够完成基本的、日常交际就行，能够和人打招呼、交谈，或者在旅行中够用就行，比如说能找得到地方，能找得到吃的喝的，所以这样就行。<u>我并不要求自己达到很高的语言水平。</u>

R：（E）你的英语已经很好了。

L6：（E）但是我觉得已经过去两年了，我花了很多时间学汉语，<u>但是到现在汉语还是不是很好。但我可以应付日常生活，而且我也知道应该如何在中国行事（do things），所以我觉得已经足够了，</u>而且我还在读学位，至少我的汉语越来越好了。今年我要开始学法语了。

R：（E）酷！

L6：（E）对，这又是一段新的旅程，接下来的两年半我都会用来学法语。

和其他一些受访学习者不同，对于学习者 L6 来说，当前阶段的学习，无论是语言还是专业都只是为了到联合国工作的阶梯，因此学习汉语并不是直接目的，而是她的"十年规划"的一小部分。在这种工具型动机的驱动下，她只希望自己达到特定工作所要求的汉语水平。

L6：（E）<u>为什么我的口语比一般蒙古（国）人好呢？我想是因为我知道我必须进行大量的练习，</u>虽然成千上万的蒙古（国）学生都在学英语，但我知道我们说英语的时候听起来和母语者非常不一样，所以我就开始自己练习。因为在中学和大学的时候并没有什么好的英语老师，我从来没有上过外教的课，也没有海外经历，去英语国家学习英语什么的。我一直和蒙古（国）老师打交道，他们大部分之前其实都是俄语老师，在三个月的培训之后，当然也有每个月都必须要参加的培训班，然后他们就开始教英文了，可见必然有很多问题。在大学里，有那么一两个外教，也有很少一部分老师有过英语国家的留学经历，美国、澳大利亚什么的，但是大部分人都没有这样的经历，他们都是在蒙古（国）学的英语，毕业之后就在大学教英语。

她在访谈中还特别强调了蒙古国的英语老师水平有限，她也没有在目的语环境中学习过，之所以能学好英语，主要是依靠兴趣和不断的努力。由此可以看出成功学习英语的经验为她建立起了很强的自信心，使得她在整体上对学习其他外语都抱有较为积极的态度，对自己掌握其他外语的能力深信不疑。

R：（E）那么我能不能这么理解你的意思，也就是说你觉得其实词义不是最重要的。

L6：（E）<u>嗯……是的，应该说是"感觉"（feelings），一个词整体的感觉。因为翻译词典（双语词典）可以提供一些释义、用法或者例子，会展示很多不同的义项，但是你还是不能感觉它（you still can't feel it）。因为大多数词都是具有文化背景的，关于历史的、生活方式的、思想观念的，所以在双语词典里，这就意味着必须把这个词翻译到另外一种文化中去，所以如果你的语言里根本就没有那种文化，你就无法通过你的母语去感受那个词（的意思）。当你真正感受到了一个词，你才会使用它，你的脑子才能记住那个词，才会使用那个词。</u>

R：（E）是的，有的英语单词，我查了很多次词典，但是我仍然不记得它的意义或者用法，但是如果在具体的语境下知道它到底传达什么意思、怎么用，那么我很快就能理解和记住。

L6：(E) 而且（在这个过程里）我们不需要把它翻译成一个具体的词，因为这真的很难。有的时候要说明一个词的意思可能需要写一篇论文。

R：(E) 所以你在北师大学习的过程中，正如你所提到的，很难跟上老师，比如说整堂课都是围绕着某个你完全不知道的关键词展开的，那么你会用词典去查这个词吗？还是会问身边的朋友同学？

L6：(E) <u>我会查词典</u>。但是在听讲的过程中，我会先用 iPad 记下来，因为打字的话我不需要会写汉字，只要用拼音先打出来，然后我再整段复制到翻译软件（汉—英）看是什么意思。

R：(E) 那么你用的是什么翻译软件呢？

L6：(E) baidu.com（百度）

R：(E) 百度翻译吗？

L6：(E) 对，<u>因为我们（在中国）不能用 Google Translate。Google 一般会提供比较好的翻译</u>。

虽然不是英语母语者，但是学习者 L6 更常用英—汉词典产品，在使用百度翻译时也是进行英—汉互译。这样的情况一方面受到了蒙—汉词典可得性的客观限制，另一方面，她也表示"把一个词翻译到另外一种文化中去，所以如果你的语言里根本就没有那种文化，你就无法通过你的母语去感受那个词"，可以看出她对翻译只能在"模糊中寻求对应"的本质有理性的认识。能够辩证看待词典的作用，而不会过分依赖词典产品，也不会把词典当作"挡箭牌"，相对于上一小节个案中的学习者 L15 的词典观更为理性。

R：你觉得中文不清楚吗？

L6：嗯，<u>中文很不清楚</u>。(E) 因为每个语言都应该有时态的，但是汉语的很不清楚！问时态的问题，别人都没办法回答，因为汉语好像就没有那个系统。虽然现在汉语也有语法书，但是都是按照英语的语法来写的，甚至到现在，还是按照英语的语法框架来描写的，但我觉得对汉语来说并不适用。

R：那么蒙古语里面有时态吗？

L6：有。（E）蒙古语的时态是通过在后面加词体现的，开头的都是原型，很规则。我们的语序是 SOV，英语是 SVO，然后是时间、地点、方式什么的，来解释。但是汉语呢，时间可以在前面也可以在后面，有时候在中间。

学习者 L6 学习英语已经接近十年，而学习汉语还不到两年，在熟练程度上必然存在巨大差异，而且英语是她掌握的第一门外语，多年的学习和教学经验使她更容易代入英语学习的思维，她对母语的认识也是建立在和英语进行对比的基础之上的，所以她对汉语的分析并不是基于蒙—汉对比，而是英—汉对比。蒙—英对比的方法清晰地呈现出了两种语言的异同，由此她也建立起一个认识和分析语言的框架，但是当她将这一分析框架套用在汉语上并不完全适用的时候，她就有了"脑子要爆炸"和"混沌、混乱"的感觉。

R：所以你觉得语序很难？

L6：对对对对，我觉得我的脑子都要爆炸了！我必须不停地思考，因为语言是一种很混沌、混乱的状态（chaos），我需要搞清楚这个系统是怎么运行的。我实在是搞不懂汉语的系统。我在蒙古（国）本科的专业是英语，也算是语言学方面的专业，所以需要学语法、词汇，对比和理解英语的语言系统，所以我在学汉语的时候很想搞清楚汉语的整个系统是什么情况，但是汉语很不一样，用汉字，即使已经是简化过的汉字，但还是很难，直到现在我才看得懂，直到现在我才看得懂。因为我的学习风格是需要先建立起整体框架，之后再关注细节，这就是我的思维方式，对于学英语来说也是一样的。所以我学英语的时候是先对英语这个语言有一个大体的认识，然后再看具体的方面。但是学汉语的时候完全没有办法，也没有人告诉我汉语（从整体上来看）是什么样的，特别特别难。但是我意识到了汉语和英语是非常非常不一样的，和蒙古语也是非常不一样的。作为蒙古语母语者，有时候我觉得要了解蒙古语的全貌也很难，但是对于汉语来说又是完全不同的情况。我曾经学过一年俄语，中学时候，后来我换去学英语了，但是我的同学们都已经学了一年了，我却刚刚开始，也就是说我比别人起步晚，但是我试着先对英语建立起整体的概念，然后慢慢一点一点构建对英语的认识，是的，我的大脑就是这样工作的，虽然开始的时候会觉得很不清晰，但是就是这样的。

一方面，英语学习的成功经验帮助学习者 L6 建立了学习外语的自信，但是另一方面，也使她形成了一定的思维定势，这可能对她学习和接受汉语的特点造成了一定障碍，但是经过本科阶段的语言学专业训练，她冷静地从认知方式的角度对自己进行了剖析。她指出自己的认知方式是"先建立起整体框架，之后再关注细节"，和之前提到的场依赖型学习者比较接近。在对自己有清晰认识的基础上，她可以进行更有针对性的自主学习，相信她在接下来的中国生活学习的时间里，也会有很多机会在课堂之外的自然环境中不断学习。但是这位学习者目前还处于从宏观上了解汉语的特点和构建整体框架的阶段，现有词典的基本功能很难满足她的需求——除了学习任务、语言水平等原因，认知方式这一个体因素从另一个角度进一步解释了她更依赖翻译工具而非典型词典产品的原因。

7.2.5 个案分析五：发音特别标准的学习者

学习者 L12 来自乌克兰，中文专业本科毕业之后来到中国继续攻读汉语国际教育硕士。她的汉语水平很好，上大学时在乌克兰认识了来自北京的男朋友，现在两人已经结婚，打算毕业后一起回乌克兰工作。

R：一般人都会觉得中文比较难，会选那个比较简单的，你怎么反而选了一个难的？

L12：因为这个专业就是也有英语的，所以我想再学别的语言嘛，<u>然后都说中国特别特别发展，然后将来中国是第一名，全世界第一个国家</u>。是，确实是这样的。

R：所以也是为了将来好找工作。

L12：对，中国有潜力。

R：那你毕业想做哪方面的工作呢？

L12：我想第一做生意，第二就是，有生意的时候就可以在网上做生意，同时就去做自己喜欢的事，<u>就是在大学教中文</u>，因为硕士毕业了就可以进大学教。然后教了以后，我<u>想开一个学校</u>。

R：回乌克兰开吗？

L12：回乌克兰开。对，就是在乌克兰，因为那边，就是中文越来越……

R：流行？

L12：流行。对，<u>有些学校，就是私人学校</u>，他们已经，那些就是爸爸妈妈很有钱的人，在中国就是很普遍的，但是<u>在乌克兰就比较少，有些那样的学校，然后他们就开了，加了中文课</u>。

R：像中国的国际学校那样的？

L12：对对对，<u>因为他们平时都是英文第一嘛，现在还</u>

· 234 ·

<u>有中文</u>。因为他们很有钱，他们可以让孩子去中国，让孩子做生意嘛，他们就不需要翻译，自己的孩子就会翻译的。因为就怕别人翻译得对不对，自己的儿子，而且儿子长大以后就可以和中国做生意嘛，他们挺厉害的，就是考虑到了这个。

学习者 L12 学习汉语的动机很复杂，既有工具型动机，也曾有过强烈的融入型动机，随着在华生活时间的增加和职业规划的变化，她的融入型动机逐渐消退。但是在整个学习过程中，学习者 L12 都非常注意自己的发音，这使得她在整体语言水平相似的众多学习者中特别突出。她对自己的汉语（尤其是口语交际能力）也非常有自信，不仅积极参与班级、学院、学校和校外的各种活动，还参与了一档电视节目的录制。

L12：中国不是每年给所有国家名额，<u>中国政府奖学金，然后我拿到了。</u>给我们学校五个名额，我第一名，二十五个人。

R：听说读写，你觉得哪个比较难？

L12：<u>听，我没有问题，我的 HSK 考试 98 分，满分是 100。</u>因为我看电视……

R：你考过 HSK 呀？

L12：五级，那是两年前的事了。我可能要考六级，但我现在不急，老师没让我考，所以我也……

R：你考六级应该很轻松吧。

L12：我看了一眼，在家就弄了一下，觉得没戏了，可能要认真点儿看，认真点儿复习。我那时候五级没有准备。我那个时候拍中央电视台的汉语桥，我们在外地三个月，在外地跑，他们给我一天的时间回北京，然后我就考了就走了。我都没有时间复习。我这学期也都要打工，我在电视台。

R：做什么工作？翻译吗？

L12：没有没有，就是跟主持人一起说话那个。那个就是有些人他们来，比如说就是一个跨国婚姻、跨国家庭，他们来，不仅仅，也有中国人来，就是有机啊，关于有机的食品，他们来介绍自己的情况，他们来问问我们，问问我，或者几个人的。

R：所以他们的话题是会提前告诉你们的？

L12：对，有稿子。他录两天前会给我们发一下，就大概看，主持人要背嘛，他大概说什么，然后那个主人？不是主人？

R：主持人？

L12：不是。

R：嘉宾？

L12：对，<u>嘉宾要介绍什么，我们就看一下，看看有什么问题可以准备一下。比如说"有机食品"这个话题，我就查字典了，看什么是"有机"</u>。

这些经历都对增强和保护她学习汉语的动机起到了很重要的作用，也为她学习汉语创造了很多难得的机会。因为学习者 L12 性格非常活泼开朗，对自己的汉语口语交际能力非常有信心，加上她的先生是汉语母语者，所以在很多其他学习者需要查询词典的情境下，她更倾向于直接询问。上面已经提到，学习者 L12 最显著的特点是非常注意自己的发音，所以她使用 Train Chinese 等词典 APP 进行查询的时候会特别注意语音信息，但她已经度过了依赖真人发音功能获取语音信息的阶段，因此只需要查看汉语拼音信息。

L12：<u>对，我会看拼音。比如说我们查这个"说话"，就一直想看这个重音在哪儿，但是没有重音，其实也有，一开始可能听一下（真人发音），后来自己慢慢知道了，就不用听了。

R：知道规律了。

L12：对，像"勇敢"，两个第三声，我们之前都是"勇（yǒng）、敢（gǎn）"不会说，不会连起来。

L12：中国很多老人不会拼音，像我常常问这是 can 还是 cang？我现在这个能分清楚了，但是有时候别人说话带着口音，我就说："您是说 san 还是 sang？"

L12：其实这里面可以学习写汉字什么的，然后我喜欢这个，这里面有例子，也可以听，然后怎么写。如果比较少见的、比较难的单词，我们可以查这个大的，就是俄—汉/汉—俄词典，就是网上的。

R：BKRS. INFO

L12：B 就是大的意思，K 就是中文，R 就是俄语，S 就是词典。

虽然学习者 L12 使用词典产品的频率并不是特别高，但是她对不同词典产品的功能都有所了解，并且能够针对具体情况，在多种词典产品和资源中进行策略性地选择。

R：读比较难？

L12：对，读比较难。

R：是觉得认那个汉字比较难吗？

L12：嗯，认字。就电视台给我发这个稿子嘛，我有时候就是去那边一个小时之前我大概看一下，还行，就明白，但是认真看……就是大概看能明白意思，或者听别人说我能明白意思，如果分析，就是一个一个地看，里面肯定会有很多我不认识的字。

R：但是不需要看得那么仔细是吧？

L12：对对对，<u>大概明白然后用自己的话说就行。有些单词，我听，能分清，但是看不明白它们的意思。</u>

第五章已经集中讨论了词典查询的具体过程，但是查询结束并不是词典使用的终点——就算学习者在字识别、词确定、目标词条选取、词条信息提取和整合等各阶段都很顺利，甚至通过外语释义获知了目标词准确的意义和用法，也不代表他们能够完全理解。理解由多个词素或词复合而成的专业词汇，或者语义透明度较低的外来词，或者一些通过紧缩和省略等方式形成的新词新语则往往比较困难，比如学习者 L12 在访谈中提到她无法理解"有机"一词。

R："那比如说"有机食品"这个话题，你是一看就知道是什么，还是也要查一查词典？

L12：<u>我查字典了。"有机"我以为"加工的"还是（与本义）相反是坏的，因为有"机"，我觉得是"机器"什么的。我知道英文是 organic，但是到现在一直不明白为什么中文叫"有机"的。</u>

R："有机食品"什么的也是最近比较新的概念，有的中国人可能也不明白。

L12：对对对，<u>我回家了，跟姥姥说"有机的食品"，爸爸妈妈听懂了，但是姥姥问："什么东西？"她也以为是不好的。</u>

汉语词"有机"和"无机"对应英语词"organic"和"inorganic"，"机"有"有生命的生物体器官的作用"这一义项（如"机能"），而"organic"来源于名词"organ"（器官），从词根上

· 238 ·

看也有"有组织的""自然的"的语义。但是这一层对应关系需要学习者同时具有相对较高的汉语水平和英语水平。

正是因为"有机"一词的语义透明度比较低,所以"有机食品"也被称为"生态食品"或"生物食品"。正如学习者 L12 所提到的,年纪大的汉语母语者也可能误解"有机"的语义。另外,360 百科的"有机食品"词条显示:"1939 年,Lord Northbourne 在 Look to the Land 中提出了 organic farming(有机耕作)的概念,意指整个农场作为一个整体的有机的组织,而相对的,化学耕作则依靠了额外的施肥,而且不能自给自足,也不是个有机的整体。"可见这一概念在英语中出现的历史也不长,在汉语中使用的历史就更短了。在 BCC 语料库中进行检索的结果显示(见图 57),直到 2003 年"有机食品"的使用频率才达到 100 次以上,但是次年的使用频率降幅就超过 50%,到十年后的 2013 年,"有机"的使用频率已经跌至个位数。

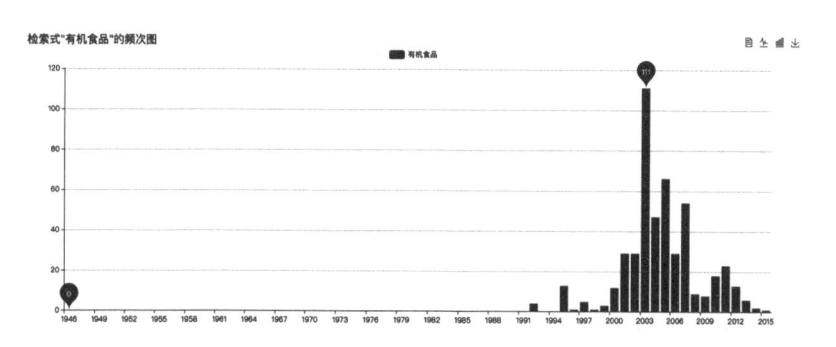

图57 "有机食品"历时使用频率的情况

学习者 L12 的母语为乌克兰语,她的英语水平不错,曾经有担任英语教师的工作经历。虽然她知道"organic"一词,并试图通过已经掌握的、常见的汉语语素("机器"的"机")来辅助理解,但是仍然无法理解词汇义和语素义之间的关系,这就涉及学习者个体在语素意识水平上的差异。

"从汉字符号记录语言的单位来看，现代汉字基本上是一种语素文字"（邵敬敏，2007：72）——一个汉字大致对应一个语素的特点使得汉语语素意识有明显特点——汉语的语素意识主要由两个方面的能力构成，一是区分同音、同形（形近）语素的能力，二是对语素和整词意义之间关系进行理解的能力。同音语素意识指的是对具有相同读音的不同语素（如"奖学金"和"讲话"）的意识及操作；同形语素意识则指对一个汉字符号所对应的不同语素义（如"种花""花钱"和"摔倒""倒不如"）的意识及操作。汉语在构词方式上以词根复合方式为主，即一个词语包含两个或者更多的词根语素，各词根语素之间以非常灵活的方式组合。因此汉语语素意识的核心成分是复合语素意识，即对复杂词汇进行分解和建构的能力，也是灵活运用不同语素之间的关联规则的能力（赵英等，2016）。

语素意识和语言水平对于汉语学习者查询词典之后能否准确理解和运用目标词至关重要，词典编纂者和词典产品的设计开发者应该重点研究语素和语素义的呈现方式，更好地串联一些常用成语、熟语等大于词的语言单位，帮助学习者构建语义网络，增强语素意识和能力。

7.3 本章小结

本章主要以个案分析的方式对五位学习者的汉语学习和词典使用情况进行了讨论。从宏观上看，所有学习者的词典使用情况都会受到学习内容、语言任务等外部因素的影响；但是与此同时，个体因素从微观层面影响着学习者的汉语学习需求、动机、目标和自我效能感，进而从内部影响词典使用这一策略的调用情况。

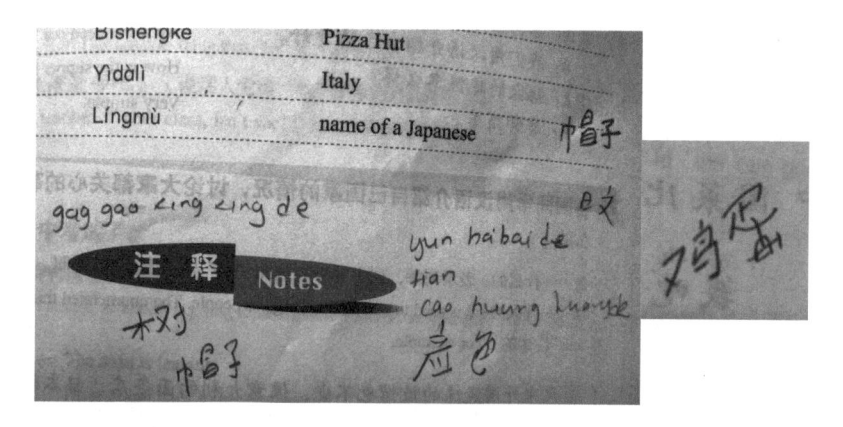

图58　因为教材字体太小，学习者常常无法获取准确的字形信息

从整体上看，在语言学能上表现出较强语音编码/解码能力的学习者在查询词典时更注意语音信息，但是对"真人发音"功能的使用更少（如学习者 L12）；有的学习者在视觉记忆方面的能力更强，对汉字字形更为敏感，而在这一方面不突出的学习者则需要在书写任务中反复查询词典以获得字形信息，并且认为手机词典 APP 的触控缩放功能非常重要（如学习者 L9），较少查询字形信息的学习者则没有提到这一点。

在认知方式上属于场依赖型的学习者大多认为词典提供的信息缺乏细节，特别看重词典产品所收录的例句数量和质量（如学习者 L3）；属于审慎型的学习者比冲动型的学习者在浏览词典信息上更有耐心，他们也更倾向于在参考多种词典产品所提供的信息之后再做出稳妥的决定（如学习者 L14），而冲动型学习者更看重查询速度和效率（如学习者 L1）。

能够辩证看待词典产品优势和劣势的学习者往往在学习策略的调控上更为灵活，对词典产品的依赖性更小（如学习者 L17）；而倾向于做出比较偏激的评价、抱怨甚多的学习者的态度则更为复杂——一方面他们对词典质量不满，另一方面他们能够有效利用的其他策略又很有限，因此对词典产品表现出又爱又恨的矛盾心理（如学习者 L15）。

性格外向开朗，善于交际的学习者碰到问题时常常直接向人寻求帮助，在表达自己的疑惑和提问时并不觉得羞愧或难堪（如学习者L12）；而内向的学习者则更倾向于独立思考和钻研，词典产品支持自主学习的各种功能尤其受到此类学习者的青睐（如学习者L5）。

一些学习者虽然在学习汉语之前已经有丰富的外语学习经验，并且其他外语已经达到较高的水平，但是对汉语抱有积极态度的学习者更善于结合之前的语言学习经验，通过对比的方式学习汉语（如L13）；而语言态度消极的学习者虽然也常常使用对比分析的方法，却会过分强调汉语和其他语言的差异，反而为接受和理解造成了心理障碍和消极的心理暗示（如学习者L15）。此类学习者应该谨慎使用"学习性"特征不明显的双语词典产品，因为非学习型词典简单的"以词释词"释义方式容易使他们对外语释义形成依赖，并且形成错误的一一对应关系，不利于他们把握目的语的特征，对汉语语素意识的形成和语感的建立都有负面影响。

第 8 章

研究发现与讨论

8.1 研究发现

本研究以互动的视角对不同类型的汉语学习者在不同情况下对词典产品的选择和使用情况进行了描写、分析和解释,结果显示:汉语学习者对词典产品的选择和使用受到具体语言任务的要求和学习者的主观需求的影响,也受到学习者母国社会文化、汉语教师的身份和态度、学习者自身家庭、社交、语言环境等外部因素的共同影响。不同的学习者持不同的词典观,在汉语学习和词典使用的意愿和机会上也存在差异,因此在选择和购买、使用习惯和对词典产品的评价上都有所不同。

第一,研究发现汉语学习者在选用词典产品时主要从词典产品的整体质量(Quality)、便利性(Facilitation)、可得性(Availability)和受教师推荐的程度(Recommendation)四个方面进行考量。这四个因素相互制约和影响,共同决定汉语学习者的词典选用情况,体现了词典产品既是专业的语言学习工具又是一般商品的双重属性,即词典产品的双重属性论。

第二,教师的态度也是影响汉语学习者词典使用的重要因素。汉语教师控制课堂的程度和支持学习者在课堂上使用词典产品的程度成反比,对个人专业能力自信程度越高的教师(学历高、教龄长的专家教师),在课堂上的安全感越强,对于课堂使用词典的行为也越宽容。

第三，研究发现中国汉语教师与海外本土教师推荐词典产品的情况存在明显差异，主要是因为两者在身份、执教环境和与学习者的关系三个方面存在差异，具体指的是本土教师在汉语水平（Proficiency）、关于词典的专业知识（Knowledge）、与学习者感情上的联结与共鸣（Connection）、汉语教学专业知识（Teaching）和使用词典产品的个体经验（Experience）五个方面与汉语母语者教师存在不同，因此向学习者推荐词典产品的情况也存在差异。其中，词典产品的便利性概念包括客观和主观两个方面，客观便利性即查询方式的多样化，主观便利性则包括词典内容的可理解性和功能的可操作性。词典产品的可得性概念包括三个层次的内涵：首先，有没有可供学习者使用的词典产品，即词典市场的情况；其次，学习者知不知道可以使用的词典产品，即潜在用户了解词典产品的途径；最后，学习者能不能获取可以使用的词典产品，即用户获取词典产品的条件。学习者能否获取词典产品受到市场、宣传销售、经济、社会等因素的影响。

第四，研究发现汉语学习者的语素意识对查询过程和结果存在影响，使用汉语词典产品进行查询需要经历字识别（Character Recognition）、词确定（Word Decision）、信息提取（Entry Choice）和信息整合（Information Integration）四个阶段。学习者的同音语素意识、同形语素意识和复合语素意识水平直接影响着查询的成败。

第五，学历生在专业课上使用词典的需求是由两个因素决定的：（1）汉语信息处理难度。汉语信息处理难度是由汉语使用量和使用深度决定的，使用量越大、使用深度越深，则汉语信息处理难度越大，反之则越小。而使用量和使用深度又是由课堂教学形式、互动模式、任务类型决定的。（2）CL/WL 与 DL 的一致程度。CL/WL 与 DL 的一致程度即课堂语言、专业领域工作语言和学习者的优势语言是否一致，不一致程度越高则学习者需要付出的努力程度越高，反之则越低。其中，课堂语言（Classroom Language，CL）包括教师讲解使用的语种和语言难度、板书和 PPT 使用的语种和语言难度，以及教材和其他参考资料的语种和语言难度，语种的选择在很大程度上取决于本专业领域内通用的工作语言（Working Language，WL）；学习者的优势语言（Dominant Language，DL），指的是在学习者掌握的多种语言中，水平最高、学习者熟练使用程度最高的一种或多种，这里指的是学习者的母语和水平接近母语的第二语言或外语。

第六，研究构建了汉语学习者词典使用研究模型，呈现了词典产品、汉语学习和外部环境这三大要素之间的相互作用，其中词典产品、汉语特点、学习者和学习活动是词典使用互动系统的内层核心要素；外部环境，具体包括课堂环境和非课堂环境在语言任务、学习者自主程度和使用词典进行查询的条件（时间、空间等）上的差异，以及语言环境与学习者使用词典产品的意愿和机会之间的互动关系等因素，则在外层以更为广泛和深刻的方式对学习者的词典使用造成影响（详见下页图59）。

此外，本研究还对一些和汉语学习者的词典使用相关的、具有代表性的情况和突出的问题进行了延伸性的探讨，具体包括以下五点。

第一，国内现有汉语学习词典产品多为纸质单语词典，功能比较单一，主要满足用户基本查询的需要，使用便利性、产品可得性和汉语教师推荐度都比较低，词典市场主要被几款国外的词典 APP 产品垄断。

第二，本土汉语教师是一类特殊的汉语学习者，他们的汉语学习经历和词典使用经验对于他们的汉语教学、词典使用指导和词典产品推介有重要影响，应该充分发挥这一群体在词典用户教育和词典产品推广中的关键作用。

第三，目前国内高校申请和奖学金申请对留学生的语言水平要求较低，培养单位针对语言补习生的语言课程和培养方案缺乏

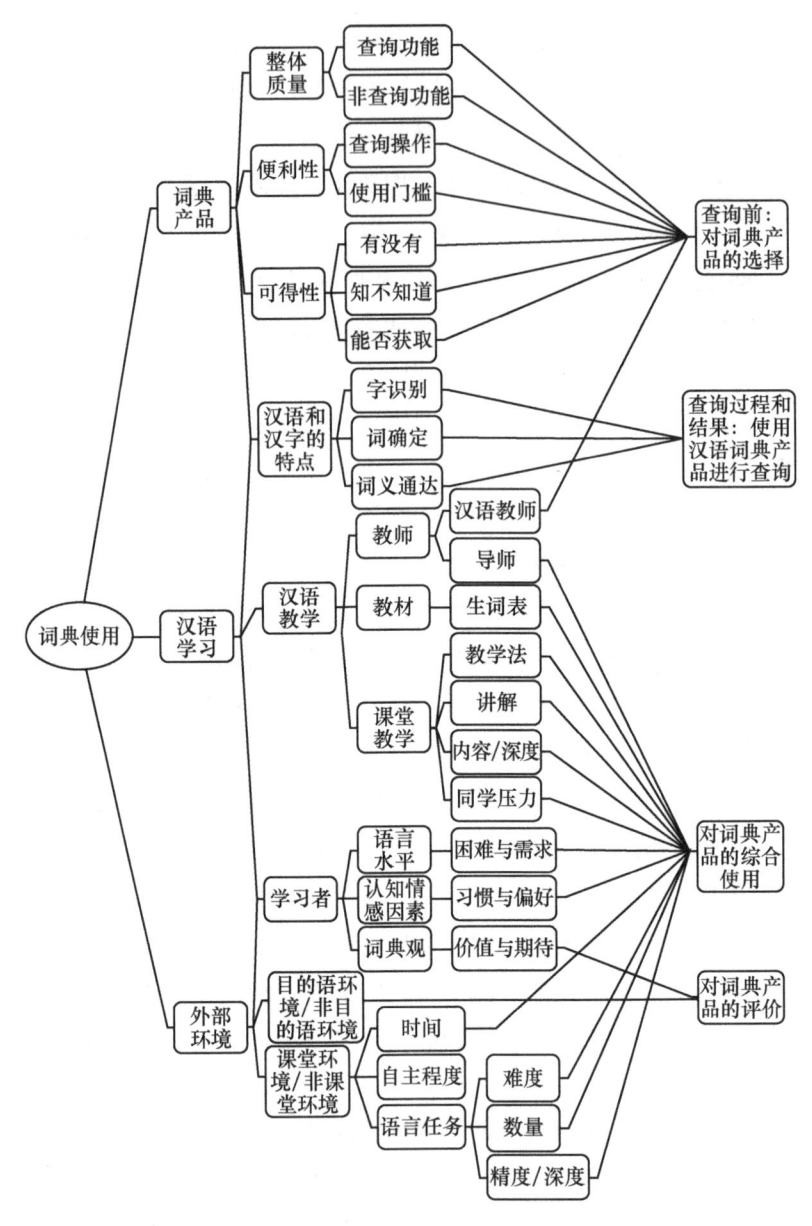

图59　汉语学习者词典使用研究模型

针对性，学历生的语言水平难以达到独立完成论文写作的要求。汉语学习者在论文写作中的语言问题不仅存在于词汇层面，也存在于语法表达层面,现有词典产品难以满足他们的需求。

第四,传统纸质词典和现有词典 APP 的检索模式和结果呈现主要体现的点对点的纵向思维,很多学习者选择使用网络搜索引擎这一非典型的词典工具。这正是因为网络搜索引擎在云计算和大数据的支持下更符合学习者进行相关关系检索的需求,汉语词典产品的研发者应该注意这一问题。

第五,在信息爆炸、移动互联时代,词典产品研发和词典学研究都应该走出传统定势思维,更加积极地与其他学习工具、教辅材料相结合,以更为主动的姿态融入汉语教与学和各个环节中。

8.2　延伸讨论

从汉语作为第二语言教学的特定语境来看,汉语学习者选择和使用词典受到词典产品、学习者和学习活动三者互动作用的直接影响,同时学习者的语言态度和学习动机、汉语教师的态度等外部因素也影响着汉语学习者的词典观念和具体使用行为。如果将词典使用置于更为广阔的时代背景中来看,信息爆炸和互联网技术的急速发展是词典产品功能增加、介质更新换代的深层原因,也导致了词典用户查询方式和习惯的变化——传统的信息获取方式和语言学习方式正受到信息化浪潮的猛烈冲击。汉语学习者更偏爱手机词典 APP、自主使用网络搜索引擎和网络翻译工具辅助查询等情况正是移动网络时代人们的生活和思维方式发生剧变的缩影。

除上一节详述的发现之外,本研究还触及汉语学习者的词典观念、词典使用的本质、词典使用在新时代背景下的特征和未来词典产品发展方面等问题。受到研究主体部分篇幅限制,未作深入讨论分析,在此略作延伸性探讨。

8.2.1　汉语学习者的词典观

我们发现不同学习者的词典观念有所不同,观念的形成受到其母语和母国社会文化的影响。词典观念指的是词典用户对于词典意义和价值的认识,"工具观"和"标准观"是两种典型的词典观念,持这两种词典观的学习者在对词典的选择、使用和评价上都有所不同。

问卷调查数据显示:来自不同国家和地区的学习者在购买和使用词典的情况上存在一定差异。方差分析结果显示:不同国别的汉语学习者在占有纸质词典的情况上存在显著差异($P = 0.00035 < 0.01$)。我们推测这与学习者母国社会文化的具体情况有一定关系。图59显示了八个亚洲国家(马来西亚、越南、泰国、印尼、韩国、日本、阿富汗)和五个欧美国家(俄罗斯、乌克兰、英国、法国和美国)的学习者对纸质词典的偏好程度。可见,亚洲国家的学习者相对于欧美国家的学习者更偏爱纸质词典,这与不同国家的文化传统有一定关系,也与其经济、科技的发展水平直接相关。

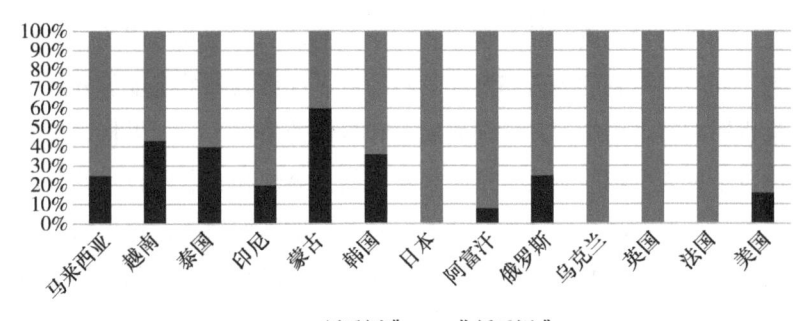

图60 不同国别的学习者对纸质词典的偏好情况

在亚洲国家中,日本的情况比较特殊——不仅几乎没有使用纸质词典的学习者,而且不同于其他国家学习者更偏爱网络词典和手机词典APP的情况,有相当一部分的学习者更倾向于选择日本本土品牌的电子词典(如卡西欧电子词典)。虽然在过去的二十年里,电子词典在全球范围内对纸质词典产品造成了巨大的冲击,但是随着网络的发展和智能手机的出现,电子词典的热潮已经退去。而在这样的背景下,日本的学习者中仍然有不少人对电子词典偏爱有加，这与日本特定的社会经济状况和文化传统都有一定的关系。

在选择和评价词典产品时，更多亚洲（尤其是东亚、东南亚）学习者将编纂单位（或个人）和出版单位的"权威性"视为一个影响因素，而其他地区的学习者则较少将这一因素纳入考虑范围。在访谈中有学习者表示，之所以购买《现代汉语词典》和《新华字典》等语文辞书，也是因为此类词典产品具有很高的权威性。尽管初中级水平的学习者真正使用这两部词典的机会很少，也常常看不懂词典释义内容，但是并没有影响他们对词典质量做出较高的评价。

而在焦点小组访谈中，来自美国的几位学习者则非常明确地表示，完全不在乎词典产品的"权威性"，最重要的是方便使用——再权威的词典，如果看不懂或者用起来麻烦就完全没有意义。可见，他们认为词典产品主要是为语言学习而服务的工具，而工具的价值应该完全以实用程度来评判。这样的观念无疑与美国的社会文化和实用主义哲学传统有一定关系。

相较而言，看重词典权威性的学习者则认为词典不仅仅是工具或者产品，更代表着"绝对的正确"，甚至是自己永远无法企及的"完美标准"。由此，他们对词典产生了一种"尊敬"乃至"敬畏"的心理——看不懂（单语）词典中的释义和其他信息时，他们更倾向于归因于自己水平不足，而不是埋怨词典质量不佳，甚至有学习者觉得越是看不懂的词典才越专业。可见，他们对词典的态度不同于美国学习者的"工具观"，而可以用"标准观"进行描述。这种"标准观"从一定程度上反映了学习者母国的教育观念和文化传统。这样的认识有可能抑制了他们对词典实用性的期待，而更关注词典作为标准不容置疑的正确性。

L12：我给你看一下我有一个，就是俄语的，好像也有西班牙语的。

R：是Train Chinese吗？

L12：是的，你知道吗？

R：知道。

L12：然后就是我之前查的。那个"寺庙"。前段时间我和我的朋友说"你去护国寺（sì）"，他说"护国寺（sī）"，"不是，是护国寺（sì）"，他说"寺（sī）庙（miáo）"，我说"寺（sì）庙（miào）"，然后我们就开始查字典，我就说"你看吧，看吧"。

在"有必要是否购买词典"这一问题上，很多学习者都认为用免费的就行，没有必要购买纸质词典或是词典APP的付费功能。但学习者L21认为购买词典APP的付费功能不只是买了一个商品，而是对语言学习的投资——和其他所有经济活动一样，只有先投入才会有回报。学习者L17则认为花大价钱买一部纸质词典不仅是一种投资，而且能显示出一种"我已经准备好学习""我很爱学习"的样子。

大部头的纸质词典所占据的物理空间能够明确显示汉语学习在学习者生活中的"存在感"，或多或少也能给学习者形成一种"不能白花钱，应该努力学习汉语"的心理暗示。但是很多购买了纸质词典的学习者表示对词典的实际利用率很低，因此结果并不如"工欲善其事，必先利其器"设想得美好，只能通过"现在用不了是因为我的语言水平还不够，都花钱买了，早晚会有用"的借口不断进行自我安慰来获得一种安全感。两位只使用免费词典产品的受访的学习者（L18、L19）表示，相对于购买纸质词典在金钱上的一次性投入，以手机词典APP为代表的新介质词典更需要用户不断地投入精力——通过各种个性化的设置和对产品开放的、可扩展的特性加以利用，把APP"训练"得更符合个人使用的需求。

这两位学习者除了对词典产品有更强的私人感情之外，也对词典的便利性提出了更高的要求。他们指出，手机词典 APP 更适合在碎片化的时间段使用，或者在较小的项目上使用。原因在于：一方面，他们无论是阅读电子文献，还是论文写作都需要在电脑上进行，而使用词典 APP 则需要不断在电脑和手机之间切换，对任务进行的效率有所影响；另一方面，因为手机不仅是即时通讯（电话、短信）的工具，也是接收非即时信息（电子邮件、新闻推送、各种社交平台信息）的终端。这种"随时随地在线"的属性使得学习者在使用手机词典 APP 进行查询的时候很容易被手机接收到的消息分散注意力——常常有"本想顺便看一下社交平台的消息，却不想一发不可收拾，以至于完全忘了正在进行任务"的情况发生。所以学习者 L19 有时为了专心学习而将手机调至"飞行模式"。他们希望现有手机词典 APP 和基于网页的网络词典之间能够进行有机融合，帮助用户更集中高效地完成当前任务。

就我们目前获得的数据和材料而言，持"工具观"的学习者比持"标准观"的学习者在使用词典产品上更有主动性。相较于大部分受访者仅简单对词典产品作出整体评价，持"工具观"的学习者对词典产品的内容和功能有更为明确和具体的想法，对于自己的汉语学习和词典使用需求有较为清晰的认识。

8.2.2 词典使用是一种基于工具/资源的策略性行为

从本质上看，词典使用是一种策略性行为，无论学习者使用词典查询目标词的读音、字形、意义、用法，还是使用词卡系统、笔顺演示系统、专项训练等学习功能，都是在语言水平不足、可以调用的语言素材不足以完成语言任务的情况下采用的解决方法。这种策略的使用情况与学习者的整体策略意识和策略使用能力直接相关，与其他学习策略的选择和使用存在相互作用，因此我们结合了质性的访谈材料和量化的量表数据做了进一步探究。

很多学习策略的研究都选用了 Oxford 编制的学习策略自查量表（Strategy Inventory for Language Learning，SILL）。该量表在类型上属于常见的李克特量表，并且经证实信度效度较好。为了不同研究的需要，研究者对原版量表进行了不同程度的改编，形成了多个版本，各个版本在测量项目和数量上都有所差别。

Oxford & Nyikos（1989）使用 SILL 量表对 1200 名美国大学生进行了研究，她在研究中所使用的 SILL 量表包括 121 个项目，被分别列入五类策略统计，具体包括：第一，与形式相关的练习策略（formal rule-related practice strategies）；第二，功能性的练习策略（functional practice strategies）；第三，基于资源的自主学习策略（resourceful，independent strategies）；第四，通用型学习策略（general study strategies）；第五，对话输入诱导策略（conversational input elicitation strategies），每类策略对应着数量基本相同的测量项目。

江新（2000）在研究中所使用的 SILL（v.5.1）量表包括 80 个项目，具体统计是在 Oxford（1990：16）的学习策略六分框架下进行的，每一类策略所对应的测量项目数量有较大差异，并且在汉语教师对学习者水平的五分制评分与学习者自评的策略得分之间进行了相关分析，在量表的项目、统计方法和分析方法上都与 Oxford & Nyikos（1989）的研究有很大不同。

本研究选用的 SILL（v.7.0，ESL/EFL）量表包括 50 个项目，加上调查学习者基本情况（如：学习年限、母语背景、学习其他外语的情况、词典使用情况等）等十个项目，共计 60 个项目。此外，我们还对英文量表做了字词上的细微调整，并且提供了汉语的对照翻译。在分析量表结果时，我们没有使用 Oxford & Nyikos（1989）的五分法，也没有使用江新（2000）的六分法，而只在一般学习策略[①]和专门针对语言学习的策略之间进行了大

---

① 即 Oxford & Nyikos（1989）中的"通用型学习策略"。

致的区分。

一般学习策略即可以用于所有学习活动的策略，量表中体现一般学习策略的项目包括："我会注意自己进步的情况""我会好好规划时间以便有足够的时间学习汉语""我会尽量找机会练习汉语""我常常复习上课内容""我会把学到的内容用在不同的方面"等，共计 26 项；体现语言学习策略的项目包括"我会在母语里寻找和汉语相同的词""我会把汉语拆开，找出自己看得懂的部分""遇到生词会猜词义""遇到不会表达的内容，我会自己创造新的词或者说法""阅读中，一遇到生词就查词典"等，共计 24 项。我们在焦点小组访谈结束后向受访学习者发放了量表，共计回收有效问卷 9 份。

首先，我们对每一位学习者在 50 个项目上的平均分进行计算，作为他们的综合策略基线（baseline），表示他们的整体策略意识水平——分数越高，则学习者的整体策略意识水平越高，同时，分数高于基线的项目被列入学习者常使用的策略；其次，分别统计学习者在一般学习策略项目和语言学习策略项目上的得分情况，结合学习者在访谈中的语言水平表现进行初步分析；再次，通过分析学习者的语言水平[①]和策略使用情况，以验证初步分析的结果；最后，考察学习者个体在策略的使用情况上的差异，并且进一步结合质性访谈材料讨论。

表 9　　　　第二语言学习策略自查量表描写统计结果

统计项目	最大值	最小值	平均值	标准差
总分	221	129	177	28.18
一般策略总分	119	64	91.89	16.9

---

① 研究者根据学习者在访谈中的中的整体表现和学习者提供的个人信息进行十分制的综合评分。

续表

统计项目	最大值	最小值	平均值	标准差
语言学习策略总分	102	64	85.11	13.33
基线	4.33	2.53	3.47	0.55
常使用的策略数	37	18	28	7.5
不常使用的策略数	30	13	20	6.51
常使用的一般策略数	23	9	15.78	4.84
常使用的语言学习策略	15	8	11.11	3.26

对语言学习策略量表的描写统计的结果（见表9）显示：（1）几乎所有学习者使用的一般策略在数量上和总分上都高于语言学习策略，可见绝大多数学习者更习惯于调用一般策略，这是成年人第二语言学习的常见特征；（2）在整体策略意识更强（总分越高）的学习者的汉语水平越高，而且他们在一般策略和语言学习策略上的得分差异较小，而语言水平较低的学习者的一般策略得分明显高于语言学习策略得分；（3）在相同总分的情况下，使用策略总数较多，但是各项策略得分较低的学习者语言水平不如那些使用策略数较少，但是单项得分更高的学习者；（4）一般策略数量和总分明显低于平均水平的学习者在语言水平上并没有表现出明显的劣势，而在语言策略使用数量和总分上低于平均水平的学习者与同伴相比则处于下风；（5）学习者最不常用的语言学习策略是"通过押韵的方式进行记忆""把学习汉语的感受记录到日记里"，而在最常用的策略上则没有体现出明显的集中趋势。

研究显示：（1）受访学习者的语言水平越高，那么他们调用的策略数就越多或使用频率越高；（2）学习者的语言水平越高，则他们调用的语言学习策略就越多，或频率越高；（3）学习者的语言水平越高，则他们常用的一般策略学习数越少，而语言学习策略数越多。

在访谈中，我们发现成功的学习者不仅积极尝试使用各种策略，而且能够根据个人需要，对基本策略进行调整，复合使用多种策略；并且认识到策略的重要性不仅在于能解一时之急，而且能够为学习提供支架，提高学习效率；所以他们往往更有意识寻找和创造适合自己学习风格的策略，在学习的各个环节有选择地使用不同策略，并且注意监控使用过程和结果。

比如 SILL 量表（见附录三）中的"我不会逐字逐句翻译"（I34）①"遇到不熟悉的汉语生词，我会去猜它的意思"（I36）"在对话中，我如果想不出某个汉语词怎么说，我会使用表情和动作"（I37）"如果我不知道汉语该怎么说，我会自己创造新词/新的说法"（I38）"阅读的过程中，我不会一遇到生词就马上查字典"（I39）等项目都与词典使用直接相关。策略意识水平较高的学习者在这些项目上的得分一般都在基线以上。无论是在阅读、写作，还是对话中都不会直接求助于词典，而是先经过思考、在头脑中回顾和搜索、尝试替代和转换等元认知策略之后，才会使用词典这一外部策略。这样的复合策略减少了学习者查询词典的频次，但是有助于提高查询的质量。

同时也应该注意到，使用词典策略与元认知策略和情感策略等其他策略有很大的不同——它是一种基于工具/资源的策略，学习者在使用这一策略时必须首先通过一定的途径获得工具或资源，而且要掌握工具或资源的使用方法，因此词典使用这一策略本身也存在复合性。如果学习者只是拥有词典产品，或是只知道词典资源的入口，而缺乏使用意识和能力的话，也无法有效使用这一策略。

网络词典、手机词典 APP 等词典工具可供学习者免费使用，其他非典型词典资源对所有用户零门槛准入，词典信息的获取已经不再是一个难题，但是这也要求学习者具有更强的信息敏感性、选择能力和理解能力。面对海量的网络信息，学习者捕捉、

---

① Item 34，第 34 个项目，下同。

判断、选择和利用信息的自觉性与自控力决定了基于工具/资源的策略能否充分发挥效用。一些学习者虽然常常使用词典查询，但是在查询前没有积极的思维过程，在查询过程中急切而盲目，往往会导致查询失败。

便利的查询操作容易使词典用户把键入当作有意识的查找，把浏览当作思考，把检索结果当作思维结果，误以为只要快速浏览就拥有了信息。但是在占有海量信息的同时，如果缺乏深度思考的能力，也将陷入信息匮乏的境地。开放、共享、便捷的互联网精神深刻地改变了信息的生产、传播方式和人们接受和处理信息的方式。美国学者尼古拉斯·卡尔在普利策奖提名作品《浅薄：你是互联网的奴隶还是主宰者》（2015：17）中深入地阐释了这一问题。

因此在向学习者介绍和推荐词典产品、工具和资源的同时，更应该注意培养学习者对信息的批判性接受能力、互联网（及相关产品和资源）使用技巧等信息素养。不仅应该鼓励学习者积极使用策略，而且应该引导学习者探索和创造符合个人需求、匹配个人认知风格的策略。

8.2.3 词典信息的权威稀释与词典使用行为的模糊化

随着信息技术的发展，数据和信息的生产成本大幅下降，与此同时，人类生产的数据和信息的数量正呈指数级增长——2010年全球正式进入了ZB（Zettabyte）时代，"据全球信息咨询机构国际数据公司（IDC）的监测，全球数据大约每两年翻一番，预计到2020年，相较于2009年，数据量将增长近50倍"。（洪鼎芝，2015：117）

"信息的网络搜索而非百科全书式的知识储备成为一种知识生产的常态"（赵旭东，2017），这极大地助长了我们的惰性——有问题只需要"百度一下"，我们要做的就是在所有相关结果中选择最符合的一条。正如洪鼎芝（2015：163）指出的：信息爆炸深刻地改变了我们的思维方式，"让我们从因果关系的串联思维变成了相关关系的并联思维，也就是说，只要知道'是什么'，而不需要知道'为什么'"。

学习者在词典产品的使用上也出现了相似的趋势。网络让信息获取的门槛大大降低，一个网页或者一个 APP 就可以免费获取海量信息，用户对词典信息的精准度的期待也有所降低——"毕竟是免费的""毕竟那么简单/容易就查到了，就算不是很对，不是很好，但也是意料之中吧，你还期待什么呢？"因此学习者在对几乎不需要任何经济投入的网络词典或词典 APP 做出评价时也不如对纸质词典严苛，这正是信息数量的几何式增长和成本的降低造成的信息权威稀释。

按照期望价值论（Expectancy Value Theory）的基本假设：个体完成目标的动机首先依赖于个体对于这一目标可实现性的认识，其次依赖于这一目标对于个体的主观价值。如果个体认为达到目标的可能性越大，那么从中获得的激励就越大，动机也就越大，即"动机＝期望值×目标价值"。变换等式之后就可以得到"期望值＝动机/目标价值"，即在目标价值一定的情况下，个体对于某一事物或行为的期望值和动机成正比。由于信息权威性的稀释，获取词典信息的目标价值也受到了稀释，因此用户的期望值和动机都会随之下降；而在期望值保持不变的情况下，则驱动学习者进行查询的动机会下降。

纸质词典的特性（纸本有形、可赠予、价格较高等）使得纸质词典相对免费的网络词典产品更容易得到用户的信任感，也更有权威性。但是在信息爆炸、信息权威性受到严重稀释的背景下，学习者转而更看重产品使用的便捷程度。这种对便捷操作的追求使得词典查询的行为与一般网络检索行为显示出越来越高的趋同性——与过去行为边界清晰的查询活动相比，使用新介质词典产品进行查询的行为边界日渐模糊。

过去，学习者从语言编码或解码任务到词典查询之间的切换有着清晰的行为边界,因为使用纸质词典查询需要掌握相关知识和技能,查询过程是由一套动作流程构成的——从打开词典,逐页搜寻到逐行浏览,每一个环节都占据了一定的时间,因此学习者在生理和心理上都对查询过程有明确的感知。正是查询行为所具有的时空感和查询操作的特殊性使得学习者能够在查询时投注较多的注意力。

随着移动互联和智能时代的到来,人们的生活交流和信息获取已经离不开手机,各种智能设备在学习中的使用率激增。网络词典和词典 APP 以手机和其他移动终端为载体,也就与新闻阅读、社交互动、通讯交流处于同一个界面之中。只要手指的一个点击或一个滑动,就能直接从编辑短信切换到网络搜索,或者从邮件阅读到词典查询,各种任务之间几乎可以做到无缝切换。传统纸质词典查询过程所具有的明确的行为边界也渐渐变得模糊不清。

新介质词典产品的出现使得词典使用的门槛越来越低,很多学习者和教师不再认为使用词典需要专门学习和训练,学习者对词典查询过程有意识的控制也越来越弱。相对于传统纸质词典使用的封闭性,现代词典使用行为更为宽泛,比如学习者常常使用百度搜索引擎,相对于使用纸质词典查询,使用门槛和行动的成本都降低了,尤其当这一行为达到了预期的效果,就会产生正强化,一段时间之后,网络检索行为就形成了一种自动化的习惯。加上从众心理的作用和"想当然"的使用操作,让用户在词典使用过程中缺乏探索和创新的意识。这样一来,词典使用过程的时空感和查询操作的特殊性越来越不显著,用户的感受阈限越来越高,意识在此过程中参与的程度也就越来越低,即词典使用行为的模糊化。因此词典产品需要增加新的元素和功能以使词典产品的特征更为显著,来对抗传统词典使用行为的模糊化趋势。

8.2.4 词典产品的重新定位

正如洪鼎芝(2015:115)反复强调的:信息爆炸、移动互联、云计算和大数据"带来的将是一场大革命,是一次时代转型,很有可能也是一次对人类生活、工作和思维方式的颠覆"。面对如此汹涌、不可阻挡的浪潮,继续执着于探讨新介质词典到底是不是优于纸质词典已经没有多少意义,词典产品的研究和开发必须顺应时代的潮流。

但是所谓"顺应"也不仅是把纸质词典的内容搬到网络词典里或者手机 APP 里那么简单。前面讨论词典信息权威性的稀释与词典使用行为的模糊化,意义不仅在于指出这一趋势的存在,更重要的是引发进一步的思考——词典产品应该如何改变和发展才能更好地满足用户的需求,词典的内容和功能如何更好地与汉语教学相融合,以适应新时代的学习。

信息时代的学习发生了深刻的变化,技术不再是单纯的工具,而是各种不同类型的专业资源、人和工具的集合。在这一集合里,资源、人和工具以互补的方式共同运作,建立和维护了一种新的学习生态圈和学习文化,使学习的内容和方式发生了根本性的变革。但是另一方面,"新的信息获取和处理方式在强化视觉处理能力的同时,也弱化了我们深度思考和创造的能力"(洪鼎芝,2015:228)。

网络导致了一维时间和三维空间的碎片化,使我们更倾向于接受去中心化的、无结构的观念和非理性的思维方式,"懒得思考,疏于记忆和不思创新已经成为一种普遍趋势(洪鼎芝,2015:231)"。我们在看到许多学习者积极能动使用词典产品和其他非典型词典资源的时候感到很欣慰,也在发现一些学习者机械使用双语词典,或者过分依赖"复制""粘贴"操作和搜索引擎的时候不禁十分担忧——是不是提供足量的、准确的信息就足够了呢?美国国会图书馆的馆长詹姆斯·比林顿提醒读者在面对极易获取的电子资源时要谨慎思考:我们真的因为有了这些信息而变聪明了吗?信息的存在并不是信息有效的充要条件,如果词典信息继续以静态备查的孤立形态存在,那么内容再丰富多样、再准确细致也难以得到充分利用。

　　受到学习者欢迎和好评的词典APP已经在努力丰富意义用法查询之外的非查询功能，积极吸引学习者使用，从而融入到汉语学习的具体过程中。从新介质词典个性化的设置和可扩展的特性也可以看出"百搭"的传统词典正在向个性化、定制化转型。词典这一历史悠久的传统工具也需要从被束之高阁的"典"，转被动为主动，与其他各类学习辅助工具和资源协同融合，成为支撑撬动学习活动之杠杆的作用"点"。

8.3　结语

　　本研究全面梳理了影响词典使用的众多内外部因素之间相互作用的纹理和脉络，从而理解汉语学习者使用或不使用、这样或那样使用词典产品的行为，并且由此获知他们在汉语学习中的困难和使用词典的需求，最终是在为汉语作为第二语言的教学的发展和汉语词典产品的研发提供一些参考。由于作者个人水平有限，难免有错漏不当之处，愿见教于方家。

参考文献

A. 专著

蔡永强，2016，《对外汉语学习词典学》，学林出版社。

陈向明，2000，《质的研究方法与社会科学研究》，教育科学出版社。

冯胜利，2006，《汉语书面用语初编》，北京语言大学出版社。

郝美玲，2015，《汉语儿童词素意识的发展》，北京语言大学出版社。

洪鼎芝，2015，《信息时代：正在变革的世界》，世界知识出版社。

江晓丽，2014，《美国大学生汉语学习策略研究》，浙江大学出版社。

刘珣，2000，《对外汉语教育学引论》，北京语言大学出版社。

罗青松，2002，《对外汉语写作教学研究》，中国社会科学出版社。

罗思明，2008，《词典学新论》，安徽教育出版社。

孟国，2014，《第二语言习得：模式与实践》，电子科技大学出版社。

彭聃龄，2012，《普通心理学》（第4版），北京师范大学出版集团、北京师范大学出版社。

彭聃龄主编，1991，《语言心理学》，北京师范大学出版社。

钱玉莲，2015，《留学生汉语输入与输出学习策略比较研究》，南京大学出版社。

邵敬敏主编，2007，《现代汉语通论》（第二版），上海教育出版社。

王光荣，2009，《文化的诠释：维果茨基学派心理学》，山东教育出版社。

杨延宁，2014，《应用语言学研究的质性研究方法》，商务印书馆。

于屏方、杜家利，2010，《汉、英学习词典对比研究》，中国社会科学出版社。

章宜华，2015，《二语习得与学习词典研究》，商务印书馆。

章宜华，2011，《基于用户认知视角的对外汉语词典释义研究》，商务印书馆。

章宜华、雍和明，2007，《当代词典学》，商务印书馆。

［美］埃布尔森、莱丁、刘易斯，2011：《数字迷城：信息爆炸改变你的生活》，李卉、王思敏、张魏译，人民邮电出版社。

［美］安东尼·吉登斯，2009，《社会学》（第五版），李康译，北京大学出版社。

［法］贝朗编著，2002，《现代词典学入门》，张伯然导读，外语教学与研究出版社。

［美］戴维·迈尔斯，2006，《社会心理学》（第8版），侯玉波等译，人民邮电出版社。

［瑞士］费尔迪南·德·索绪尔，2009，《普通语言学教程》，刘丽译，中国社会科学出版社。

［瑞士］焦尔当、裴新宁，2010，《变构模型：学习研究的新路径》，杭零译，教育科学出版社。

［英］凯西·卡麦兹，2009，《建构扎根理论：质性研究实践指南》，边国英译，重庆大学出版社。

［德］马克斯·韦伯，2013，《社会科学方法论》，韩水法、莫茜译，商务印书馆。

［美］马修·迈尔斯、迈克尔·休伯曼，2008，《质性资料的分析》（第2版），张芬芬译，重庆大学出版社。

［美］尼古拉斯·卡尔，2015，《浅薄：你是互联网的奴隶还是主宰者》（第2版），刘纯毅译，中信出版社。

［美］塞德曼，2009，《质性研究中的访谈：教育与社会科学研究者指南》（第3版），周海涛主译，重庆大学出版社。

［苏］维果茨基，2005，《维果茨基教育论著选》，余震球选译，人民教育出版社。

［美］谢利·泰勒、利蒂希亚·安妮·佩普卢，2010，《社会心理学》（第12版），崔丽娟、王彦等译，上海人民出版社。

［美］朱丽叶·M.科宾、安塞尔姆·H.施特劳斯，2015，《质性研究的基础：形成扎根理论的程序与方法》（第3版），朱光明译，重庆大学出版社。

Battenburg, J., 1991, English Monolingual Learners' Dictionaries, Tübingen: Niemeyer.

Blumer, H., 1986, *Symbolic interactionism : Perspective and method*, University of California Press.

Charmaz, K., 2014, *Constructing grounded theory. Introducing Qualitative Methods Series*, Constr. grounded theory.

Cowie, A., 1999, *English Dictionaries for Foreign Learners: A History*, 北京：外语教学与研究出版社.

Goffman, E., 1949, *presentation of self in everyday life*, America Journal of Sociology.

Hartmann, R.R.K., 2005, *Teaching and researching lexicography*, Beijing: Foreign Language Teaching and Research Press.

Hartmann, R. & James, D., 1998, *Dictionary of Lexicography*, London/New Yory: Rutledge.

Humble, P., 2001, *Dictionaries and language learners*, Frankfurt am Main: Haag und Herchen.

Lew, R. & Pajkowska J., 2007, *The Effect of Signposts on Access Speed and Lookup Task Success in Long and Short Entries*, Horizontes de Lingüística Aplicada.

Lew, R., 2015, *Dictionaries and Their Users*, Berlin, Heidelberg: Springer.

Mead, G. H. et al., 2015, *Mind, Self, and Society*, Chicago, London: University of Chicago Press.

Oxford, R. L., 1990, *Language Learning Strategies: What Every Teacher Should Know*, Issues in Applied Linguistics.

Tesch, R., 2013, *Qualitative research: analysis types and software tools*, New York: the Falmer Press.

Tono, Y., 2012, *Research on Dictionary Use in the Context of Foreign Language Learning: Focus on reading comprehension*, Walter de Gruyter.

B. 论文

a. 期刊论文

安德源，2009，《少数民族大学生汉语词典使用策略实证研究》，《民族教育研究》第2期。

安德源、刘伟乾，2012，《第二语言学习者双语词典使用技能的实证研究——以华东师范大学对外汉语学院汉语本科专业留学生为例》，《民族教育研究》第5期。

安德源、易艳，2008，《汉语专业少数民族大学生汉语词典使用技能研究》，《辞书研究》第2期。

蔡永强，2011，《对外汉语学习词典编纂的用户友好原则》，《辞书研究》第2期。

曹杰旺、罗思明，2005，《词典使用技能教学的理据与内容》，

《外语研究》第5期。

岑玉珍、白荃，2001，《外国人使用〈现代汉语词典〉时遇到的几个问题》，《语文建设》第9期。

岑玉珍、宋尚镐，2011，《韩国留学生对汉语学习词典的需求调查》，《辞书研究》第1期。

陈泊蓉，2011，《关于语素意识的研究：汉语和英语的比较》，《文学界》（理论版）第2期。

陈桂花，2009，《英语词典使用研究综述》，《长春理工大学学报》（高教版）第3期。

陈伟，2014，《词典：外语教学理念突破的后现代镜像》，《山东外语教学》第6期。

陈贤纯，2003，《对外汉语教学写作课初探》，《语言教学与研究》第5期。

陈向明，2008，《质性研究的新发展及其对社会科学研究的意义》，《教育研究与实验》第2期。

陈潇，2016，《外向型汉法词典词汇搭配用户需求分析——以法国汉语专业学习者为例》，《外国语文》第2期。

陈晓文、万晓影，2006，《对英语学习型词典中"意义引导信息"效果的研究和启示》，《外国语言文学》第2期。

陈岩、汪新建，2010，《米德"符号互动论"思想的新诠释》，《南开学报》（哲学社会科学版）第3期。

陈玉珍，2013，《CALL环境下词典查阅行为与词汇习得的相关性研究》，《外语与外语教学》第5期。

陈玉珍，2007，《词典使用的研究领域及其研究方法》，《濮阳职业技术学院学报》第2期。

陈玉珍，2006，《词典使用研究：背景、意义及其代表人物》，《洛阳师范学院学报》第6期。

陈玉珍，2011，《英汉双解学习词典的使用调查和实验研究》，《辞书研究》第2期。

崔希亮，2010，《汉语国际教育"三教"问题的核心与基础》，《世界汉语教学》第1期。

戴远君、徐海，2014，《电子词典研究现状与展望》，《辞书研究》第4期。

董志霞、郑晓齐，2015，《对非定向博士生求学动机的质性研究》，《学位与研究生教育》第1期。

杜焕君，2010，《教师视角的对外汉语词典用户需求研究——对外汉语词典用户需求调查》，《广东外语外贸大学学报》第5期。

范琳、夏晓云、王建平，2014，《我国二语词汇学习策略研究述评：回顾与展望——基于23种外语类期刊15年文献的统计分析》，《外语界》第6期。

高一虹，2006，《外语学习社会心理的结构化理论视角》，《中国外语》第4期。

顾琦一、宋明珠，2010，《任务预设投入量与词汇习得策略》，《解放军外国语学院学报》第5期。

郝瑜鑫，2013，《定量研究与汉语学习词典编纂理念的创新》，《云南师范大学学报》（对外汉语教学与研究版）第5期。

郝瑜鑫、王志军，2013，《国外汉语学习词典需求之探讨——以美国为例》，《华文教学与研究》第3期。

何家宁，2002，《词典使用研究的必要性、领域及方法》，《辞书研究》第4期。

何家宁、张文忠，2009，《中国英语学生词典使用定量实证研究数据收集与统计方法现状分析》，《现代外语》第1期。

何姗，2014a，《外国留学生汉语学习焦虑研究》，《云南师范大学学报》（对外汉语教学与研究版）第2期。

何姗、朱瑞平，2018，《汉语学习者使用词典APP进行自主学习的质性研究——以Pleco为例》，《鲁东大学学报》（哲学社会科学版）第1期。

胡荣，1989，《符号互动论的方法论意义》，《社会学研究》第1期。

黄建滨、张俊贤，2010，《高水平语言学习者与低水平语言学习者词典使用状况对比分析》，《内蒙古师范大学学报》（教育科学版）第1期。

江新，2000，《汉语作为第二语言学习策略初探》，《语言教学与研究》第1期。

金沛沛，2016，《高级阶段留学生汉语写作中的词典需求分析》，《内蒙古农业大学学报》（社会科学版）第2期。

景怀斌，2017，《扎根理论编码的"理论鸿沟"及"类故理"跨越》，《武汉大学学报》（哲学社会科学版）第6期。

柯葳、董燕萍，2001，《上下文在二语词汇直接学习中的效果研究》，《现代外语》第4期。

匡芳涛、安礼艳，2008，《语言·交际·社会化社会化语言习得理论述评》，《外语教育》。

郎建国、李晋，2003，《英语学习词典使用情况调查与思考》，《北京第二外国语学院学报》第6期。

雷华、史有为，2004，《工具的工具：词典的易懂与易得——关于对外汉语学习单语词典》，《语言教学与研究》第6期。

李红印，2008，《构词与造句：汉语学习词典编纂的两个重心》，《语言文字应用》第2期。

李金艳，2016，《词典使用与自主学习能力培养》，《大学英语》（学术版）第1期。

李菁，1998，《语言学习策略刍议》，《云南民族大学学报》（哲学社会科学版）第3期。

李玲，2013，《语素意识与阅读能力的关系》，《文教资料》第12期。

李文跃，2013，《符号、教学符号与教学符号互动的探析——基于符号互动论的视角》，《教育理论与实践》第10期。

李锡江、包薇，2012，《数字化时代下读者的词典意识——基于大学英语学习者手机词典使用调查的研究》，《辞书研究》第3期。

李霞、兰英，2007，《基于社会文化学派理论的第二语言学习观及其述评》，《国外外语教学》第2期。

李莹莹、汪卫东、高雪松，2016，《应用语言学国际期刊质性研究发表过程的分析与解读》，《复旦外国语言文学论丛》2016年春季号。

林小英，2015，《分析归纳法和连续比较法：质性研究的路径探析》，《北京大学教育评论》第1期。

凌淑红，2006，《电子词典所带来的词典学新理念》，《辽宁工业大学学报》（社会科学版）第1期。

柳苗，2009，《中亚留学生汉语词典使用策略调查》，《语文学刊》（外语教育教学）第24期。

吕叔湘，1958，《语言和语言学（续完）》，《语文学习》第3期。

罗思明、江晶晶、诸赟，2007，《词典使用研究中的问卷调查法》，《辞书研究》第1期。

罗思明、赵海萍，2005，《当代词典使用研究主题综述》，《辞书研究》第4期。

彭淑莉，2016，《外向型汉语词典APP使用情况考察及开发建议》，《新丝路》第12期。

［英］R. R. K. 哈特曼、胡美华，2003，《词典使用者观察：特别关注跨语词典》，《辞书研究》第5期。

申伟，2005，《论词典使用对外语学习的影响》，《探求》第3期。

史兴松，2016，《超学科视角下的二语社会化理论》，《现代外语》第1期。

史兴松，2009，《跨文化语言社会化理论初探》，《中国外语》第6卷第1期。

宋文娟、郑洪波，2014，《词典手机应用化与主流手机词典评测研究》,《语文学刊》第 16 期。

陶伟,2015,《国外教育研究中的"质性研究整合"评介:理据与实操》,《外国教育研究》第 11 期。

滕敏,2011,《自主学习环境下的词典使用调查与启示》,《长春理工大学学报》(社会科学版)第 1 期。

王俊菊,2006,《二语写作认知心理策略研究》,《山东大学学报》(哲学社会科学版)第 6 期。

魏向清,2005,《研究范式的转变与现代双语词典批评的新思维》,《外语与外语教学》第 4 期。

吴建平、周维江,2010,《词典使用研究的动态参数模型》,《广东外语外贸大学学报》第 5 期。

吴剑,2012,《来华预科留学生汉语写作策略探索》,《华文教学与研究》第 2 期。

武继红,2007,《论写作教学与词典使用》,《广东外语外贸大学学报》第 4 期。

夏立新,2009,《对外汉语学习词典的出版和使用者调查研究》,《出版科学》第 1 期。

肖志清,2015,《智能手机词典评介》,《广东外语外贸大学学报》第 5 期。

徐子亮,1999,《外国学生汉语学习策略的认知心理分析》,《世界汉语教学》第 4 期。

许嘉璐,2007,《弘扬中华辞书文化 促进两岸学术交流——在"海峡两岸〈康熙字典〉学术研讨会"开幕式上的讲话》,《辞书研究》第 4 期。

许迈进、章瑚纬,2014,《研究型大学教师应具备怎样的教学能力?——基于扎根理论的质性研究探索》,《浙江大学学报》(人文社会科学版)第 2 期。

许希阳、吴勇毅,2016,《"产出导向法"理论视角下的对外汉语写作教学模式之探索》,《华文教学与研究》第 4 期。

杨黎，2015，《目的语环境中美国留学生汉语感谢言语行为的习得》，《世界汉语教学》第 4 期。

杨蕊、王光明，2016，《影响学生综合实践活动课程高效学习的因素探究——基于 NVivo11 的质性分析》，《教育导刊》第 5 期。

尹洪山，2011，《从社会文化理论到语言社会化理论——二语习得研究的社会学转向》，《青岛科技大学学报》（社会科学版）第 1 期。

于良杰，2014，《对外汉语写作策略分类探索》，《外语与翻译》第 1 期。

于伟昌，2014，《论词典使用的多维度跨学科实证研究方法》，《牡丹江教育学院学报》第 2 期。

张宝林，2015，《〈汉语作为第二语言系列学习词典〉编纂设想》，《双语教育研究》第 1 期。

张红萍，2008，《二语习得者词典使用策略研究》，《经济师》第 8 期。

张绘，2012，《混合研究方法的形成、研究设计与应用价值——对"第三种教育研究范式"的探析》，《复旦教育论坛》第 5 期。

张丽华，2013，《电子词典使用对英语自主学习影响的调查》，《吉林省教育学院学报》第 2 期。

张清芳、杨玉芳，2003，《言语产生中的词汇通达理论》，《心理科学进展》第 1 期。

张蔚、徐子亮，2016，《基于扎根理论的对外汉语新手教师教学焦虑研究》，《华文教学与研究》第 2 期。

张杏，2006，《词典使用研究中的调查方法综述》，《湛江海洋大学学报》第 5 期。

张玉平、董琼、舒华、吴燕，2017，《语音意识、命名速度和语素意识在汉语阅读发展中的作用》，《心理发展与教育》第

4 期。

章宜华，2010，《〈辞书研究〉与新时期词典学理论和编纂方法的创新》，《辞书研究》第 1 期。

章宜华，2013，《基于二语认知视角的词典需求分析与多维释义研究——兼谈〈新理念英汉双解活用词典〉的释义特征》，《外语界》第 6 期。

章宜华，2009，《新时期词典学研究应具备的理论特色》，《辞书研究》第 3 期。

赵万里、徐敬怡，2007，《符号互动论视野下的科学社会研究》，《自然辩证法通讯》第 6 期。

赵旭东，2017，《微信民族志时代即将来临——人类学家对于文化转型的觉悟》，《探索与争鸣》第 5 期。

赵英、程亚华、伍新春、阮氏芳，2016，《汉语儿童语素意识与词汇知识的双向关系：一项追踪研究》，《心理学报》第 11 期。

郑敏，2000，《对语言学习策略分类框架的质疑——兼评元认知策略的地位》，《外语与外语教学》第 12 期。

朱湘燕，2007，《对外汉语写作教学调查及研究》，《现代语文》（语言研究版）第 6 期。

Abel, A. & Meyer, C. M., 2013, "The Dynamics Outside The Paper: User Contributions To Online Dictionaries", *Electronic lexicography in the 21st century: Thinking outside the penper.*

Aust, R., Kelley, M. J., & Roby, W., 1993, "The use of hyper-reference and conventional dictionaries", *Educational Technology Research and Development*, Vol. 41, No. 4, pp. 63 – 74.

Bensoussan, M., Sim D. & Weiss R., 1984, The Effect of Dictionary Usage on EFL Test Performance Compared with Student and Teacher Attitudes and Expectations, *The Biannual Conference of the International of Association of Applied Linguistics. Lund, Sweden*, Vol. 2, pp. 262 – 276.

Béjoint, H. , 1981, "The Foreign Student's Use of Monolingual English Dictionaries: A Study of Language Needs and Reference Skills", *Applied Linguistics*, Vol. 2, No. 3, pp. 207 – 222.

Black, A. , 1986, The effect on comprehension and memory of providing different types of defining information for new vocabulary: A report on two experiments conducted for Longman ELT Dictionary and Reference Division. Cambridge: MRC Applied Psychology Unit (Unpublished internal report).

Chon, Y. , 2009, "The Electronic Dictionary for Writing: a Solution or a Problem?", *International Journal of Lexicography*, Vol. 22, No. 1, pp. 23 – 54.

Christianson, K. , 1997, "Dictionary Use by EFL Writers: What Really Happens?", *Journal of Second Language Writing*, Vol. 6, No. 1, pp. 23 – 43.

Chuang, H. , 2016, "Mobile Assisted Language Learning APPs for the Chinese Classroom", *Journal of Technology and Chinese Language Teaching*, Vol. 7, No. 2, pp. 113 – 119.

Corbin, J. M. & Strauss, A. , 1990, "Grounded theory research: procedures, canons, and evaluative criteria", *Qualitative Sociology*, Vol. 13, No. 1, pp. 3 – 21.

Corrius, M. & Pujol, D. , 2010, "Linguistic and cultural strategies in ELT dictionaries", *ELT Journal*, Vol. 64, No. 2, pp. 135 – 142.

Cumming, G. Cropp, S. & Sussex, R. , 1994, "On-line Lexical Resources for Language Learners: Assessment of Some Approaches to Word Definition", *System*, Vol. 22, No. 3, pp. 369 – 377.

Duff, P. A. , 2010, "Language socialization into academic discourse communities", *Annual Review of Applied Linguistics*, Vol. 30, No. 30, pp. 169 – 192.

参考文献

Dziemianko, A., 2016, "An insight into the visual presentation of signposts in English learners' dictionaries online", *International Journal of Lexicography*, Vol. 29, No. 4, , pp. 490 – 524.

Dziemianko, A., 2014, "On the Presentation and Placement of Collocations in Monolingual English learners' Dictionaries: Insights into Encoding and Retention", *International Journal of Lexicography*, Vol. 27, No. 3, pp. 259 – 279.

Dziemianko, A., 2010, "Paper or Electronic? The Role of Dictionary form in Language Reception, Production and the Retention of Meaning and Collocations", *International Journal of Lexicography*, Vol. 23, No. 3, pp. 257 – 273.

Dziemianko, A., 2011, "User-friendliness of noun and verb coding systems in pedagogical dictionaries of English: A Case of Polish learners", *International Journal of Lexicography*, Vol. 24, No. 1, pp. 50 – 78.

Frankenberg-Garcia, A., 2005, "A Peek into What Today's Language Learners as Researchers Actually Do", *International Journal of Lexicography*, Vol. 18, No. 3, pp. 335 – 355.

Frankenberg-Garcia, A., 2011, "Beyond L1 – L2 equivalents: where do users of English as a foreign language turn for help?", *International Journal of Lexicography*, Vol. 24, No. 1, pp. 97 – 123.

Frankenberggarcia, A., 2012, "Learners' Use of Corpus Examples", *International Journal of Lexicography*, Vol. 25, No. 3, pp. 273 – 296.

Frankenberggarcia, A., 2014, "The Use of Corpus Examples for Language Comprehension and Production", *Recall*, Vol. 26, No. 2, pp. 128 – 146.

Ghabanchi, Z. & Ayoubi, E. S., 2012, "Incidental vocabulary learning and recall by intermediate foreign language students: The influence of marginal glosses, dictionary use, and summary writing", *Journal of International Education Research*, Vol. 8, No. 2, p. 85.

Gromann, D. & Schnitzer, J. , 2016, "Where Do Business Students Turn for Help? An Empirical Study on Dictionary Use in Foreign-language Learning", *International Journal of Lexicography*, Vol. 29, No. 1, pp. 55 – 99.

Harvey, K. & Yuill, D. , 1997, "A Study of the Use of a Monolingual Pedagogical Dictionary by Learners of English Engaged in Writing", *Applied Linguistics*, Vol. 18, No. 3, pp. 253 – 278.

Hulstijn, J. , Hollander, M. , & Greidanus T. , 1996, "Incidental Vocabulary Learning by Advanced Foreign Language Students: the Influence of Marginal Glosses, Dictionary Use, and Reoccurrence of Unknown Words", *Modern Language Journal*, Vol. 80, No. 3, pp. 327 – 339.

Jain, M. , 1981, "On Meaning in the Foreign Learner's Dictionary", *Applied Linguistics*, Vol. 2, No. 3, pp. 274 – 286.

Kern, R. G. , 1994, "The role of mental translation in second language reading", *Studies in Second Language Acquisition*, Vol. 16, No. 4, pp. 441 – 461.

Knight, S. , 1994, "Dictionary Use While Reading: The Effects on Comprehension and Vocabulary Acquisition for Students of Different Verbal Abilities", *The Modern Language Journal*, Vol. 78, No. 3, pp. 285 – 299.

Laufer, B. & Kimmel, M. , 1997, "Bilingualised Dictionaries: How Learners Really Use Them", *System*, Vol. 25, No. 3, pp. 361 – 369.

Lee, S. , 2016, "E-Learning Readiness in Language Learning: Students' Readiness Survey and Normalization Process", *Journal of*

Technology and Chinese language Teaching, Vol. 7, No. 2, pp. 23 – 37.

Leffa, J., 1992, "Reading with an Electronic Glossary", *Computers & Education*.

Levy, M., & Steel, C., 2015, "Language Learner Perspectives on the Functionality and Use of Electronic Language Dictionaries", *Recall*, Vol. 27, No. 2, pp. 177 – 196.

Lew, R. & Doroszewska, J., 2009, "Electronic dictionary entries with animated pictures: lookup preferences and word retention", *International Journal of Lexicography*, Vol. 22, No. 3, pp. 239 – 257.

Lew, R. & Dziemianko, A., 2006, "Non-standard dictionary definitions: What they cannot tell native speakers of Polish", *Cadernos de Tradução*, Vol. 2, No. 18, pp. 275 – 294.

Lew, R. & Schryver, G. M. D., 2014, "Dictionary Users in the Digital Revolution", *International Journal of Lexicography*, Vol. 27, No. 4, págs. 14 – 16.

Lew, R., 2016, "Can a Dictionary Help you Write Better? A User Study of an Active Bilingual Dictionary for Polish Learners of English", *International Journal of Lexicography*, Vol. 29, No. 3, pp. 353 – 366.

Lew, R., 2016, "Dictionaries forLearners of English", *Language Teaching*, Vol. 49, No. 2, pp. 291 – 294.

Lew, R., 2011, "Studies in Dictionary Use: Recent Developments", *International Journal of Lexicography*, Vol. 24, No. 1, pp. 1 – 4.

Luppescu, S. & Day, R., 1993, "Reading, Dictionaries, and Vocabulary Learning", *Language Learning*, Vol. 43, No. 2, pp. 263 – 279.

McLaren, A. E., Bettinson M., 2015, "Impact of e-Technologies on Chinese Literacy Programs for College Second Language Learners", *Electronic Journal of Foreign Language Teaching*, Vol. 12, No. 1, pp. 101 – 114.

Nesi, H. & Meara, P., 1991, "How Using Dictionaries Affects Performance in Multiple-choice EFL Tests", *Reading in A Foreign Language*, Vol. 8, pp. 631 – 643.

Nesi, H. & Meara, P., 1994, "Patterns of Misinterpretation in the Productive Use", *System*, Vol. 22, No. 1, pp. 1 – 15.

Nesi, H., 2014, "Recearch Timeline: Dictionary Use byEnglish Language Learners", *Language Teaching*, Vol. 47, No. 1, pp. 38 – 55.

Okamura, A., 2006, "TwoTypes of Strategies Used by Japanese Scientists, When Writing Research Articles in English", *System*, Vol. 34, No. 1, pp. 68 – 79.

Oxford, R., & Nyikos, M., 1989, "Variables affecting choice of language learning strategies by university students", *Modern Language Journal*, Vol. 73, No. 3, pp. 291 – 300.

Oxford, R. L., & Burry-Stock, J. A., 1995, "Assessing the use of language learning strategies worldwide with the esl/efl version of the strategy inventory for language learning (SILL)", *System*, Vol. 23, No. 1, pp. 1 – 23.

Peters, E., 2007, "Manipulating L2 learners' Online Dictionary Use and Its Effect on L2 Word Retention", *Language Learning & Technology*, Vol. 11, No. 2, pp. 36 – 58.

Prichard, C., 2008, "Evaluating L2 readers' vocabulary strategies and dictionary use", *Reading in a Foreign Language*, Vol. 20, No. 2, pp. 216 – 231.

Pulido, D., 2004, "The Relationship between Text Comprehension and Second Language Incidental Vocabulary Acquisition: A Matter of Topic Familiarity?", *Language Learning*, Vol. 57, No. 1, pp. 155-199.

Schecter, S., Swan, M. & Smith, B., 2001, "Learner English: A Teacher's Guide to Interference and Other Problems", *Modern Language Journal*, Cambridge: Cambridge University Press, Vol. 72, No. 4, p. 461.

Schneider, K. P., 2001, "Using dictionaries: studies of dictionary use by language learners and translators", *System*, Vol. 29, No. 1, pp. 153-159.

Shen, H. H., 2008, "An Analysis of Word Decision Strategies among Learners of Chinese", *Foreign Language Annuals Fall*, Vol. 40, No. 3, pp. 501-524.

Tarp, S., 2009, "Reflections on lexicographical user research", *Lexikos*, Vol. 19, No. 1, pp. 275-296.

Tono, Y., 1989, "Can a Dictionary Help One Read Better? Lexicographers and Their Works", *Exeter Linguistic Studies Volume 14. University of Exeter*, pp. 192-200.

Tono, Y., 1992, "Effect of menus on EFL learners' look-up processes", *Lexikos*, Vol. 2, No. 1, pp. 230-253.

Tono, Y., 1992, "The menu effect: an empirical study on the effect of dictionary layout", *The bulletin of the Kanto-koshin-etsu English Language Education Society.* 6, pp. 35-53.

Wiegand, H., 1990, "Printed Dictionaries and Their Parts as Texts. An Overview of More Recent Research as an Introduction", *Lexicographica*, 6 (dec), pp. 1-126.

Winestock, C., & Jeong, Y. K., 2014, "An analysis of the smartphone dictionary app market", *Lexicography*, Vol. 1, No. 1, pp. 109-119.

Yamada, S., 1999, "The Bilingualised Dictionary: Help or Spoil?",

早稻田商学同攻会文化论集第 15 号：71 – 95.

Zhang Y. , 2016, "China Lex and lexicographic activities in China", *Kernerman Dictionary News*, 2016, 24.

b. 析出文献

何家宁，2003，《词典使用研究述评》，曾东京主编，《双语词典研究：2003 年第五届全国双语词典学术研讨会论文选》，上海外语教育出版社。

何姗、梁喜镜，2016，《中文泛读课堂使用移动端词典应用"普利科"的个案研究》，李晓琪、金铉哲、徐娟主编，《数字化汉语教学》(2016)，清华大学出版社。

李晓丽、魏向清，2007，《内隐学习特征研究对英汉学习型词典编纂的启示》，罗益民、文旭主编，《双语词典新论》，四川出版集团、四川人民出版社。

钱玉莲，2004，《第二语言学习策略研究的现状与前瞻》，王建勤主编，2006，《汉语作为第二语言的学习者与汉语认知研究》，商务印书馆。

章宜华，2007，《浅析中观结构网络在学习词典中的效用——兼谈学习词典的基本结构体系及功能》，罗益民、文旭主编，《双语词典新论》，四川出版集团、四川人民出版社。

郑定欧，2005，《国内对外汉语学习词典学：调查与反思》，郑定欧主编，《对外汉语学习词典学国际研讨会论文集》，香港城市大学出版社。

Atkins, B. & Varantola, K. , 1998, Language Learners Using Dictionaries: The Final Report of the EURALEX/AILA Research Project on Dictionary Use. Atkins B. (Ed.), Using Dictionaries: Studies of Dictionary Use by Language Learners and Translators, Tübingen: Niemeyer.

Bogaards, P. , 1998, Scanning Long Entries in Learner's Dictionary. EURALEX. Liege, Belgium.

Chang C. See how they read: An investigation into the cognitive and metacognitive strategies on nonnative readers of Chinese. In Everson, M. E. & Shen, H. H. (Ed.), Research among learners of Chinese as a foreign language (Chinese Language Teachers Association Monograph Series: Vol. 4.). Honolulu: University of Hawaii, National Foreign Language Resource Center.

He, S., 2017, A Comparative Research on User's Expectation of Learner's Dictionary. Proceeding of ASIALEX 2017 Guangzhou.

Hulstijn, J. H., & Atkins, B., 1998, Empirical Research on Dictionary Use in Foreign-language Learning: Survey and Discussion. Atkins B. (Ed.), Using Dictionaries: Studies of Dictionary Use by Language Learners and Translators, Tübingen: Max Niemeyer Verlag GmbH.

Laufer, B. & Melamed, L., 1994, Monolingual, Bilingual and 'Bilingualised' Dictionaries: Which are More Effective, for What and for Whom? The Modern Language Journal. Amsterdam.

Laufer, B., 2000, Electronic dictionaries and incidental vocabulary acquisition: does technology make a difference? EURALEX. Stuttgart University Press.

Ronald, J., 2002, L2 Lexical Growth Through Extensive Reading and Dictionary Use: A Case Study. Proceedings of The Tenth EURALEX International Congress.

Taylor, A. & Chan, A., 1994, Pocket Electronic Dictionaries and Their Use. Euralex 1994 Proceedings. Amsterdam.

c. 学位论文

陈秋月，2015，《新 HSK（高等）作文命题的问题与改进——基于二语学习者书面表达能力目标研究》，硕士学位论文，暨南大学。

陈钰，2015，《第二语言学习者在汉语学术写作中的身份认同发展——基于第二语言社会化理论的质化个案研究》，博士学位论文，华东师范大学。

冯俊宇，2012，《移动学习时代汉语学习者词典设计特征研究》，硕士学位论文，浙江大学。

郝永梅，2013，《基于智能手机的移动汉语学习软件调查分析》，硕士学位论文，北京大学。

何姗，2014b，《汉语学习词典词语辨析栏研究》，硕士学位论文，北京师范大学。

姜爱娟，2006，《词典与注释的使用对偶然词汇习得的影响》，硕士学位论文，北京师范大学。

吕红芳，2013，《关于外族学习者在汉语学习过程中词典使用情况的调查》，硕士学位论文，河北师范大学。

马佳妮，2016，《我是留学生：来华留学生就读经验的质性研究》，博士学位论文，北京师范大学。

唐紫昕，2015，《以智能手机为载体的汉语学习词典研究》，硕士学位论文，华东师范大学。

邢赫男，2013，《〈汉语·纵横〉中高级精读课本以词释词方式研究》，硕士学位论文，北京师范大学。

张琦，2010，《中级水平留学生汉语写作策略研究》，硕士学位论文，华东师范大学。

郑园园，2012，《对外汉语写作教材编写研究》，硕士学位论文，苏州大学。

Diab, T. A. A., 1989, The Role of Dictionaries in ESP, with Particular Reference to Student Nurses at The University of Jordan. Doctoral dissertation, University of Exeter.

Midlane, V., 2005, Students' use of Portable Electronic Dictionaries in the EFL. ESL Classroom; A Survey of Teacher Attitudes. Language and Literacy Studies in Education, The University of Manchester.

Tono, Y., 1984, On the Dictionary User's Reference Skills. Unpublished B. Ed. Dissertation, Tokyo Gakugei University, Tokyo.

Tono, Y., 1987, Which Word Do You Look up for? A Study of Dictionary Reference Skills. Unpublished M. Ed. dissertation. Tokyo Gakugei University.

C. 研究报告

Oxford, R. L., 1986, Development and psychometric testing of the strategy inventory for language learning (SILL). ARI Technical Report 728. Alexandria, VA; Army Research Institute. Appendices as ARI Research Note 86-92.

D. 网络文献

Lew, R., 2012, How can we make electronic dictionaries more effective? In Oxford University Press. Oxford University Press. https://doi.org/10.1093/acprof:oso/9780199654864.003.0016.

Stirling, J., 2003, The Portable Electronic Dictionary: Faithful Friend or Faceless Foe? JOHANNA STRILING'S ENGLISH LANGUAGE GARDEN website. http://www.elgweb.net/ped-article.html accessed 2017/04/05.

附录一

汉语词典购买使用调查(学生版)

汉语词典购买使用调查
A Survey on Chinese Dictionary Purchase and Use

欢迎参加本次调查。你可以用汉语回答问题,也可以用英语回答。You can answer the questions either in English or Chinese.

1. 你学过多长时间汉语?How long have you been learning Chinese?(单选题 *必答)

    ○ 0~6个月 0~6 months

    ○ 6~12个月 6~12 months

    ○ 一年~两年 1~2 years

    ○ 两年至三年 2~3 years

    ○ 三年~四年 3~4 years

    ○ 四年~五年 4~5 years

    ○ 五年及以上 over 5 years

2. 你在哪里开始学习汉语?When you started to learn Chinese, where were you?(单选题 *必答)

    ○ 中国大陆 China mainland

    ○ 中国香港 Hongkong、澳门 Macao

    ○ 中国台湾 Taiwan

    ○ 美国 USA

    ○ 加拿大 Canada

○ 英国 UK

○ 法国 France

○ 西班牙 Spain

○ 俄罗斯 Russia

○ 日本 Japan

○ 韩国 Korea

○ 泰国 Thailand

○ 印度尼西亚 Indonesia

○ 马来西亚 Malaysia

○ 其他 other _____

3. 你来中国学过汉语吗？Have you ever been to China to learn Chinese?（单选题）

　　○ 来过 yes

　　○ 没来过 no

4. 在中国哪个城市/省/地区？e.g. 北京、上海、广州、云南、东北 Which city/province are/were you in?（填空题 ＊必答）

_____

5. 你的汉语老师中有中国人吗？Have you ever had a Chinese teacher who came from China?（单选题 ＊必答）

　　○ 有 yes

　　○ 没有 no

　　○ 不知道 no idea

6. 你用过纸质的汉语词典吗？Have you ever used a Chinese paper dictionary?（单选题 ＊必答）

　　○ 用过 yes

　　○ 没有用过 no

　　○ 不知道 no idea

7. 你常用的汉语词典是 The Chinese paper dictionary you used/ you are using is（多选题 ＊必答）

☐《新华字典》
☐《新华汉语词典》
☐《现代汉语词典》
☐《现代汉语八百词》
☐《商务馆学汉语词典》
☐《现代汉语学习词典》
☐《英汉双语学习词典》
☐《基础汉语学习字典》
☐《汉语学习词典》
☐《当代汉语学习词典》（初级本）
☐《汉语 8000 词词典》
☐《学汉语小字典》
☐其他 other _____

8. 请为你使用过的汉语词典打分 Please grade it（打分题 请填 1—10 数字打分 ＊必答）

我认为_____

9. 你觉得什么样的汉语词典对你的汉语学习有帮助？What kind of characteristics are important for a Chinese dictionary?（多选题 ＊必答）

☐ 单词很多（there are a lot of words）

☐ 解释说明很准确（the interpretation is accurate）

☐ 解释说明简单（the interpretation is easy to understand）

☐ 说明搭配用法（there are collocations）

☐ 有很多例句（there are a lot of examples）

☐ 提醒错误用法（wrong usage are shown）

☐ 有同近义词辨析（there are discriminations between synonyms）

☐ 有同义词反义词（there are synonyms and antonyms）

☐ 插图能帮助理解（pictures is helpful）

☐ 附录里有很多有意思/有用的内容（there are some useful information in the appendix）

☐ 版式设计便于查询（user-friendly）

☐ 介绍了文化知识（cultural information）

☐ 提示高频词（Word frequency）

☐ 各种专栏对学习英语有帮助（different columns which are helpful）

☐ 在汉语词典的编写和出版方面很有权威（authority）

☐ 便于携带（easy to carry）

☐ 帮助我记忆的单词（help me memorize new words）

☐ 帮助掌握正确读音（pronunciations are showed）

☐ 让我知道哪些说法是现在流行的，哪些是过时的（the word is in or out of fashion）

☐ 让我知道礼貌的说法（the word is polite or rude）

☐ 让我知道口语和写作中要用不同的方式（the word should be used in oral or written Chinese）

☐其他 other _____

10. 一般来说，你会怎样获得汉语学习词典？How did you/ will you get a Chinese dictionary?（多选题 ＊必答）

☐ 自己购买（I bought it by myself）

☐ 学校或单位统一订购（my school or company bought it）

☐ 他人赠送（gift from others）

☐ 图书馆借阅（borrow from the library）

☐ 下载电子书（download from the internet）

☐其他 other _____

11. 购买前，你是怎么了解词典的? before purchasing, how did you know the dictionary?（多选题 ＊必答）

☐ 汉语老师推荐/要求 my Chinese teacher asked

☐ 家长（parents）、朋友介绍推荐 my parents or friends recommended

□ 广告（AD）

□ 书店宣传（bookstores）

□ 网络购物平台（e. g. Amazon）上的买家评论及评分 buyers' reviews

□其他 other _____

12. 老师是什么时候介绍/要求买的？When did the Chinese teacher recommend/ask you to get a dictionary?（单选题 *必答）

○ 初级水平的时候 When I was a beginner

○ 中级水平的时候 intermediate learner

○ 高级水平的时候 advanced learner

○其他 other _____

13. 朋友/家长是什么时候推荐介绍的？When did your parents/friends recommend you the dictionary?（单选题）

○ 学汉语之前 before I started to learn

○ 初级水平的时候 When I was a beginner

○ 中级水平的时候 when I was an intermediate learner

○ 高级水平的时候 When I was an advanced learner

○其他 other _____

14. 谁的意见会对你选择词典的影响更大？请按影响从大到小的顺序进行排序。whose opinion will be taken into consideration? Please sort the list on the left.（排序题 请填1—8数字排序 *必答）

_____ 汉语老师 Chinese teacher

_____ 其他老师 other teachers

_____ 父母 parents

_____ 其他长辈 other relatives

_____ 同学 classmates

_____ 朋友 friends

_____ 使用过本词典的人 dictionary users

_____书店的销售人员 salesmen

15. 在什么情况下，你会查询词典？When will you look up in a Chinese dictionary?（多选题 *必答）

　　□ 想知道一个词是什么意思 I want to know the meaning of a word.

　　□ 想知道一个词如何使用 I want to know the usage of a word.

　　□ 想知道怎么用近义词 I want to know how to use synonyms.

　　□ 没事的时候喜欢看词典 I like to read dictionaries for fun.

　　□ 准备汉语考试的时候想更好地学习一个词 When I was preparing for a Chinese test.

　　□其他 other _____

16. 在使用纸质词典时，你遇到过什么困难？Are there any difficulties when you look up in a paper dictionary?（多选题 *必答）

　　□ 找不到想查询的词（cannot find the word）

　　□ 查一个词要花太长时间（time-consuming）

　　□ 每个词有很多个意思，但是找不到要想找的内容（cannot find the meaning）

　　□ 看不懂释义（cannot understand the interpretation）

　　□ 看不懂符号标识（cannot understand the symbol）

　　□ 看了说明还是不会用这个词（it cannot help me to use the word correctly）

　　□ 有太多近义词，不知道如何选择（it does not show the differences between synonym.）

　　□其他 other _____

17. 老师或家长有没有教过你如何使用词典？Did your Chinese teacher or parents tell you how to use paper dictionaries?（单选题 *必答）

　　○ 教过 yes

　　○ 没教过 no

18. 你觉得汉语老师应该教学生怎么使用汉语词典吗？Do you think Chinese teacher should teach learners how to use paper dictionaries?（单选题 *必答）

　　○ 应该 yes

　　○ 不应该 no

　　○ 无所谓 I don't mind.

　　○ 不知道 I have no idea.

19. 你会认真阅读词典的使用说明吗？Will you read the introduction and "how to use the dictionary"?（单选题 *必答）

　　○ 会 yes

　　○ 不会 no

　　○ 不知道"使用说明"是什么 no idea

20. 在图书馆借阅时，哪些因素影响你选择词典？What aspects will affact your choice when you ina library?（多选题 *必答）

　　□ 词典的品牌（brand）

　　□ 词典的封面设计（appearance）

　　□ 词典的种类（type）：如《高阶词典》《科技词典》《高频词典》《搭配词典》等

　　□ 词典出版的年份（publish year）

　　□ 词典的整体设计（design）：如检索是否方便、内容是否具体、是否配有插图

　　□ 词典的大小（size）

　　□ 其他 other ＿＿＿＿＿＿＿＿＿＿＿＿

21. 认真阅读词典的使用说明对你更好地使用词典有帮助吗？Do you think introduction and "how to use the dictionary" is helpful?（单选题 *必答）

　　○ 有 yes

　　○ 没有 no

　　○ 不知道 no idea

22. 你使用过电子词典或者网络词典/手机 APP 吗? Have you ever used any electronic dictionaries, web dictionaries or APP?（单选题 *必答）

　　○ 使用过电子词典（only electronic dictionary）

　　○ 使用过网络词典/手机 APP（only web dictionary/APP）

　　○ 都使用过 both

　　○ 都没有使用过 neither

　　○ 不知道 no idea

23. 你常用的电子词典是 What electronic dictionary do you recommend?（填空题）

　　_____

24. 你常用的网络词典/手机 APP 是 What web dictionary/APP do you recommend?（填空题）

　　_____

25. 你觉得电子词典 In your opinion, electronic dictionaries are（多选题）

　　□ 使用方便（convenient）

　　□ 使用不方便（inconvenient）

　　□ 内容准确（accurate）

　　□ 内容不够准确（inaccurate）

　　□ 价格适中（price is reasonable）

　　□ 价格太高（too expansive）

　　□ 集合了多部纸质词典的内容，信息量更大（there are a lot of information）

　　□ 信息量过大（too many information）

　　□ 更可靠（reliable）

　　□ 不太可靠（not reliable）

　　□ 没什么看法（I have no idea）

　　□其他 other _____

26. 你觉得网络词典或手机 APP In your opinion, web dictionaries/ apps are（多选题）

□ 使用方便（convenient）

□ 使用不方便（inconvenient）

□ 内容准确（accurate）

□ 内容不够准确（inaccurate）

□ 有很多网络资源，信息量更大（there are a lot of information）

□ 信息量过大（too many information）

□ 免费（free）

□ 不可靠（not reliable）

□ 更可靠（reliable）

□ 没什么看法（I have no idea）

□其他 other _____

27. 你更喜欢 You prefer（单选题 *必答）

○ 纸质词典（paper dictionaries）

○ 电子词典（electronic dictionaries）

○ 网络词典和 APP（web dictionaries and Apps）

附录二

汉语词典购买使用调查(教师版)

汉语词典购买使用调查（教师版）

欢迎参加本次调查，调查结果仅用于研究，您的个人信息将受到严格保护，请放心填写。

1. 请问您现在是汉语教师或者曾经有过汉语教学经验吗？（单选题 *必答）
   ○现在是汉语教师
   ○曾经有过汉语教学经验
   ○从没有过任何汉语教学经验

2. 您有多长时间的汉语教学经验？（单选题 *必答）
   ○一年以下
   ○一年至三年（包括三年）
   ○三年至五年（包括五年）
   ○五年至十年（包括十年）
   ○十年以上

3. 您曾在什么地区执教？（多选）（多选题 *必答）
   □中国大陆
   □港澳台地区
   □日本和韩国
   □东南亚
   □其他亚洲国家

☐北美

☐南美

☐澳大利亚和新西兰

☐欧洲（英语国家）

☐欧洲（非英语国家）

☐非洲

4. 您在中国的大多数学生来自什么地区？（多选）（多选题 ＊必答）

☐港澳台地区

☐日本和韩国

☐东南亚

☐其他亚洲国家

☐北美

☐南美

☐澳大利亚和新西兰

☐欧洲（英语国家）

☐欧洲（非英语国家）

☐非洲

5. 您的学生大部分是（多选）（多选题 ＊必答）

☐幼儿

☐小学生

☐初中生

☐高中生

☐大学生

☐研究生

☐社会人士

6. 您对汉语学习词典（包括纸质词典、电子词典、网络词典、手机 App）的了解程度如何？（打分题 请填 1—10 数字打分 ＊必答）

请打分 _____

7. 您比较熟悉的汉语学习词典类型是（多选）（多选题 *必答）
   □纸质词典
   □电子词典
   □网络词典
   □手机 App
   □都不熟悉

8. 请您为您所熟悉的汉语学习词典打分（打分题 请填 1—10 数字打分 *必答）
   请打分 _____

9. 您曾经主动向学生推荐过汉语学习词典（包括纸质词典、电子词典、网络词典、手机 App）吗？（单选题 *必答）
   ○推荐过
   ○没有推荐过
   ○不记得了

10. 请列举一部您曾向学生过推荐过的汉语学习词典（包括纸质词典、电子词典、网络词典、手机 App）（填空题 *必答）
    _____

11. 您的学生在选择汉语学习词典（包括纸质词典、电子词典、网络词典、手机 App）时向您征求过意见吗？（单选题 *必答）
    ○征求过
    ○没有征求过
    ○不记得了

12. 您为学生使用汉语学习词典（包括纸质词典、电子词典、网络词典、手机 App）提供过帮助吗？（单选题 *必答）
    ○没有寻求过帮助
    ○学生来问的话，会提供帮助
    ○学生没问我也会主动指导

○不知道

○不记得了

13. 您认为教师有必要对学生使用汉语学习词典（包括纸质词典、电子词典、网络词典、手机App）提供更多指导吗？（单选题 *必答）

　　○非常有必要

　　○有必要

　　○不确定

　　○不太有必要

　　○没有必要

14. 你赞成学生在课堂上使用词典（包括纸质词典、电子词典、网络词典、手机App）吗？（打分题 请填1—10数字打分 *必答）

　　请打分 _____

15. 您认为学生使用汉语学习词典的技能需要提高吗？（单选题 *必答）

　　○非常需要

　　○需要

　　○不确定

　　○不太需要

　　○不需要

16. 您希望对汉语学习词典（包括纸质词典、电子词典、网络词典、手机App）有更深入的了解吗？（单选题 *必答）

　　○非常希望了解

　　○愿意了解

　　○无所谓

　　○没必要了解

　　○根本不想了解

17. 您对汉语学习词典的态度和您自己学习外语时使用学习词典

的经历有关系吗？（打分题 请填 1—10 数字打分 ＊必答）

选项 1 _____

18. 您的性别为（单选题 ＊必答）

　　○男　　○　女

19. 您的最高学历是（单选题 ＊必答）

　　○本科　　○硕士　　○博士

20. 您获得最高学历的专业是（单选题 ＊必答）

　　○中国语言文学类 语言学及应用语言学

　　○中国语言文学类 文学

　　○外国语言文学类 语言学及应用语言学

　　○外国语言文学类 文学

　　○其他

附录三

语言学习策略自查量表 SILL
（英汉双语）

语言学习策略自查量表
STRATEGY INVENTORY FOR LANGUAGE LEARNING

这份语言学习策略查核表是为 CFL 学生所设计。内容关于汉语学习状况等陈述。请仔细阅读每项陈述。依据每一项陈述与你的符合情况，选择 1、2、3、4、5。

The Strategy Inventory for Language Learning（SILL）is for students who speak Chinese as a second or foreign language. You will find statements about learning Chinese. Please choose from 1，2，3，4 or 5 that tells HOW TRUE OF YOU THE STATEMENT IS.

1. 我从来都没有或是几乎没有。

    Never or almost never true of me.

2. 我通常没有。

    Usually not true of me.

3. 有点像我。

    Somewhat true of me.

4. 我通常是这样。

    Usually true of me.

5. 我一直都是这样，或是几乎一向如此。

Always or almost always true of me.

你的回答应该基于该陈述有多么符合你的情况。不要依照你认为自己应该是什么样子或是别人是怎么认为的来回答。这些陈述并没有对或错的标准答案。在谨慎小心的情况下，快速作答。这份问卷通常需花二十到三十分钟。Answer in terms of how well the statement describes you. Do not answer how you think you should be, or what other people do. There are no right or wrong answers to these statements. Work as quickly as you can without being careless. This usually takes about 20 – 30 minutes to complete.

1. 性别（单选题 ＊必答）
   ○ 男
   ○ 女
2. 年龄（单选题 ＊必答）
   ○ 20 以下
   ○ 20—25
   ○ 25—30
   ○ 30—35
   ○ 35—40
   ○ 40 以上
3. 受教育程度（单选题 ＊必答）
   ○ 本科
   ○ 硕士
   ○ 博士
4. 你的专业是？What is your major?（填空题 ＊必答）

5. 你的母语是？What is your first language?（填空题 ＊必答）

6. 你学汉语多长时间了？（多选题 *必答）

　　□ 0—1 年

　　□ 1—2 年

　　□ 2—3 年

　　□ 3—4 年

　　□ 4—5 年

　　□ 5 年以上

7. 其中，你在中国学习汉语的时间（单选题 *必答）

　　○ 没来过

　　○ 半年以下

　　○ 半年—1 年

　　○ 1 年—2 年

　　○ 2 年—3 年

　　○ 3 年—4 年

　　○ 4 年以上

8. 你的汉语水平　How is your Chinese?（打分题 请填 1—5 数字打分 *必答）

　　→ _____

9. 你还学过什么外语？Except for Chinese, what other second/foreign languages do you speak?（填空题 *必答）

　　_____

10. 你的其他外语水平（最好的一门）How is your other second/foreign language?（the most fluent one）（打分题 请填 1—5 数字打分 *必答）

　　→ _____

11. 你最喜欢的词典产品是？Which is your favorite dictionary product?（单选题 *必答）

　　○ APP（Pleco，Train Chinese…）

　　○ 纸质词典（《现代汉语词典》、《新华字典》……）

○ 网络词典（baidu，google，naver...）

○ 其他 _____

12. 你常常使用词典产品吗？How often do you use your dictionary product?（打分题 请填 1—5 数字打分 ∗必答）

→ _____

13. 我会去思考学过的和新学的汉语知识之间的关系。I think of relationships between what I already know and new things I learn in Chinese.（单选题 ∗必答）

○ 1

○ 2

○ 3

○ 4

○ 5

14. 为了记住新学的汉语生词，我会试着用这些生词来造句。I use new Chinese words in a sentence so I can remember them.（单选题 ∗必答）

15. 我会在脑海中想出可以配合汉语发音的图片或意象，以便记住某个生词。I connect the sound of a new Chinese word and an image or picture of the word to help me remember the word.（单选题 ∗必答）

16. 我会在脑中制造出某个生词出现的情境，以这种方法把生词背下来。I remember a new Chinese word by making a mental picture of a situation in which the word might be used.（单选题 ∗必答）

17. 我会使用押韵的方式来记住生词。I use rhymes to remember new Chinese words.（单选题 ∗必答）

18. 我会使用词卡来背生词。I use flashcards to remember new Chinese words.（单选题 ∗必答）

19. 我会把生词用动作演出来。I physically act out new Chinese

words.（单选题 *必答）

20. 我常常复习汉语课程。I review Chinese lessons often.（单选题 *必答）

21. 我会按照生词或词组出现在课本、黑板或是街道广告牌的位置，来记住生词或词组。I remember new Chinese words or phrases by remembering their location on the page, on the board, or on a street sign.（单选题 *必答）

22. 我会重复说或写汉语生词好几次。I say or write new Chinese words several times.（单选题 *必答）

23. 我想把汉语说得像中国人一样。I try to talk like native Chinese speakers.（单选题 *必答）

24. 我会练习汉语的发音。I practice the sounds of Chinese.（单选题 *必答）

25. 我会把学过的汉语用在不同的方面上。I use the Chinese words I know in different ways.（单选题 *必答）

26. 我会以汉语开始对话。I start conversations in Chinese.（单选题 *必答）

27. 我会看汉语电视节目或电影。I watch Chinese TV shows spoken in Chinese or go tomovies spoken in Chinese.（单选题 *必答）

28. 我把阅读汉语当作休闲活动。I read Chinese for pleasure.（单选题 *必答）

29. 我会以汉语来记笔记、发短信、写信或是做报告。I write notes, messages, letters, or reports in Chinese.（单选题 *必答）

30. 我会先略读汉语的文章（很快地把文章看过一遍），然后再回来细看。I first skim a Chinese passage (read over the passage quickly) then go back and read carefully.（单选题 *必答）

31. 我会在我的母语里找寻和汉语相同的生词。I look for words in my first language that are similar to the new words in Chinese.

（单选题 ∗必答）

32. 我会找出汉语的模式。I try to find patterns in Chinese. （单选题 ∗必答）

33. 我会把汉语拆开，找出自己懂的部分，从而了解生词的意思。I find the meaning of a Chinese word by dividing it into parts that I understand. （单选题 ∗必答）

34. 我不会逐字逐句翻译。I try not to translate word-for-word. （单选题 ∗必答）

35. 我会把听到或是读到的汉语信息做成摘要。I make summaries of information that I hear or read in Chinese. （单选题 ∗必答）

36. 遇到不熟悉的汉语生词，我会去猜它的意思。To understand unfamiliar Chinese words, I make guesses. （单选题 ∗必答）

37. 在对话中，我如果想不出某个汉语词怎么说，我会使用表情和动作。When I can think of a word during a conversation in Chinese, I use gestures. （单选题 ∗必答）

38. 如果我不知道汉语该怎么说，我会自己创造新词/新的说法。I make up new words if I do not know the right ones in Chinese. （单选题 ∗必答）

39. 阅读的过程中，我一遇到生词就马上查字典。I read Chinese without looking up every new word. （单选题 ∗必答）

40. 我会用汉语试着去猜别人接着会说什么。I try to guess what the other person will say next in Chinese. （单选题 ∗必答）

41. 如果我想不起来某个汉语生词，我会用别的字或词组来表达同样的意思。I can think of a Chinese word I use a word or phrase that means the same thing. （单选题 ∗必答）

42. 我会尽量找机会练习汉语。I try to find as many ways as I can to use my Chinese. （单选题 ∗必答）

43. 我会注意我所犯的错误，从而帮助自己学得更好。I notice my Chinese mistakes and I use tha t information to help me do better.

（单选题 ＊必答）

44. 当有人在说汉语时，会引起我的注意。I pay attention when someone is speaking Chinese. （单选题 ＊必答）

45. 我会想办法让自己成为更好的汉语学习者。I try to find out how to be a better learner of Chinese. （单选题 ＊必答）

46. 我会好好规划时间，以便有足够的时间学汉语。I plan my schedule so I will have enough time to study Chinese. （单选题 ＊必答）

47. 我会找能用汉语谈话的人练习汉语。I look for people I can talk to in Chinese. （单选题 ＊必答）

48. 我会尽量找机会阅读汉语。I look for opportunities to read as much as possible in Chinese. （单选题 ＊必答）

49. 对于如何提高汉语能力我有相当清楚的目标。I have clear goals for improving my Chinese proficiency. （单选题 ＊必答）

50. 我会注意我学习汉语的进步情况。I think about my progress in learning Chinese. （单选题 ＊必答）

51. 每当我感到害怕要用汉语时，我会尽量放轻松。I try to relax whenever I feel afraid of using Chinese. （单选题 ＊必答）

52. 即使我很怕会说错，我还是鼓励自己多开口说汉语。I encourage myself to speak Chinese even when I am afraid of making a mistake. （单选题 ＊必答）

53. 当我在汉语方面有良好表现时，我会奖励自己。I give myself a reward or treat when I do well in Chinese. （单选题 ＊必答）

54. 我会注意当我在学习或使用汉语时是否会紧张。I notice if I am tense or nervous when I am studying or using Chinese. （单选题 ＊必答）

55. 我会把我的感觉记录在语言学习日记里。I write down my feelings in a language learning diary. （单选题 ＊必答）

56. 当我在学汉语时，我会告诉别人我的感觉。I talk to someone

else about how I feel when I am learning Chinese. （单选题 ＊必答）

57. 遇到听不懂的汉语，我会请他/她放慢速度，或是再讲一次。If I do not understand something in Chinese, I ask he/she to slow down or say it again. （单选题 ＊必答）

58. 当我说汉语时，我会请以汉语为母语的人纠正我的错误。I ask Chinese speakers to correct me when I talk. （单选题 ＊必答）

59. 我会和别的学生练习汉语。I practice Chinese with other students. （单选题 ＊必答）

60. 我会向中国人求助。I ask for help from Chinese native speakers. （单选题 ＊必答）

61. 我会用汉语来问问题。I ask questions in Chinese. （单选题 ＊必答）

62. 我想了解中国的文化。I try to learn about Chinese culture. （单选题 ＊必答）